DEIN ONLINE-PLUS

ZUM FiNALE ABITURBAND

FiNALEonline.de

FiNALEonline ist die digitale Ergänzung zu deinem Abiturband. Hier findest du eine Vielzahl an Angeboten, die dich bei deiner Prüfungsvorbereitung zusätzlich unterstützen.

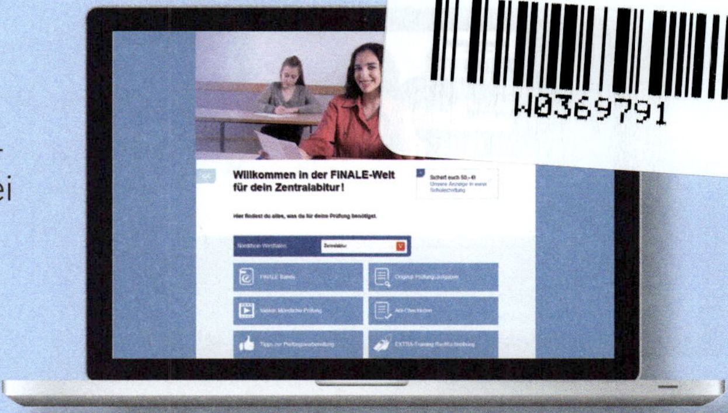

Das Plus für deine Vorbereitung:

- Original-Prüfungsaufgaben mit Lösungen (bitte Code von Seite 4 eingeben!)
- EXTRA-Training Rechtschreibung
  So kannst du einem möglichen Punktabzug bei deinen Abi-Klausuren vorbeugen.
- Videos zur mündlichen Prüfung
- Tipps zur stressfreien Prüfungsvorbereitung
- Abi-Checklisten mit allen prüfungsrelevanten Themen

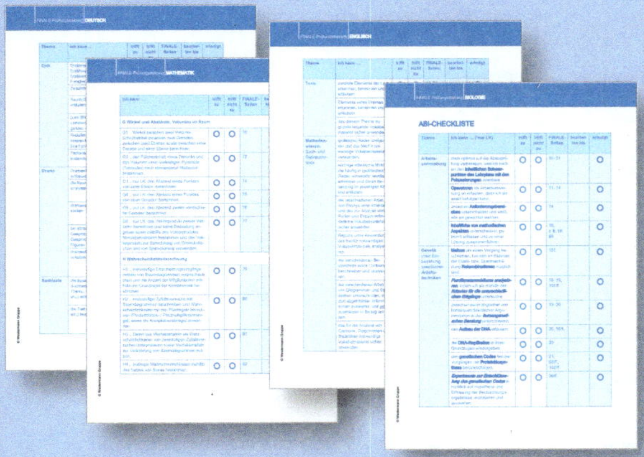

Abi-Checklisten

Sie helfen dir, den Überblick über den Prüfungsstoff zu behalten.

FiNALEonline.de

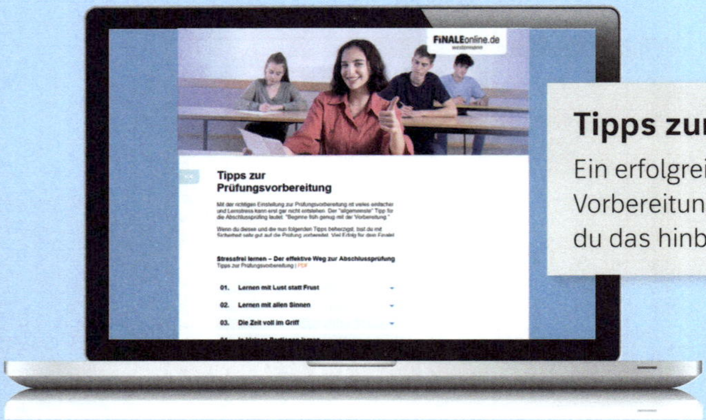

Tipps zur Prüfungsvorbereitung

Ein erfolgreiches Abitur erfordert eine gezielte Vorbereitung ohne unnötigen Lernstress. Wie du das hinbekommst, erfährst du hier!

Videos zur mündlichen Prüfung

Nur wenige Abiturienten wissen genau, wie sie abläuft, die „Mündliche". Die Videos geben dir Einblick in den Ablauf der Prüfung und Tipps für die richtige Vorbereitung.

Die Kombination aus FiNALE-Buch und FiNALEonline bietet dir die optimale Vorbereitung für deine Prüfung und begleitet dich sicher zu einem erfolgreichen Abitur 2024!

www.finaleonline.de

westermann

FiNALE Prüfungstraining

Nordrhein-Westfalen

Zentralabitur 2024

Deutsch

Katrin Jacobs
Martin Kottkamp
Ina Rogge

FiNALEonline.de

Liebe Schülerin, lieber Schüler,

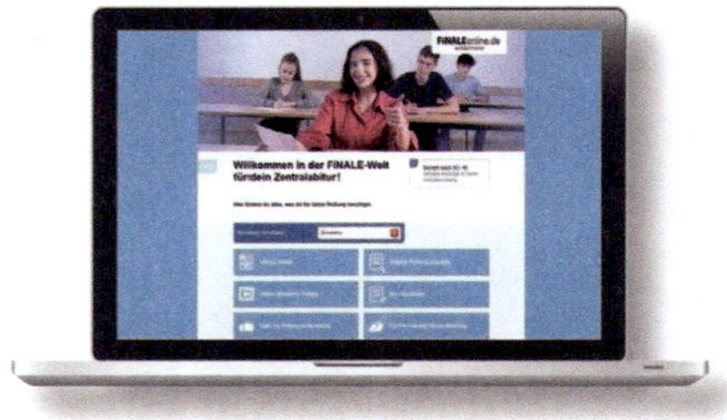

sobald die Original-Prüfungsaufgaben zur Veröffentlichung freigegeben sind, können sie unter **www.finaleonline.de** zusammen mit ausführlichen Lösungen kostenlos heruntergeladen werden. Gib dazu einfach diesen Code ein:

DE7V4W5

Einfach mal reinschauen: www.finaleonline.de

Bildnachweis:
|Hogrefe Verlag GmbH & Co. KG, Göttingen: Schaubild (modifiziert) nach: Landolt, M. A.: Psychotraumatologie des Kindesalters, Hogrefe Verlag GmbH & Co. KG, Göttingen 76.1. |KCS GmbH, Stelle: 190.1. |Medienpädagogischer Forschungsverbund Südwest (www.mpfs.de), Stuttgart: JIMplus 2022 26.1. | Peter Wirtz Fotografie, Dormagen: Titel.

Druck A[1]/Jahr 2023
Alle Drucke der Serie A sind im Unterricht parallel verwendbar.

Redaktion: lüra – Klemt & Mues GbR, Wuppertal
Kontakt: finale@westermanngruppe.de
Layout: LIO Design GmbH, Braunschweig
Umschlaggestaltung: Gingco.Net, Braunschweig
Umschlagfoto: Peter Wirtz, Dormagen
Druck und Bindung: Westermann Druck GmbH, Georg-Westermann-Allee 66, 38104 Braunschweig

ISBN 978-3-07-**172413**-6

Inhaltsverzeichnis

Original-Prüfungsaufgaben

Basiswissen

Grundlegende Arbeitstechniken

Literaturgeschichte im Überblick

Inhaltsfeld Sprache

Inhaltsfeld Texte

Inhaltsfeld Kommunikation

Inhaltsfeld Medien

Arbeiten mit FiNALE

Dieses Buch ist speziell für die Vorbereitung auf das Deutsch-Abitur 2024 in NRW konzipiert. Dabei wurden die offiziellen Prüfungsvorgaben zugrunde gelegt und die Erfahrungen aus den vorausgegangenen Jahren berücksichtigt.

Zur gezielten Vorbereitung auf das Abitur 2024 bietet FiNALE:
- präzise und übersichtlich angeordnete Informationen zu den **Vorgaben für das Abitur 2024** im Fach Deutsch sowie zum Aufbau, zur Gestaltung und zu den Bewertungskriterien der schriftlichen Abiturprüfungsaufgaben;
- vielfältige **Aufgabenbeispiele mit Beispiellösungen**, die alle Aufgabenarten sowie die vorgeschriebenen inhaltlichen Schwerpunkte und Fokussierungen im Grund- und Leistungskurs berücksichtigen;
- umfangreiche und gut strukturierte Angebote zur systematischen Wiederholung und zeitökonomischen **Vertiefung des erforderlichen Basiswissens** und der grundlegenden Arbeitstechniken;
- eine **Abi-Checkliste** zum Download auf www.finaleonline.de, mit der Sie sich einen Überblick darüber verschaffen können, welchen Wiederholungsbedarf Sie haben und welche Seiten oder Kapitel in FiNALE Sie daher vorrangig bearbeiten sollten;
- **Original-Prüfungsaufgaben** aus vergangenen Jahren zu Grundkurs und Leistungskurs mit ausformulierten, nicht amtlichen Lösungen. Das Zentralabitur 2023 hat zum Zeitpunkt der Drucklegung dieses Buches noch nicht stattgefunden. Sobald die Prüfungsaufgaben zur Veröffentlichung freigegeben sind, können sie zusammen mit ausführlichen Lösungen kostenlos im Internet unter www.finaleonline.de heruntergeladen werden.

FiNALE ist so angelegt, dass Sie sich individuell vorbereiten können. Je nach persönlichen Stärken und Schwächen, die Sie auf www.finaleonline.de mithilfe der Abi-Checkliste ermitteln können, kann die Arbeit mit den einzelnen Kapiteln und Teilkapiteln ausgewählt und an Ihre individuellen Erwartungen und Bedürfnisse angepasst werden.

Der systematische Aufbau und die komprimierte Form fördern eine schnelle und effektive Vorbereitung der Abiturprüfung. FiNALE empfiehlt sich daher als sinnvolle Begleitung und Ergänzung des Fachunterrichts.

Wir wünschen Ihnen viel Erfolg!

Tipps zum Umgang mit FiNALE

Für die Vorbereitung auf die zentrale Abiturprüfung im Fach Deutsch schlagen wir folgende Arbeitsweise vor:

- Um einen Überblick über die verschiedenen Möglichkeiten der Aufgabenstellung zu erhalten, sollten Sie zunächst das Kapitel *Informationen und Tipps zur Prüfung* lesen und sich einen Überblick über die Beispielaufgaben im Kapitel *Beispiele für Prüfungsaufgaben* verschaffen. Zu diesem Zweck ist es zunächst ausreichend, wenn Sie die Aufgabenstellungen gründlich überprüfen und das dazu gehörende Textmaterial aufmerksam durchlesen.
- Laden Sie sich auf www.finaleonline.de die kostenlose Abi-Checkliste zu diesem FiNALE-Band herunter. Die Liste hilft Ihnen dabei, herauszufinden, in welchem Bereich für Sie in der persönlichen Vorbereitung auf das Zentralabitur der größte Handlungsbedarf besteht. Die Liste steht Ihnen als offene Word-Datei zur Bearbeitung am Rechner zur Verfügung. Sie können sich aber auch das PDF ausdrucken und handschriftliche Eintragungen vornehmen. Wenn Sie die Liste bearbeitet haben, sollten Sie sie sich zur Erinnerung über Ihren Schreibtisch hängen. Dann haben Sie Ihren Zeitplan immer im Blick.
- Bearbeiten Sie nun die Kapitel in FiNALE, die laut Checkliste für Ihre Wiederholung besonders wichtig sind. Für die Bearbeitung der Beispielaufgaben bieten sich folgende Herangehensweisen an:

A In Form eines Selbsttests versuchen Sie ausgewählte Beispielaufgaben direkt selbst zu lösen, bevor Sie sich in den weiteren Ausführungen zu den einzelnen Aufgabenbeispielen anschauen, welche Erwartungen mit den Aufgaben verbunden sind.

B Alternativ zu A: Nach der Überprüfung der Aufgabenstellungen und dem gründlichen Lesen der Texte beschäftigen Sie sich zunächst intensiv mit den Beispiellösungen, um dann Ihr Wissen gegebenenfalls im Kapitel *Basiswissen* zu vertiefen, bevor Sie eine eigene Lösung der Aufgabe versuchen.

C Sobald Sie die Aufgabenstellung nachvollzogen haben, können Sie die dazu angebotene **Beispiellösung aktiv nutzen**, indem Sie deren Inhalt und Aufbau analysieren und reflektieren. Ganz wichtig ist im Sinne des Adressatenbezugs, dass Sie auf die Leserführung achten. Vollziehen Sie auch die sprachliche Ausarbeitung nach: **Unterstreichen Sie z. B. Formulierungen, Fachbegriffe und ggf. Synonyme, die Sie verwenden können, um Ihre eigene Ausdrucksfähigkeit zu verbessern.**

Das Teilkapitel *Grundlegende Arbeitstechniken* bietet für die Bearbeitung aller Aufgaben wichtige Hinweise zu Lese- und Schreibstrategien, zu Interpretationsverfahren, zu Textmustern, zu rhetorischen Mitteln sowie zur Arbeit an häufig vorkommenden Fehlerquellen in Klausuren.

Bei diesen Vorschlägen zur Arbeitsweise mit FiNALE handelt es sich nur um Anregungen, die Sie nach eigenen Vorstellungen variieren können.

Informationen und Tipps zur Prüfung

Prüfungsvorgaben und Operatoren

Inhaltliche Schwerpunkte
Auf der Grundlage des Lehrplans Deutsch werden in den Aufgaben der schriftlichen Abiturprüfung im Jahr 2024 die folgenden Unterrichtsinhalte vorausgesetzt:

Grundkurs

Inhaltsfeld Sprache:
Rhetorisch ausgestaltete Kommunikation in funktionalen Zusammenhängen
- *Sprache in politisch-gesellschaftlichen Verwendungszusammenhängen*

Inhaltsfeld Texte:
strukturell unterschiedliche Dramen aus verschiedenen historischen Kontexten, u. a.:
- *Georg Büchner: Woyzeck*

strukturell unterschiedliche Erzähltexte aus verschiedenen historischen Kontexten, u.a. als epische Kurzformen:
- *R. Seethaler: Der Trafikant*

lyrische Texte zu einem Themenbereich aus verschiedenen historischen Kontexten
- *„unterwegs sein" – Lyrik von der Romantik bis zur Gegenwart*

Leistungskurs

Inhaltsfeld Sprache:
Rhetorisch ausgestaltete Kommunikation in funktionalen Zusammenhängen
- *Sprache in politisch-gesellschaftlichen Verwendungszusammenhängen*

Inhaltsfeld Texte:
strukturell unterschiedliche Dramen aus verschiedenen historischen Kontexten, u. a.:
- *Georg Büchner: Woyzeck*

strukturell unterschiedliche Erzähltexte aus verschiedenen historischen Kontexten, u.a. als epische Kurzformen:
- *A. Geiger: Unter der Drachenwand*

lyrische Texte zu einem Themenbereich im historischen Längsschnitt
- *„unterwegs sein" – Lyrik vom Barock bis zur Gegenwart*

Aufgabenarten
Dies sind die Aufgabenarten, die im Abitur 2024 vorkommen können:

<table>
<tr><td rowspan="2">Aufgaben-
art **I**</td><td>Typ A</td><td>Analyse eines literarischen Textes (ggf. mit weiterführendem Schreibauftrag)</td></tr>
<tr><td>Typ B</td><td>Vergleichende Analyse literarischer Texte</td></tr>
<tr><td rowspan="2">Aufgaben-
art **II**</td><td>Typ A</td><td>Analyse eines Sachtextes (ggf. mit weiterführendem Schreibauftrag)</td></tr>
<tr><td>Typ B</td><td>Vergleichende Analyse von Sachtexten</td></tr>
<tr><td rowspan="2">Aufgaben-
art **III**</td><td>Typ A</td><td>Erörterung von Sachtexten</td></tr>
<tr><td>Typ B</td><td>Erörterung von Sachtexten mit Bezug auf einen literarischen Text</td></tr>
<tr><td>Aufgaben-
art **IV**</td><td colspan="2">Materialgestütztes Verfassen eines Textes mit fachspezifischem Bezug (erklären und Stellung nehmen)</td></tr>
</table>

FiNALE bietet Ihnen im Folgenden beispielhafte Aufgaben, die den offiziellen Vorgaben für das Abitur 2024 entsprechen. Sie sind so gewählt, dass die möglichen Aufgabenarten (siehe oben) exemplarisch berücksichtigt sind. Im Rahmen der Vielzahl der Kombinationsmöglichkeiten, die sich aus der Obligatorik und den zulässigen Aufgabenarten für die beiden Kursarten – Grund- und Leistungskurs – ergeben, wird hier eine repräsentative Auswahl angeboten. Ergänzend dazu werden Aufgaben mit meist ausformulierten Beispiellösungen angeboten.

Liste der Operatoren
Als Operatoren bezeichnet man Verben, die in den Aufgabenstellungen inhaltlich-methodische Arbeitsanweisungen geben (z. B. *beschreiben, erklären, bewerten* usw.). Viele der Operatoren sind mehr als einem **Anforderungsbereich (AFB)** zugeordnet: AFB I (Reproduktion), AFB II (Reorganisation und Transfer), AFB III (Reflexion und Problemlösung).

Operator	Definition	AFB
analysieren	einen Text als Ganzes oder aspektorientiert unter Wahrung des funktionalen Zusammenhangs von Inhalt, Form und Sprache erschließen und das Ergebnis der Erschließung darlegen	I, II, III
begründen	ein Analyseergebnis, Urteil, eine Einschätzung, eine Wertung fachlich und sachlich absichern (durch einen entsprechenden Beleg, Beispiele, eine Argumentation)	III
(be)nennen	aus einem Text entnommene Informationen, Aspekte eines Sachverhalts, Fakten zusammentragen	I
beschreiben	Sachverhalte, Situationen, Vorgänge, Merkmale von Personen bzw. Figuren sachlich darlegen	I, II

beurteilen	einen Sachverhalt, eine Aussage, eine Figur auf Basis von Kriterien bzw. begründeten Wertmaßstäben einschätzen	II, III
charakterisieren	die jeweilige Eigenart von Figuren/Sachverhalten herausarbeiten	II, III
darstellen	Inhalte, Probleme, Sachverhalte und deren Zusammenhänge aufzeigen	I, II
deuten	unter Berücksichtigung des Wechselbezuges von Textstrukturen, Funktionen und Intentionen, der erfassten zentralen strukturbildenden genretypischen, syntaktischen, semantischen und stilistisch-rhetorischen Elemente und ihrer Funktion für das Textganze Ergebnisse der Textbeschreibung in einen Erklärungszusammenhang bringen	III
einordnen	eine Aussage, einen Text, einen Sachverhalt unter Verwendung von Kontextwissen begründet in einen vorgegebenen Zusammenhang stellen	I, II
entwerfen	in Verbindung mit einer Textvorlage auf der Grundlage einer konkreten Arbeitsanweisung einen eigenen Text unter Benennung der notwendigen Entscheidungen und Arbeitsschritte planen	III
erklären	Textaussagen, Sachverhalte auf der Basis von Kenntnissen und Einsichten differenziert darstellen und durch zusätzliche Informationen und Beispiele veranschaulichen	II
erläutern	Materialien, Sachverhalte, Zusammenhänge, Thesen in einen Begründungszusammenhang stellen und mit zusätzlichen Informationen und Beispielen veranschaulichen	II, III
erörtern	auf der Grundlage einer Materialanalyse oder -auswertung eine These oder Problemstellung unter Abwägung von Argumenten hinterfragen und zu einem Urteil gelangen	I, II, III
erschließen	an Texten, Textaussagen, Problemstellungen, Sachverhalten kriterienorientiert bzw. aspektgeleitet arbeiten	II
formulieren	einen Sachverhalt, Zusammenhang, eine methodische Entscheidung, eine Problemstellung strukturiert, fachsprachlich zutreffend darlegen	generalisierende Aufforderung
gestalten	in Verbindung mit einer Textvorlage, auf der Grundlage einer konkreten Arbeitsanweisung einen eigenen Text nach ausgewiesenen Kriterien erarbeiten	III

in Beziehung setzen	Zusammenhänge unter vorgegebenen oder selbst gewählten Gesichtspunkten begründet herstellen	II, III
interpretieren	auf der Grundlage einer Analyse im Ganzen oder aspektorientiert Sinnzusammenhänge erschließen und unter Einbeziehung der Wechselwirkung zwischen Inhalt, Form und Sprache zu einer schlüssigen (Gesamt-)Deutung gelangen	I, II, III
prüfen	eine Textaussage, These, Argumentation, ein Analyseergebnis, einen Sachverhalt auf der Grundlage eigener Kenntnisse, Einsichten oder Textkenntnis auf ihre/seine Angemessenheit hin untersuchen und zu Ergebnissen kommen	III
sich auseinandersetzen mit	eine Aussage, eine Problemstellung argumentativ und urteilend abwägen	II, III
(kritisch) Stellung nehmen	die Einschätzung einer Problemstellung, Problemlösung, eines Sachverhaltes, einer Wertung auf der Grundlage fachlicher Kenntnis und Einsicht nach kritischer Prüfung und sorgfältiger Abwägung formulieren	III
überprüfen	Aussagen/Behauptungen kritisch hinterfragen und ihre Gültigkeit kriterienorientiert und begründet einschätzen	II, III
untersuchen	an Texten, Textaussagen, Problemstellungen, Sachverhalten kriterienorientiert bzw. aspektgeleitet arbeiten	II
verfassen	auf der Grundlage einer Auswertung von Materialien wesentliche Aspekte eines Sachverhaltes in informierender oder argumentierender Form adressatenbezogen und zielorientiert darlegen	I, II, III
vergleichen	nach vorgegebenen oder selbst gewählten Gesichtspunkten Gemeinsamkeiten, Ähnlichkeiten und Unterschiede herausarbeiten und gegeneinander abwägen	II, III
wiedergeben	Inhalte, Zusammenhänge in eigenen Worten sachlich und fachsprachlich richtig formulieren	I
zusammenfassen	Inhalte oder Aussagen komprimiert wiedergeben	I, II

Quelle: https://www.standardsicherung.schulministerium.nrw.de/cms/zentralabitur-gost/faecher/getfile.php?file=5330 (aufgerufen 7.3.2022)

Vorstellung einer Beispielaufgabe für die schriftliche Abiturprüfung

Sie werden sicher wissen, dass Sie im Fach Deutsch drei (2024 ggf. vier) Aufgabenvorschläge bekommen, aus denen Sie sich einen aussuchen müssen. Die Bearbeitungszeit beträgt im Grundkurs 255 Minuten und im Leistungskurs 315 Minuten. Da im Fach Deutsch mehrere Themen zur Auswahl stehen, sind in diesen Bearbeitungszeiten jeweils 30 Minuten Auswahlzeit enthalten.
Das Deckblatt dieser Aufgaben könnte für das Abitur 2024 ungefähr so aussehen:

Ministerium für
Schule und Weiterbildung
des Landes
Nordrhein-Westfalen

D GK BX 1
Seite 1 von 3

Name: ______________________

Abiturprüfung 2024
Deutsch, Grundkurs

Aufgabenstellung:

1. Interpretieren Sie die vorliegenden Auszüge der Szene „Abend" aus Johann Wolfgang von Goethes Drama Faust I.
2. Der Germanist Burghard Dedner bezeichnet die hier vorliegenden Passagen aus der Gretchentragödie in Goethes „Faust I" und die 4. Szene „Mariens Kammer" aus Büchners Dramenfragment „Woyzeck" von 1836 als „inhaltlich nahezu gleich"[1]; in der Sekundärliteratur wird mehrfach von der eindeutigen Bezugnahme Büchners auf die o. g. Textstellen bei Goethe gesprochen. Erläutern Sie, inwieweit diese Aussage Dedners Ihres Erachtens zutrifft oder Unterschiede festzustellen sind.

Materialgrundlage:
Johann Wolfgang von Goethe: Faust. Der Tragödie erster Teil. Erschienen 1808. Bildungshaus Schulbuchverlage 2004, EinFach Deutsch, S. 89 ff.

Zugelassene Hilfsmittel:
Wörterbuch zur deutschen Rechtschreibung

1 http://buechnerportal.de/aufsaetze/dedner-buechner-und-goethe; aufgerufen am 22.11.2022

Im Anschluss an das Deckblatt folgen der Text bzw. die Texte und gegebenenfalls Anmerkungen (z. B. Worterklärungen, Hinweise zum Autor oder auch Bildmaterial). Jede Aufgabenstellung sollte unter folgenden Aspekten genau überprüft werden:

- Auswertung der Aufgabenformulierungen unter genauer Beachtung der Operatoren;
- Bestimmung der Arbeitsschritte, die die Operatoren (→ S. 10 ff.) erfordern;
- Gewichtung der Teilaufgaben (Punkte oder Prozentangaben für Bewertung beachten);
- Konsequenzen für die Einteilung der eigenen Arbeitszeit.

Im Teilkapitel *Grundlegende Arbeitstechniken* (→ S. 106 ff.) erhalten Sie nützliche Entscheidungshilfen für die Aufgabenauswahl.

Hinweise zur Bewertung der Klausuren

Die Lehrkräfte bekommen für jede Aufgabe Bewertungskriterien an die Hand.

Die Teilaufgaben (in der Regel gibt es zwei) der jeweiligen Aufgabenstellung und die gesondert ausgewiesene Darstellungsleistung (→ S. 17) werden dabei durch die vorgegebene maximal zu erreichende Punktzahl gewichtet. Während die Gewichtung der Teilaufgabe je nach Umfang und Anspruchsniveau variieren kann, umfasst die Darstellungsleistung in der Regel ca. 30 % der maximalen Gesamtpunktzahl.

Inhaltliche Leistungen

Die Angaben „etwa“ und „z. B.“ zeigen, dass die Erwartungen exemplarisch sind, auch andere richtige Lösungen sind möglich und können durch Punkte berücksichtigt werden.

Beispiel 1: Aufgabenart I B (Aufgabenstellung vgl. S. 13):

Vorgaben für die Bewertung der Schülerleistungen
Teilleistungen – Kriterien

a) inhaltliche Leistung
Analyse eines literarischen Textes mit weiterführendem Schreibauftrag

	Anforderungen	**maximal erreichbare Punktzahl (AFB)**
	Der Prüfling	
1	formuliert/verfasst eine aufgabenbezogene Einleitung unter Berücksichtigung von Autor/-in, Titel, Textsorte und Entstehungszeit.	4 (I)
2	erschließt das Thema der vorliegenden Szene, hier z. B. Asymmetrien in der Figurenkonstellation, das dargestellte Geschlechterverhältnis/ soziale Normen, die Verführung/Manipulation durch Materielles (Schmuck).	6 (I)
3	– ordnet die Szene knapp in den Gesamtzusammenhang des Dramas ein. – untersucht/stellt den inhaltlichen Aufbau der Szene dar, etwa in Bezug auf den Verlauf der Handlung und der inneren Reflexion.	6 (II)
…		
7	– erläutert, inwieweit die Aussage Dedners zutrifft, z. B. in Bezug auf inhaltliche Übereinstimmungen oder (epochenbedingte) Unterschiede in der Darstellung. – formuliert eine reflektierende Schlussbetrachtung, etwa im Hinblick auf den ähnlichen Aufbau der Szenen (Monolog, Volkslied).	6 (III)
…		
9	erfüllt ein weiteres aufgabenbezogenes Kriterium.	5

Beispiel 2: Aufgabenart IV (Aufgabenstellung vgl. S. 22)::

Vorgaben für die Bewertung der Schülerleistungen
Teilleistungen – Kriterien

a) inhaltliche Leistung
Analyse eines literarischen Textes mit weiterführendem Schreibauftrag

	Anforderungen **Der Prüfling**	**maximal erreichbare Punktzahl (AFB)**
1	verfasst eine themen- und anlassbezogene Überschrift, z. B. unter Bezugnahme auf: • Zweifel an der Medienkompetenz Jugendlicher (M2, FiNALE S. 24 f.), • Aufgabe von Schule bei „fake news"-Aufklärung.	3
2	stellt den Anlass und den Gegenstand der medialen Diskussion dar, z. B.: • Herangehen an das Phänomen „fake news" und den Umgang damit im Kontext der Projektwoche zu „Kommunikation zwischen Verständigung und Strategie", • gesellschaftliche Bedeutung des Themas aufgrund von ungemein hoher Verbreitung sowohl von „fake news" als auch von Verschwörungserzählungen, • „fake news" als wahrheitswidrige Informationen (M1a, S. 23), • demgegenüber Verschwörungserzählungen sog. alternativer Medien als umfassendere Desinformation (M5, S. 26f.), • Desinformation in Abgrenzung von Fehl- und Malinformation (M1b, S. 24).	9
3	erläutert differenziert den Begriff Medienkompetenz, etwa • als Fähigkeit zum kritischen und verantwortungsbewussten Umgang mit Medieninhalten (M3, S.25), • als Kompetenz, unangemessene und gefährdende Medieninhalte zu erkennen (M3), • als Wissen um Tatsachen und Falschbehauptungen (M4), • als Erkennen der Bedeutung von Nachrichtenkompetenz gegenüber bloßer Bedienkompetenz, auch in Bezug auf die eigene Altersgruppe (M2, M4).	9
4	benennt mögliche Ursachen für den Glauben an Verschwörungserzählungen … *(nur LK: M 6, S. 27f.)*	9
…		
7	erläutert adressatenbezogen Strategien zum Aufdecken und zum Umgang mit „fake news", etwa	6

	• Erweiterung der Urteilsfähigkeit über reine Anwenderkompetenz hinaus (M2), • Einbeziehen unabhängiger Recherche, z. B. *correctiv.org* (M2, M5), • Überprüfen von Urheberschaft sowie angegebener Quellen (M3).	
8	nutzt insgesamt die Materialien funktional zum Erfüllen des Schreibauftrags durch • (effizientes) Ausschöpfen des gesamten Informationsangebotes, • sinnvolle Zuordnung von Materialien zu den Gliederungspunkten, • Konzentration auf Wesentliches und Vermeiden unnötiger Redundanzen, • sachliche und auftragsbezogene Verarbeitung der aus unterschiedlichen Perspektiven gestalteten Beiträge.	9
9	erfüllt ein weiteres aufgabenbezogenes Kriterium (3)	

Die Aufgabenstellung im Zentralabitur ist grundsätzlich zweiteilig. Möglich sind Teilaufgaben mit nur einem Operator. Bei der Aufgabenstellung finden sich Hinweise zur Gewichtung der Teilaufgaben durch Angabe von Punkten und gegebenenfalls zusätzlich Prozentangaben für die Berücksichtigung der Verstehensleistung.

TIPP

Abituraufgaben werden so gestellt, dass sie alle drei Anforderungsbereiche umfassen. Der **Schwerpunkt der Bewertung** liegt in der Regel auf dem Anforderungsbereich II.

Die Tabelle auf Seite 15 lässt erkennen, dass zu jeder Teilaufgabe Anforderungen formuliert werden, die die Schülerinnen und Schüler erbringen können. Sie dienen zur Orientierung, inwieweit die Erwartungen an die Lösungsqualität erfüllt wurden und welche Punktzahl vergeben wird. Aus der Summe der vergebenen Punkte für die Teilleistungen ergibt sich dann die Punktzahl für die jeweilige Aufgabe.
Darüber hinaus können zusätzliche Teilleistungen berücksichtigt werden. Die Formulierung „erfüllt ein weiteres aufgabenbezogenes Kriterium" im Erwartungshorizont lässt die Vergabe von Punkten für weitere, im Erwartungshorizont nicht bedachte Aspekte zu, die zur Lösung der Aufgabe beitragen. Die dabei maximal zu erreichende Punktzahl wird in Klammern angegeben. Die für die jeweilige Teilaufgabe vorgesehene Höchstpunktzahl kann dadurch allerdings nicht überschritten werden. Das heißt, dass durch eine zusätzlich erbrachte Teilleistung Minderleistungen in anderen Anforderungsbereichen derselben Teilaufgabe etwas ausgeglichen werden können.

INFO Empfohlene Länge der Klausurtexte

Eine Angabe zum erwarteten Textumfang des Zieltextes gibt es im Zentralabitur nur zu Aufgabenart IV. Für andere Texte/Aufgabentypen können Sie sich grob an folgenden Vorschlägen für den Umfang orientieren:
für den GK: zwei gedruckte DIN-A-4-Seiten, also etwa fünf Spalten auf Klausurbögen
für den LK: drei gedruckte DIN-A-4-Seiten, also etwa sieben bis acht Spalten

Darstellungsleistung
Wie bereits oben angedeutet, wird die Darstellungsleistung in den Informationen für die Hand der Lehrerin/des Lehrers neben den inhaltlichen Leistungen gesondert ausgewiesen, wie in folgendem Beispiel:

b) Darstellungsleistung

	Anforderungen **Der Prüfling**	**maximal erreichbare Punktzahl (AFB)**
1	**strukturiert seinen Text kohärent, schlüssig, stringent und gedanklich klar.** • angemessene Gewichtung der Teilaufgaben in der Durchführung • gegliederte und angemessen gewichtete Anlage der Arbeit • schlüssige Verbindung der einzelnen Arbeitsschritte • schlüssige gedankliche Verknüpfung von Sätzen	6
2	**formuliert unter Beachtung der fachsprachlichen und fachmethodischen Anforderungen.** • begründeter Bezug von beschreibenden, deutenden und wertenden Aussagen • Verwendung von Fachtermini in sinnvollem Zusammenhang • Beachtung der Tempora • korrekte Redewiedergabe (Modalität)	6
3	**belegt Aussagen durch angemessenes und korrektes Zitieren.** • sinnvoller Gebrauch von vollständigen oder gekürzten Zitaten in begründender Funktion	3
4	**drückt sich allgemeinsprachlich präzise, stilistisch sicher und begrifflich differenziert aus.** • sachlich-distanzierte Schreibweise • Schriftsprachlichkeit • begrifflich abstrakte Ausdrucksfähigkeit	5
5	formuliert lexikalisch und syntaktisch sicher, variabel und komplex (und zugleich klar).	5
6	schreibt sprachlich richtig.	3
	Summe	28

Die Qualität der Darstellung zählt mit. Bei starken Verstößen gegen die sprachliche Richtigkeit kann es zu einem Punktabzug von bis zu 2 Notenpunkten kommen. Die Gesamtpunktzahl, die in einer Klausur erreicht wird, ergibt sich rechnerisch also folgendermaßen:

    Summe der Punkte aus Teilaufgabe 1
\+ Summe der Punkte aus Teilaufgabe 2
\+ Summe der Punkte für die Darstellungsleistung
    Gesamtpunktzahl

Hinweise für die mündliche Abiturprüfung

Wenn Sie Deutsch als viertes Abiturfach gewählt haben, werden Sie eine mündliche Abiturprüfung in diesem Fach ablegen.
Doch auch bei der Wahl von Deutsch als erstem bis drittem Abiturfach kann neben der schriftlichen eine mündliche Prüfung erfolgen, wenn Sie sich – unter bestimmten Voraussetzungen – entscheiden, zur Verbesserung Ihrer Note zusätzlich in eine mündliche (Nach-)Prüfung zu gehen.

Ist Deutsch Ihr viertes Fach, stellt die Lehrkraft Ihnen eine Aufgabe, für deren Bearbeitung Sie **30 Minuten Vorbereitungszeit** haben. Ein Beispiel für eine mündliche Prüfung finden Sie auf Seite 100. Die Vorbereitung erfolgt in einem gesonderten Raum.
Die **Aufgabe** bezieht sich, wie in der schriftlichen Prüfung, auf einen der inhaltlichen Schwerpunkte aus der Qualifikationsphase, aber der Umfang des Textes ist deutlich geringer. Die Aufgabe selbst beinhaltet, anders als in einer Klausur, meist nur eine Teilaufgabe.

TIPP zum Punktesammeln

Gehen Sie bei der Erarbeitung der Aufgabe vor, wie Sie es aus dem Unterricht bzw. von Ihren Klausuren kennen. Es wird ein freier Vortrag von Ihnen erwartet. Dieser sollte möglichst eng am Text bleiben, sinnvoll gegliedert sein und Zusammenhänge zwischen Form und Inhalt, Text und literaturwissenschaftlichem Kontext herstellen. Notieren Sie Ihre Stichwörter also sehr strukturiert.

Insgesamt dauert die **mündliche Prüfung mind. 20, max. 30 Minuten**. Im Prüfungsraum erwarten Sie neben Ihrem Deutsch-Fachprüfer zwei weitere Lehrkräfte als Prüfungskommission. Für den **Vortrag Ihrer Ergebnisse** haben Sie **10 bis 15 Minuten** lang Zeit.

Danach leitet Ihr Fachprüfer zu **einem Thema oder mehreren Themen aus der Qualifikationsphase Deutsch** über, die in einem gedanklichen Zusammenhang damit stehen. Zu diesen Themen findet mit Fragen oder Impulsen das Prüfungsgespräch statt. **Bewertet** werden die Komplexität der dargestellten Gegenstände, die sachliche Richtigkeit und Schlüssigkeit Ihrer Aussagen, die Vielfalt der Aspekte, die Differenziertheit Ihrer Aussagen (u. a. die Qualität eigener Argumentationen), die methodisch überzeugende, strukturierte Vorgehensweise, der sichere Umgang mit der Fachsprache und die Erfüllung standardsprachlicher Normen.

Beim ersten Prüfungsteil liegt der Schwerpunkt bei der Bewertung der Darstellungsleistung auf der Präsentationskompetenz, beim zweiten Prüfungsteil auf der Fähigkeit, situationsangemessen zu kommunizieren.

Beispiele für Prüfungsaufgaben

Die Aufgabenstellung richtig verstehen

Finden Sie heraus, was GENAU Sie tun sollen, bevor Sie eine Klausur ausarbeiten oder sich in der Prüfungssituation für eine der angebotenen Aufgaben entscheiden.

TIPP zum Punktesammeln

Lesen Sie die Aufgabe mehrfach gründlich durch und prüfen Sie:
- Was fordern die Operatoren (= was ist zu tun, vgl. S. 10 ff.)?
- Gibt es ergänzende Hinweise für die Ausarbeitung (z. B. „und“, „indem“)?
- Wird ein inhaltlicher und/oder methodischer Fokus vorgegeben?
- Gibt es Hinweise zum Umfang der Teilaufgaben/Anteil an den Gesamtpunkten?

Es ist sinnvoll, die im Tipp genannten Fragen mithilfe von Unterstreichungen und Markierungen zu kennzeichnen. Am folgenden Aufgabenbeispiel zeigen wir Ihnen exemplarisch, wie man durch aufmerksames Lesen wichtige Hinweise erhält:

AUFGABENSTELLUNG (Beispiel)

1 Interpretieren Sie das Gedicht „Schöne Fremde“ von Joseph von Eichendorff. Berücksichtigen Sie dabei auch seine Epochenzugehörigkeit.

2 Vergleichen Sie das Gedicht Eichendorffs mit dem Gedicht „Verfall“ von Georg Trakl im Hinblick auf das Selbstverständnis des lyrischen Ichs, die Darstellung des Sehnsuchtsmotivs sowie die formale und sprachliche Gestaltung des Gedichts. Berücksichtigen Sie auch die jeweilige Entstehungszeit.

Ergänzend zu den übergeordneten Operatoren (vgl. S. 10 ff.) enthalten Aufgabenstellungen in der Regel zusätzliche Hinweise, was inhaltlich erwartet wird. Es handelt sich hier durchaus auch um Operatoren, die jedoch nicht in der offiziellen Liste enthalten sind. Sie können z. B. so lauten: „bestimmen“, „eingehen auf“, „entwickeln“, „berücksichtigen“, „einführen“ oder „einbetten“.
So können Sie Ihre Ausarbeitung vorstrukturieren: Erstellen Sie eine kurze Liste mit den in der Aufgabenstellung benannten Aspekten und prüfen Sie während des Schreibens und nach Abschluss Ihrer Arbeit, ob Sie zu allen Aspekten etwas geschrieben haben.

Exemplarische Analyse der Aufgabenstellung:

AUFGABENSTELLUNG

1 Interpretieren Sie das Gedicht „Schöne Fremde" von Joseph von Eichendorff.
Berücksichtigen Sie dabei auch seine Epochenzugehörigkeit.

übergeordneter Operator (unterscheiden Sie zudem: Handelt es sich um einen literarischen Text oder um einen Sachtext?)
Hinweis auf **einen** verbindlich zu bearbeitenden Aspekt, hier: Epochenzugehörigkeit. Die Ergänzung dabei auch grenzt den Umfang, den Sie diesem Teilaspekt bei der Bearbeitung der Aufgabe widmen, deutlich ein. Es handelt sich um einen unter mehreren Aspekten der Interpretation.

AUFGABENSTELLUNG

2 Vergleichen Sie das Gedicht Eichendorffs mit dem Gedicht „Verfall" von Georg Trakl im Hinblick auf das Selbstverständnis des lyrischen Ichs, die Darstellung des Sehnsuchtsmotivs sowie die formale und sprachliche Gestaltung des Gedichts.
Berücksichtigen Sie auch die jeweilige Entstehungszeit.

übergeordneter Operator (Was soll womit verglichen werden?)
Hinweis auf **vier** verbindlich zu bearbeitende Aspekte, hier: Selbstverständnis des lyrischen Ichs, Sehnsuchtsmotiv, formale und sprachliche Gestaltung, jeweilige Entstehungszeit. Die Ergänzung auch grenzt den Umfang, den Sie diesem Teilaspekt bei der Bearbeitung der Aufgabe widmen, deutlich ein. Es handelt sich um einen unter mehreren Aspekten der Analyse.

TIPP zum Punktesammeln

Achten Sie sorgfältig darauf, ob überhaupt etwas über den „reinen" Operator hinaus (z. B. Analyse oder Vergleich eines Textes) verlangt wird. Wenn Hintergrundwissen gefordert ist, z. B. zu Epochen, zur Entstehungszeit oder zu Gattungen/Textsorten, sollten Sie **keinesfalls einfach auswendig gelernte Passagen einfügen**. Binden Sie Ihr Wissen in Ihre Darstellung ein, indem Sie es auf den Gegenstand der Analyse/Interpretation oder Argumentation/Erörterung beziehen.

Die Beispielklausuren aktiv nutzen

Zu jeder Aufgabenstellung in diesem Trainer steht eine Beispiellösung bereit, die Sie auf unterschiedliche Weise nutzen können und sollten:
Schritt 1: Orientieren Sie sich an **Struktur und Inhalt**.
Schritt 2: Verbessern Sie Ihre **stilistische Ausdrucksfähigkeit**.

TIPP Aufbau und Inhalt erschließen

Im Idealfall plant man den Aufbau eines Textes mithilfe eines Schreibplans oder einer Textskizze und formuliert den Text dann in Anlehnung daran aus.
Achten Sie jeweils darauf, welche Operatoren im Aufgabenformat gegeben sind und wie der Mustertext darauf reagiert, z. B. „analysieren", „Stellung nehmen". Rekonstruieren Sie dessen Struktur und notieren Sie sie als Schreibplan, z. B.:

- *Einleitung mit ...*
- *Hauptteil: zuerst grobe Inhaltszusammenfassung, dann ...*

Variante A: Falls Sie die Zeit zur Verfügung haben, können Sie das angebotene Material anhand der Aufgabenstellung unter Nutzung des rekonstruierten Schreibplans (s. o.) eigenständig bearbeiten und anschließend mit der Musterlösung abgleichen.
Variante B: Notieren Sie jeweils stichwortartig zum Schreibplan, welche Aspekte der Analyse/welche Argumente o. Ä. in der Musterlösung genannt werden. Auf diese Weise bekommen Sie eine grobe Einschätzung, wie man mit der angebotenen Aufgabenstellung umgehen kann.

TIPP Formulierungen extrahieren und selbst als Textbausteine nutzen

Die Beispielklausuren bieten Ihnen einen Fundus für Fachbegriffe und vielseitig nutzbare Formulierungen an, z. B. Verknüpfungen oder Überleitungen. Unterstreichen Sie gezielt (ggf. in mehreren Farben):

1. sinnstiftende **Satzverknüpfungen** (Konnektoren),
2. abwechslungsreiche und leserleitende **Satzanfänge/Überleitungen**,
3. flexible **Satzstrukturen**, aber tunlichst nicht zu verschachtelt,
4. **Verben der Darstellung** (ggf. Wortliste mit Synonymen anlegen),
5. **Fachbegriffe** (ggf. Bedeutung klären).

Zitieren üben:

- Markieren Sie in den Beispielklausuren Textstellen mit Zitaten.
- Formulieren Sie diese Textstelle so um, dass aus dem direkten ein indirektes Zitat (oder umgekehrt) wird. Diese Übung stärkt Ihre Sicherheit, Zitate richtig einzubetten.

Fokus: Sprache in politisch-gesellschaftlichen Verwendungszusammenhängen

Grundkurs, Aufgabenart IV
Integriert: mögliche Erweiterung für den Leistungskurs

Materialgestütztes Verfassen eines Textes mit fachspezifischem Bezug

AUFGABENSTELLUNG

Die Schule veranstaltet eine Projektwoche zum Thema „Kommunikation zwischen Verständigung und Strategie - Herausforderungen der digitalen Gesellschaft", die die Förderung der Medienkompetenz zum Ziel hat. Begleitende Informationstexte werden auf der Homepage der Schule bereitgestellt.

1 Verfassen Sie einen informierenden Text für die Oberstufenschüler/-innen, der auf die Verbreitung und Wirkung von „fake news" sowie einen bewussten Umgang damit eingeht.
[*Erweiterung für LK:* Berücksichtigen Sie die Funktion von Verschwörungserzählungen für die Entstehung von „fake news".]
Nutzen Sie dazu die folgenden Materialien 1 bis 5 *[LK: 1–6]* und beziehen Sie Ihr unterrichtliches Wissen über Kommunikation in gesellschaftlichen Zusammenhängen mit ein.
Formulieren Sie eine geeignete Überschrift.
Verweise auf die Materialien erfolgen unter Angabe des Namens der Autorin bzw. des Autors und ggf. des Titels.
Ihr Beitrag sollte etwa 1000 Wörter umfassen *[LK: 1200 Wörter]*.

TIPP Die Aufgabenstellung verstehen

Verfassen Sie: Gefordert ist ein informierender Text für die Homepage. Adressaten sind die Oberstufen-Mitschüler/-innen. Sprachlich ist die Balance zwischen der Ansprache Jugendlicher und dem offiziellen Charakter der Homepage der Schule zu wahren.
Das Informationsziel ist die Förderung von Medienkompetenz, eng gefasst unter dem Aspekt des Umgangs mit „fake news". *[Erweitert für den LK: „fake news" im Kontext von Verschwörungstheorien]* Inhaltliche Grundlage Ihres Textes sind die bereitgestellten Materialien sowie im Unterricht zu diesem Thema erworbenes Wissen.

Materialgrundlage

M1 a) (ohne Verfassernamen) Definition von „fake news" (gekürzt). Aus: Landesmedienzentrum Baden-Württemberg, Karlsruhe – https://www.lmz-bw.de/medienbildung/themen-von-f-bis-z/hatespeech-und-fake-news/fake-news/was-sind-fake-news (aufgerufen 14.12.2022)

M1 b) Hurtz, Simon/Fehrensen, Martin: Desinformation (gekürzt), aus: https://socialmediawatchblog.de/2021/09/03/desinformation-was-ist-das-wer-definiert-das-ist-das-gefaehrlich/ (aufgerufen 11.1.2023)

M2 Fiedler, Maria: Nur mit dem Internet aufgewachsen zu sein, reicht nicht: Aus: Der Tagesspiegel vom 22.03.2021 (gekürzt) https://www.tagesspiegel.de/politik/fast-die-halfte-hat-niedrige-digitale-nachrichtenkompetenz-4238443.html (aufgerufen 19.12.2022)

M3 Medienberatung NRW (Hrsg.): Medienkompetenzrahmen NRW. Standard für die Schul- und Unterrichtsentwicklung, Düsseldorf 2020
LVR_ZMB_MKR_Rahmen_A4_2020_03_Final.pdf (aufgerufen 11.1.2023)

M4 Medienpädagogischer Forschungsverbund Südwest (Medienanstalten Baden-Württemberg, Rheinland-Pfalz/Südwestrundfunk): Jim 22plus. Sonderbefragung zu Fake News und Hatespeech im Alltag von Jugendlichen zwischen 12 und 19 Jahren https://www.mpfs.de/fileadmin/files/Studien/JIM/JIMplus_2022/JIMplus_Charts_2022_fuer_Website_pdf (aufgerufen 21.1.2023)

M5 komFOUR GmbH & Co.KG, Ostfildern: Faktencheck: Verschwörungstheorien rund um 5G. https://www.informationszentrum-mobilfunk.de/artikel/faktencheck-verschwoerungstheorien-rund-um-5g (aufgerufen 15.10.2022)

[Nur LK]

M6 *Vorsicht, Verschwörungsglaube! Einfache Wahrheiten in einer komplizierten Welt. Interview mit der Sozialpsychologin Pia Lamberty, geführt von Rena Beeg für die Gemeinnützige Hertie-Stiftung, Frankfurt am Main (gekürzt). https://www.ghst.de/interview-pia-lamberty (aufgerufen 15.10.2022)*

Zur Klärung des Begriffs

M1 a) Definition von Fake News *Landesmedienzentrum Baden-Württemberg, Karlsuhe*

„Fake News“ – wörtlich übersetzt „gefälschte Nachrichten“ – sind Informationen in Form von Texten, Fotos oder Videos, die nicht der Wahrheit entsprechen. Sie sind mit unbewiesenen Behauptungen gespickt und beziehen sich auf nicht geschehene Ereignisse oder Handlungen. Häufig werden sie über elektronische Kanäle, bevorzugt über soziale Medien, verbreitet.

In ihrer visuellen Gestaltung und ihrem Aufbau ähneln Fake News klassischen Nachrichtenbeiträgen, um über ihren fehlenden Wahrheitsgehalt hinwegzutäuschen. Erkennbar sind sie beispielsweise an reißerischen Überschriften und fehlenden Urheber- und Quellenangaben.

„Fake News“ hat spätestens mit der US-Wahl 2016 als politisch aufgeladener Kampfbegriff Einzug in die gesellschaftlichen Diskussionen gehalten, der […] mitunter schwer genau zu definieren ist.

M1 b) Desinformation *Simon Hurtz / Martin Fehrensen*

Desinformation (engl. *Disinformation*): Falsche Informationen, die mit der Absicht in Umlauf gebracht werden, Menschen zu täuschen oder Schaden anzurichten. Dazu zählen z.B. erfundene Inhalte (Lügen, Gerüchte), aus dem Kontext gerissene Inhalte (verkürzte Zitate, fehlerhafte Statistiken) und manipulierte Inhalte (Photoshop-Fakes, Deepfakes).

Fehlinformation (engl. *Misinformation*): Falsche Informationen, die unabsichtlich und ohne Täuschungsabsicht verbreitet werden. Darunter verstehen wir unter anderem journalistische Fehler, falsche Interpretationen und teils auch reißerische Überschriften oder Satire, falls diese bei den Rezipienten und Rezipientinnen ein falsches Bild erzeugen.

Malinformation (lat. *malus* = schlecht): Zutreffende Informationen, die gezielt veröffentlicht werden, um Schaden anzurichten. Beispiele sind Leaks, Doxing (das Zusammentragen und Veröffentlichen persönlicher Daten gegen den Willen der Betroffenen), Revenge Porn[1] oder dekontextualisierte[2] Fotos oder Fakten, die Hass oder Angst schüren sollen. [...]

Desinformation ist also die Schnittmenge aus Fehlinformationen (falsch) und Malinformation (bösartige Absicht). Exakte Abgrenzungen sind schwierig, weil oft nicht klar ist, welche Intention die Absender/-innen verfolgen. [...] Bei manchen Aussagen fällt die Entscheidung leicht: „Die Erde ist eine Scheibe.", „Das Coronavirus ist harmlos.", „Donald Trump hat die Wahl gewonnen." Diese Sätze sind eindeutig falsch, trotzdem glaubt eine erschreckend große Minderheit daran.

1 **Revenge Porn:** Videos, die im Zustand der Entkleidung andere Personen zeigen und aus Rache veröffentlicht werden. Es handelt sich um Straftaten

2 **dekontextualisiert:** aus dem Zusammenhang gerissen

M2 Nur mit dem Internet aufgewachsen zu sein, reicht nicht: Fast die Hälfte hat niedrige digitale Nachrichtenkompetenz *Maria Fiedler*

Desinformation erkennen, Quellen richtig einschätzen: Laut einer Studie hapert es an der digitalen Nachrichtenkompetenz – nicht nur bei Älteren.

Zu Anfang der Pandemie machte eine Falschinformation die Runde. Auf Whatsapp wurde eine Sprachnachricht verbreitet, in der eine Frau behauptete, Ibuprofen würde schwere Corona-Krankheitsverläufe auslösen. „Eigentlich hätte man dann den Absender fragen müssen: Woher hast du das? Oder das erstmal googeln. Aber viele leiteten die Falschinformation einfach weiter", sagt Anna-Katharina Meßmer. Sie ist Projektleiterin beim Thinktank „Stiftung Neue Verantwortung" und hat mit ihren Kollegen gerade eine Studie zu Informations- und Nachrichtenkompetenz durchgeführt. [...] Das Ergebnis: Nur ein Fünftel erzielte hohe Kompetenzwerte. Mit 46 Prozent liegen die meisten Befragten im Bereich der (sehr) geringen digitalen Nachrichten- und Informationskompetenz.

„Gerade in der Coronakrise rächt es sich, dass in Bezug auf digitale Medien lange nur auf Bedienkompetenz gesetzt wurde und nicht auf Nachrichtenkompetenz", sagt Meßmer. „Die Verbreitung von Falschinformationen erschwert die Pandemiebekämpfung." Doch auch ansonsten sind die

Studienergebnisse zum Teil besorgniserregend. [...]

Digital Natives sind nicht automatisch kompetent

Gerade bei Jüngeren spielt die Bildung auch eine große Rolle. Meßmer beobachtet eine beunruhigende Polarisierung in der Altersgruppe der unter 40-Jährigen. „Die schneidet zwar insgesamt besser ab als Ältere. Aber innerhalb dieser Altersgruppe gibt es massive Unterschiede entlang der Bildungsabschlüsse." Meßmer glaubt, digitale Bildung finde an Haupt- und Gesamtschulen viel zu wenig statt. „Nur mit dem Internet aufgewachsen zu sein, bedeutet eben nicht, sich gleichzeitig kompetent darin zurechtzufinden." Auch sehe man gerade bei Jüngeren mit niedrigen Bildungsabschlüssen geringe Vertrauenswerte in Demokratie und Medien. „Das sind offensichtlich Menschen, die sich von Politik und Medien nicht ausreichend vertreten fühlen", sagt Meßmer [...]. Insgesamt ist ihr aber wichtig zu betonen: „Das Ergebnis der Studie ist nicht: Die Leute sind dumm. Die Studie zeigt vor allem, wie kompliziert die Medienumgebungen geworden sind." Wenn beispielsweise ein Freund auf Facebook einen Artikel eines Internetportals poste und dieser mit einem Faktencheck von correctiv.org versehen sei – dann muss man bei einem Posting gleich vier Quellen bewerten." Auch sei deutlich zu erkennen, dass viele Menschen sich richtig verhalten wollen. „Aber die Plattformen motivieren dazu, Dinge einfach weiterzuleiten – auch ohne sie überprüft oder überhaupt gelesen zu haben." [...]

M3 Medienkompetenzrahmen des Landes NRW für Schulen (2020)

Medienberatung NRW

(Fähigkeiten, über die Schüler/-innen im Umgang mit elektronischen Medien verfügen sollten, Auszüge)

<u>Kompetenzbereich: Informieren und Recherchieren</u>

- Informationen, Daten und ihre Quellen sowie dahinterliegende Strategien und Absichten erkennen und kritisch bewerten
- unangemessene und gefährdende Medieninhalte erkennen und hinsichtlich rechtlicher Grundlagen sowie gesellschaftlicher Normen und Werte einschätzen
- Institutionen des Jugend- und Verbraucherschutzes kennen und ggf. Hilfs- und Unterstützungsstrukturen nutzen

<u>Kompetenzbereich: Produzieren und Präsentieren</u>

- Standards der Quellenangaben beim Produzieren und Präsentieren von eigenen und fremden Inhalten kennen und anwenden

<u>Kompetenzbereich: Analysieren und Reflektieren</u>

- interessengeleitete Setzung und Verbreitung von Themen in Medien erkennen sowie in Bezug auf die Meinungsbildung beurteilen

M4 Informiertheit: Politik & Weltgeschehen

aus der Studie JIMplus 2022 – Medienpädagogischer Forschungsverbund Südwest (mpfs)

Die Studienreihe JIM (Jugend, Information, Medien) erscheint seit 1998 jährlich. Es handelt sich um eine repräsentative Basisstudie zum Medienumgang der Zwölf- bis 19-Jährigen in Deutschland.

M5 Faktencheck: Verschwörungstheorien rund um 5G

In Zeiten der Corona-Pandemie haben sogenannte „alternative Online-Nachrichtenmedien" im deutschsprachigen Raum nur wenige Falschmeldungen (Fake News) verbreitet – stattdessen neigen sie stärker zur Veröffentlichung von Verschwörungstheorien. Zu diesem Ergebnis kommen Kommunikationswissenschaftler unter der Leitung von Prof. Dr. Thorsten Quandt der Westfälischen Wilhelms-Universität Münster (WWU) in einer aktuellen Untersuchung. Das Forscherteam untersuchte 120 000 Posts, die von Anfang Januar bis zum 22. März 2020 über den Social-Media-Kanal „Facebook" veröffentlicht wurden – davon 15 000 von den alternativen Nachrichtenmedien, der Rest von klassischen Medienhäusern.

Die Auswertung der Facebook-Daten zeige auch, dass bestimmte Online-Nachrichtenmedien Verschwörungstheorien über die Herkunft des Coronavirus verbreiten: Die Chinesen hätten zum Beispiel das Virus als Waffe entwickelt, die verbreitet würde, um den Westen zu zerstören. Damit riefen diese sogenannten Alternativmedien eine beachtliche Anzahl von Reaktionen hervor. Verbreitet haben sich auch Verschwörungstheorien zu 5G: Insbesondere wurde kolportiert, dass es einen Zusammenhang zwischen dem Ausbau des Mobilfunkstandards 5G in Wuhan und der Entstehung des Coronavirus gebe. Diese Theorien halten einer Überprüfung nicht stand: Zwar ist 5G in Wuhan verfügbar, allerdings kann ausgeschlossen werden, dass Menschen dort durch 5G starben, wie eine Erklärung des Bundesamtes für Strahlenschutz für das unabhängige Recherchezentrum „Correctiv" zeigt: „5G verursacht weder Zellabbau noch grippeähnliche Symptome. 5G kann (wie alle Felder von Mobilfunksendeanlagen, also auch 2G, 3G, 4G) höchstens eine geringfügige, nicht wahrnehmbare Erwärmung verursachen, die sich vor allem auf die Körperoberfläche beschränkt (und die Lunge nicht erreicht)." Ebenso eindeutig äußert sich die Weltgesundheitsorganisation WHO: „5G Mobilfunknetze können Covid 19 nicht verbreiten." Mimikama, ein Verein zur Aufklärung von Internetmissbrauch, betont im Recherche-Fazit zu 5G: „Die unbewiesenen Behauptungen, 5G und das neue Coronavirus stünden in irgendeinem Zusammenhang, sind völlig an den Haaren herbeigezogen. Zumeist finden sie sich in Artikeln, die gleichzeitig mit Werbung für die eigenen Produkte gespickt sind, ob Wunderwasser, Orgon-Akkumulatoren[1] oder die neuesten Enthüllungsbücher über die Illuminaten.[2]" [...]

1 **Orgon-Akkumulatoren:** Verstärker für eine fiktive kosmische Energie

2 **Illuminaten:** Angehörige eines Geheimbunds (1776 gegründet, schon lange zerschlagen)

Ergänzendes Material für den Leistungskurs:

M6 Interview mit der Sozialpsychologin Pia Lamberty *Rena Beeg*

Pia Lamberty ist Sozialpsychologin an der Universität Mainz und Expertin für Verschwörungserzählungen. Seit zehn Jahren forscht die Wissenschaftlerin und Buchautorin („Fake Facts") zu diesem Thema.

Es sind beunruhigende Zahlen: 66 Prozent der Deutschen sehen [...] in Verschwörungserzählungen eine Gefahr für die Demokratie. Wie ist Ihre Meinung?

Ich sehe das auch so. Verschwörungsglauben ist so gefährlich für die Demokratie, weil mit ihm oft auch Menschenfeindlichkeit einhergeht. Über die Erzählungen werden antisemitische und rassistische Inhalte transportiert, die im letzten Schritt von Menschen herangezogen werden, um Morde und Terroranschläge zu begehen. Wir erleben immer wieder, dass der harte Verschwörungsglaube mit einem starken Demokratiemisstrauen verbunden ist, sowie mit einer höheren Billigung von Gewalt. [...]

Sind denn alle Verschwörungsgläubigen so gefährlich? Wer steckt noch hinter den Erzählungen?

Es gibt mindestens drei Gründe, warum Menschen Verschwörungserzählungen verbreiten. Erstens: Sie glauben selber dran und wollen andere überzeugen. Zweitens: Es lässt sich viel Geld mit der Angst der Menschen machen. Wenn man z.B. erzählt, 5G würde hinter Corona stecken, lassen sich leicht irgendwelche 5G-Entstörer für hunderte Euro verkaufen. Und drittens sind da die Personen und Gruppen, die Verschwörungserzählungen zur politischen Mobilisierung und Radikalisierung nutzen. Sie bauen bewusst ein Feindbild auf, behaupten z.B., die Bundesregierung wolle die Bevölkerung durch Migranten „austauschen“, um dann radikal und mit Gewalt ihre Ziele zu verfolgen. [...]

Was sind das für Menschen, die an Verschwörungen glauben?

Erstmal muss man sich bewusst machen: Das sind nicht die anderen! Das Thema wurde lange so behandelt, als wären diese Menschen verrückt und dumm, und als wäre Verschwörungsglaube ein Randphänomen der Gesellschaft. Dabei gab es ihn schon lange Zeit vor Corona, und zwar weltweit. Die WHO hat z.B. schon 2019 Impfgegner als globale Bedrohung benannt. Für die USA wissen wir, dass jeder zweite US-Amerikaner an mindestens eine Verschwörung glaubt. In Deutschland sind es 18 Prozent, die an eine Impf-Verschwörung glauben. 17 Prozent aller Deutschen halten die Corona-Krise für einen Vorwand der Politik, um die Freiheitsrechte dauerhaft einzuschränken. 20 Prozent glauben, dass Migranten nach Deutschland gebracht würden, um die Bevölkerung „auszutauschen“. [...] Studien belegen, dass Männer stärker an Verschwörungserzählungen glauben als Frauen. [...] Die prominenteste und älteste Erklärung ist, dass ein Kontrollverlust dazu führt, dass Menschen stärker an Verschwörungen glauben. Also eine Situation, in der ich mich machtlos fühle, in der ich nicht weiß, was als Nächstes passiert. Wie z. B. die Corona-Pandemie oder eine persönliche Krise wie eine Trennung, der Verlust des Arbeitsplatzes oder eine Erkrankung. [...] Der Glaube an Verschwörungen strukturiert und ordnet die Welt. Außerdem gibt es einen „Verschwörer“, auf denen man alles projizieren[1] kann. Das ist dann erstmal besser auszuhalten als das Chaos und der Kontrollverlust. [...] In unseren Studien und in der Arbeit von anderen Kollegen hat sich gezeigt, dass Verschwörungsglaube ein Bedürfnis nach Einzigartigkeit befriedigen kann. [...]

Wie geht man mit einem Verschwörungsideologen um, wenn man ihm begegnet?

Es kommt drauf an: Wenn man ihn im Internet trifft, darf man nicht glauben, dass man diese Person durch eine gute Faktenrecherche umstimmen kann. Es ist wichtig, die Psychologie dahinter zu verstehen, weil es eben nicht darum geht, dass dieser

Mensch nicht in der Lage wäre, Fakten zu verarbeiten. Der Verschwörungsglaube hat für ihn eben eine Identitätsfunktion. [...]

Wo verläuft die Trennlinie zwischen Verschwörungserzählung und einem gesunden Misstrauen?

Kritisches Denken ist natürlich unglaublich wichtig, weil es immer auch der Motor für Fortschritt und für gesellschaftliche Veränderungen ist, quasi die Grundlage von Wissenschaft. Beim Verschwörungsglauben ist es aber so, dass der Schuldige quasi schon von Vornherein feststeht. Das sind „die Mächtigen", das sind „die da oben". Die eigene Haltung wird in der Regel nicht kritisch hinterfragt. [...]

1 **projizieren:** im psychologischen Sinne Zuschreibung von eigenen Vorstellungen auf andere Personen; Projektion: unbewusstes Übertragen innerer Vorgänge auf die Außenwelt/andere Personen

TIPP

Erstellen Sie vor dem Schreiben einen Schreibplan (eine Gliederung mit Zwischenüberschriften), in dem Sie den verfügbaren Stoff ordnen.

Beispiellösung

(Überschrift) **Seid ihr „fake news" und sog. Verschwörungstheorien hoffnungslos ausgeliefert? Nein!**

(Einleitung/Einführung ins Thema) „Fake news" sind heute auf allen Social-Media-Kanälen ein Ärgernis und eine Herausforderung. Viele von uns im Alter von 15 bis 20 Jahren glauben, nicht auf „fake news" hereinzufallen bzw. solche Falschnachrichten sofort erkennen zu können. Bevor diese Selbsteinschätzung überprüft wird, soll beschrieben werden, was Medienkompetenz (Jugendlicher) heute umfassen müsste und was genau unter den Begriff „fake news" fällt. Auch möchte ich den Zusammenhang von Falschnachrichten und Verschwörungserzählungen zu klären versuchen sowie Hinweise zum Erkennen und zum Umgang mit „fake news" anbieten.

(Hauptteil mit Zwischenüberschriften) **Medienkompetenz – was heißt das?**
Medienkompetenz ist in einer rasant digitalisierten Welt sehr wichtig. Dabei geht es nicht allein um den Umgang mit elektronischen Medien, sozusagen ihre technische Handhabung als Anwender. Zentral ist die Fähigkeit, die vielfältigen medialen Angebote mit kritischer Distanz beurteilen zu können. Der Medienkompetenzrahmen des Landes NRW beschreibt zum Beispiel Fähigkeiten, die Schülerinnen und Schülern einen verantwortungsbewussten Umgang mit digitalen Medieninhalten ermöglichen sollen, beispielsweise das Erkennen „unangemessene[r] und gefährdende[r] Medieninhalte" und die Kenntnis vorhandener „Hilfs- und Unterstützungsstrukturen" etwa für den Jugend- oder Verbraucherschutz. Wissen müssen sie auch, dass Inhalte bzw. deren Herkunft richtig und wahrheitsgemäß zu identifizieren sein müssen, sowohl bei Bereitstellung im Internet durch Dritte als auch bei der Erstellung eigener Materialien etwa für Referate oder Präsentationen. Neben Urheberrechten gewährleistet eine solide Quellenangabe auch die Beurteilung von Informationen.

Was sind „fake news"?
Die wörtliche Übersetzung „gefälschte Nachrichten" kommt der Bedeutung des Begriffs sehr nahe: „fake news" wirken oft wie sachliche Informationen, z. B. Nachrichten, enthalten aber Unbewiesenes oder gar Erlogenes. Der Darstellung des Landesmedienzentrums Baden-Württemberg folgend ist der Begriff seit der US-Präsidentenwahl 2016 ein „politisch aufgeladener Kampfbegriff" und kann in drei Bereiche aufgeschlüsselt werden: erstens Desinformation, also absichtsvolle Täuschungen wie Lügen oder verkürzte Zitate oder auch gefälschte Fotos, zum zweiten Fehlinformation durch z. B. journalistische Fehler oder Vergröberungen ohne Täuschungsabsicht, zum dritten „Malinformation", die vielleicht sogar zutrifft, aber absichtsvoll Schaden anrichten soll. Sie reicht von Veröffentlichungen gegen den Willen Betroffener bis hin zu Racheaktionen, wobei (Bild-)Material oft aus dem Zusammenhang gerissen wird (vgl. Hurtz/Fehrensen, Desinformation, M1b).

Wie erkennt man „fake news"?
Wichtig ist Skepsis gegenüber Quellen – besonders im Internet. „Erkennbar sind sie [Falschnachrichten] beispielsweise an reißerischen Überschriften und fehlenden Urheber- und Quellenangaben", heißt es beim Landesmedienzentrum Baden-Württemberg (M1a). Das gilt für weniger geschickt aufgemachte Desinformation. Demnach lassen sich Informationen immerhin durch seriöse Quellenangaben überprüfen. Allerdings ist das bisweilen eine hohe Anforderung. Anna-Katharina Meßmer, Projektleiterin beim Thinktank „Stiftung Neue Verantwortung", weist darauf hin, dass etwa ein Post auf Facebook mit dem Artikel eines Internetportals, versehen mit einem Faktencheck – hier genannt: correctiv.org – es erfordert, gleich vier Quellen auf einmal zu bewerten. (vgl. Fiedler, M2) Immerhin gibt es inzwischen eine Reihe von anerkannten Einrichtungen für Recherche wie correctiv.org, den österreichischen Verein mimikama oder SMWB (SocialMedia Watchblog). Weit verbreitete Verschwörungserzählungen oder „fake news" können überprüft und als Lügen oder Mythen entlarvt werden. Schulische Bildung kann helfen, ist bei der im Durchschnitt bei Älteren, also vielen Lehrerinnen und Lehrern, nicht ausgeprägten Medienkompetenz allerdings kein Allheilmittel.

Ist unsere Urteilskraft so gut, wie wir glauben?
Eine Studie der Stiftung „Neue Verantwortung" billigt nur einem Fünftel der Bevölkerung hohe Kompetenz bei der Bewertung von Informationen und Nachrichten zu, 46 Prozent hingegen eine geringe oder sehr geringe (ebd.). Auch darum erreichen „fake news" oft eine hohe, ungefilterte Verbreitung. Von unterschiedlich großen Minderheiten der befragten Jugendlichen in der repräsentativen JIMplus-Studie von 2022 konnten falsche Aussagen nicht als solche identifiziert werden. So ergab die Frage danach, ob Nachrichten über einen Bundesminister „erst durch das jeweilige Ministerium genehmigt werden" müssten, bei 21 Prozent Zustimmung, bei 36 Prozent Nichtwissen – mehrheitlich konnte also diese Falschbehauptung von den befragten Jugendlichen zwischen 12 und 19 Jahren nicht korrekt widerlegt werden. 24 Prozent unterstützten den Satz, dass „Medien und Politik [...] Hand in Hand [arbeiten], um die Bevölkerung zu manipulieren". Diese klassische Verschwörungstheorie wurde von weiteren 24 Prozent mit „Weiß nicht" eingeschätzt. Fast die Hälfte war also nicht in der Lage, die Falschnachricht zu erkennen! Nicht

eindeutig ist das Bild bei der insgesamt als „Digital Natives“ bezeichneten Gruppe „der unter 40-Jährigen“ (vgl. Fiedler, M2). Mehr (digitale) Bildung hilft offenbar, „fake news“ zu entlarven. Menschen mit niedrigeren Bildungsabschlüssen zeigen jedoch „geringe Vertrauenswerte in Demokratie und Medien“ (ebd.) und vertrauen Fake News eher.

(Für den LK: Mögliche Ausarbeitung zum Thema) **„Funktion von Verschwörungserzählungen für die Entstehung von ‚fake news‘“**
Die Wirkungsmacht von Verschwörungserzählungen zeigt das Beispiel der über verschiedene Online-Nachrichtenmedien weit verbreiteten, jedoch vollständig erfundenen „Theorie“, der zufolge der neuere Mobilfunkstandard 5G im chinesischen Wuhan Corona verursacht habe (vgl. Faktencheck 5G, M5). Widerlegt wurde das Gerücht durch einen Faktencheck durch das „unabhängige Recherchezentrum ‚Correctiv‘“ (ebd.) und die Weltgesundheitsorganisation WHO. Gerade während der Corona-Pandemie wurde viel Verwirrendes und Falsches in die Welt gesetzt. Via Messengerdienst wurde z. B. ungeprüft verbreitet, „Ibuprofen würde schwere Corona-Krankheitsverläufe auslösen“ (vgl. Fiedler, M2). Mit steter Wiederholung scheint der Wahrheitsgehalt einer fiktiven Verschwörungserzählung zu steigen, bis sie zur „Nachricht“ wird – allerdings zu einer falschen Nachricht, zu „fake news“. Irrig sei die Ansicht, dass es sich beim „Verschwörungsglaube[n] um ein Randphänomen der Gesellschaft“ handele. Die Weltgesundheitsorganisation WHO habe „schon 2019 Impfgegner als globale Bedrohung benannt“. In Deutschland glaubten immerhin 18 Prozent der Bevölkerung an eine Impf-Verschwörung (vgl. Lamberty/Beeg, M6). Ein Teil der Verschwörungserzählungen wird von sog. „Querdenkern“ verbreitet, die damit Verunsicherung stiften wollen. Dass „66 Prozent der Deutschen“ (ebd.) Verschwörungserzählungen für „eine Gefahr für die Demokratie“ halten, kann man nur als richtige Erkenntnis einer deutlichen Mehrheit bezeichnen. Gerade die während der Pandemie verbreiteten Lügen zielten laut der Sozialpsychologin Lamberty auf eine Radikalisierung und Gewalttaten ab. Es lasse sich außerdem viel Geld mit der Angst der Menschen machen. Wenn man z. B. erzähle, 5G würde hinter Corona stecken, ließen „sich leicht irgendwelche 5G-Entstörer für hunderte Euro verkaufen.“ (ebd.)

Empfehlungen für einen bewussten Umgang mit „fake news“
Informationen oder Nachrichten sollten nie kritiklos geglaubt oder weitergeklickt werden. Auch „Bedienkompetenz“ (Fiedler, M2) beweist nicht, dass jemand beurteilen kann, ob eine Nachricht echt oder falsch ist. Ausnahmslos jede und jeder Einzelne ist aufgerufen, „News“, die viral im Internet verbreitet werden, sehr umsichtig zu prüfen. Wird eine Aussage seriös belegt? Erkennt man zweifelsfrei, wer hinter der Nachricht steht? Ist deutlich, welche Interessen damit verfolgt werden? Kann man diese Fragen positiv beantworten, erhöht sich die Glaubwürdigkeit von Informationen. Auch ein Faktencheck durch die o.g. Institutionen und eine Liste als seriös einzustufender Medien und Rechercheportale helfen bei der Beurteilung.

Leistungskurs, Aufgabenart II A

Analyse eines Sachtextes (ggfs. mit weiterführendem Schreibauftrag)

AUFGABENSTELLUNG

1 Analysieren Sie die Rede „Unsere Werte sind stark" von Edward Snowden, indem Sie die Redesituation, die zentralen Aussagen und die Art ihrer Entfaltung darstellen sowie die sprachliche Gestaltung untersuchen.

2 Erläutern Sie folgendes Zitat des Politikers Dr. Gregor Gysi aus seiner Rede „Edward Snowden Asyl gewähren", die er in seiner Funktion als Fraktionsvorsitzender der Partei „Die Linke" im Bundestag in Berlin am 18. November 2013 hielt:

„Ich muss ganz klar sagen: Von der Existenz und dem Umfang d[...]es Überwachungssystems wissen wir nur durch Edward Snowden. Es ist sein großes Verdienst. Er ist kein Krimineller, sondern will die Weltbevölkerung vor Kriminalität schützen. Und was wird er erreichen? Oder was hat er schon erreicht? Er hat eine andere Sensibilität erreicht. Und ich hoffe, dass sich vieles ändern wird. Und deshalb schulden wir Edward Snowden Dank. [...] Aufgrund der Veränderungen, die wir erlebt haben, schlage ich vor, Edward Snowden den Friedensnobelpreis zu verleihen. Er hat ihn verdient. Ja, ich sage Ihnen, er hat ihn verdient."

Quelle: https://www.bundestag.de (aufgerufen 4.1.2023)

Nehmen Sie abschließend unter Einbezug Ihrer Kenntnisse aus der Teilaufgabe 1 begründet Stellung zu diesem Zitat.

TIPP Die Aufgabenstellung verstehen

1 Analysieren Sie: Bei der Analyse der Rede sind besonders die vorgegebenen Aspekte (indem Sie) – Redesituation, die zentralen Aussagen und die Art ihrer Entfaltung – zu beachten. Für die Darstellung der Redesituation ist es hilfreich, auf die Hinweise zum Redner zu achten. Die zentralen Aussagen kann man zur Vorbereitung der Analyse markieren. Zusätzlich sollte auf die sprachliche Gestaltung (Wird argumentiert? Werden rhetorische Mittel genutzt? Wie werden die Gedanken miteinander verknüpft?) geachtet werden, um funktionale Zusammenhänge von Inhalt, Form und Sprache aufzuzeigen.

2 Erläutern Sie: Das Zitat von Dr. Gregor Gysi sollte hinsichtlich der in ihm enthaltenen einzelnen Thesen und deren Verknüpfung sowie in seinem Begründungszusammenhang (Rede im Bundestag, nachdem Edward Snowden seine Enthüllungen veröffentlicht hat) erklärt werden. Nehmen Sie Stellung unter Einbezug Ihrer Kenntnisse aus der Teilaufgabe 1: Prüfen Sie das Zitat Gregor Gysis mithilfe der Ergebnisse von Teilaufgabe 1 und ggf. eigenem Wissen kritisch und bewerten sie es nach Abwägung der angeführten Aspekte.

Materialgrundlage

Edward Snowden: „Unsere Werte sind stark". Übertragung per Laptop im Stuttgarter Theatersaal, 23.11.2014. https://taz.de/Snowdens-Rede-zum-Friedenspreis/!5027862/ (Bearbeitet und übersetzt von Gaby Sohl; aufgerufen: 22.2.2022)

Über den Redner: Edward Snowden wurde am 21.6.1983 in North-Carolina geboren. Er arbeitete für die Auslandsgeheimdienste NSA und CIA der Vereinigten Staaten und kam so mit Informationen in Kontakt, die nicht seinen Wertvorstellungen entsprachen. Deshalb wurde er als sogenannter Whistleblower aktiv und deckte im Sommer 2013 die weltweiten Überwachungs- und Spionagetätigkeiten von Geheimdiensten – insbesondere denen der Vereinigten Staaten und des Vereinigten Königreichs – auf. Seit 2013 lebt er wegen dieser Enthüllungen im Exil in Moskau. 2014 bekam er den Stuttgarter Friedenspreis der AnStifter, einem 1989 gegründeten Bürgerprojekt, als Ehrung seiner Öffentlichmachung der weltweiten Überwachungs- und Spionagepraktiken von Geheimdiensten.

„Unsere Werte sind stark" (Übertragung per Laptop im Stuttgarter Theatersaal, 23.11.2014) *Edward Snowden (*1983)*

Ich spreche über eine Internetaudioverbindung und möchte mich für alle Schwierigkeiten entschuldigen, die auftreten. Als Erstes möchte ich mich bedanken – ich danke Ihnen sehr. Es ist eine unglaubliche Ehre, ausgezeichnet zu werden, anerkannt zu werden für etwas, was manchmal so hoffnungslos erscheint und trotzdem eine Pflicht ist, weiterzumachen. Ihre Auszeichnung zeigt mir, wie viel Kraft in unserer Gesellschaft ist.

Als Bürger müssen wir uns darauf verlassen, dass unsere Regierung uns mit wahrheitsgemäßen Informationen über ihre Politik und ihre Aktivitäten versorgt. Damit meine ich nicht, dass wir die Namen jedes einzelnen Terrorverdächtigen kennen müssen oder jede Polizeiuntersuchung, die stattfindet. Aber wir müssen wenigstens die groben Züge der politischen Strategien verstehen, die unsere Regierung verfolgt. [...]

Während ich in der National Security Agency[1] gearbeitet habe und in der Central Intelligence Agency, habe ich viele Menschen erlebt, die versucht haben, unter schwierigen Umständen gute Arbeit zu machen. Wirklich gefährlich aber ist, dass sich zwar alle Gedanken darüber gemacht haben, in welche Richtung diese Programme sich entwickelten, aber niemand bereit war, aufzustehen und seine Bedenken zu äußern. Weil sie Angst vor den Folgen haben. Sie haben Angst, dass die Regierung, dass die meisten höheren Beamten ihr Leben zerstören, ihre Karriere ruinieren, sie ins Gefängnis bringen würden. [...] Viele haben mir gesagt, dass das internationale Recht nicht unser Problem ist. Sie haben mich gewarnt, dass das Risiko für mich persönlich zu groß sein würde, haben gesagt, ich solle an meine Familie denken. Und ich solle darüber nachdenken, was passieren würde, wenn ich die nächsten 30 Jahre im Gefängnis verbringen müsste. Im Nachhinein war das eine überraschend zutreffende Prophezeiung.

Denn als ich diese Informationen der amerikanischen Öffentlichkeit zurückgegeben habe, also jenen Menschen, denen diese Informationen gehören und denen sie ungerechtfertigterweise vorenthalten wurden, da hat die Regierung mich tatsächlich angeklagt, als wäre ich ein Spion, und genau diese 30 Jahre Gefängnis angedroht.

Aber auch, wenn ich nicht nach Hause gehen kann, und selbst, wenn ich immer noch im Ausland bin, mache ich Tag für Tag weiter, um das Bewusstsein für diesen Machtmissbrauch wachzuhalten. Ich werde weiter aufdecken, wie unser Recht gebrochen wird, wie sich die Konzerne und die Regierungen zusammengetan haben, um die Bedeutung unserer Grundrechte und die Grenzen unserer Freiheiten zu verändern, um uns vorzuschreiben, was wir tun dürfen und was nicht. Ich werde weiter aufdecken, dass wir beobachtet werden, analysiert werden, dass Akten über unser Privatleben angelegt und an andere weitergeleitet werden, ohne dass wir davon wissen. Ich bereue diese Entscheidung ganz und gar nicht, denn es geht hier um Informationen, die wir kennen müssen. Und wir können ja schon Ergebnisse beobachten, in verschiedenen Regierungen und unterschiedlichen Ländern. Und wir sehen, wie die Meinungen in der Öffentlichkeit sich verändern. Wir erleben, wie die Leute sich mit diesen Überwachungsprogrammen auseinandersetzen. [...] Dieses neue Wissen verändert unsere Einschätzung von Freiheit und Freizügigkeit. Es ist klargeworden, dass Firmen, Konzerne und Regierungen die Bewegungen unserer Handys verfolgen, dass sie nachvollziehen, wie oft wir Leute anrufen, welche Nummern wir anrufen, und dass Schlüsse daraus gezogen werden können, welche politische Partei wir wählen, wer unsere Freunde sind, wen wir lieben. [...]

Wir haben das Recht, die Regierung zu fragen: Ist das wirklich nötig, und steht das noch in einem angemessenen Verhältnis zur Bedrohung, der wir gegenüberstehen? [...]. Terrorismus ist eine ganz reale Gefahr, eine Gefahr, für die unsere Strafverfolgungsbehörden, die Gesetzeshüter, zuständig sind. Terrorismus existiert seit Hunderten von Jahren, [...]. Und doch, obwohl diese Täter existieren, obwohl wir die schrecklichen Verbrechen in Syrien und im Irak immer und immer wieder sehen, halten unsere Gesellschaftsordnungen stand und widerstehen dem Terror. Aber gerade nicht, weil die Überwachung so stark ist, sondern weil unsere Werte so stark sind. Und aus dieser inneren Stärke heraus entsteht die Verpflichtung, aufzustehen und zusammenzuarbeiten, jeden Tag wieder, um eine bessere Welt aufzubauen und uns nicht einschüchtern zu lassen von weit entfernten Drohungen, von Menschen, die uns Leid wünschen und uns verletzen wollen.

Wir haben verstanden, dass wir unsere Gesellschaftsordnung niederbrennen, wenn wir unsere Rechte einschränken und die Werte aufgeben, die uns stark gemacht haben. Dann haben wir damit nicht die Nation gerettet. Dann haben wir gegen sie gehandelt, wir haben sie zerstört. [...] Und wenn wir in einer liberalen Gesellschaft leben wollen und eintreten für liberale Werte, dann heißt das nicht nur, uns Leuten entgegenzustellen, die voller Angst sind und weit weg sind von uns. Oder Leuten, die nicht aussehen wie wir, Leute, die nicht so sprechen wie wir. Sondern es heißt, diese Rechte zu verteidigen, diese Werte, auch gegen die höchsten Staatsbeamten in unserer Regierung, und es heißt, zu fordern, dass, wenn sie unsere Gesetze ändern, wenn sie uns geheime Gerichtsverfahren aufzwingen und geheime Programme, die unseren Werten konträr entgegenstehen – dass wir sie irgendwann öffentlich zur Verantwortung ziehen werden für ihre Entscheidungen.

Anders können wir nicht existieren. Regierung und Demokratie sind auf Vertrauen gegründet. Und dies erfordert Prinzipien. Und es erfordert Aktivisten rund um die Welt, die aufstehen und sagen, hier läuft etwas falsch.

Und ich werde nicht nur einfach sagen, dass es falsch ist. Ich werde darüber einen Zeitungsartikel schreiben. Ich werde diesen Verhältnissen die Stirn bieten und sagen, dass ich alles tun werde, was ich tun kann – damit die gleichen Rechte, die ich selbst geerbt habe, auch für meine Kinder da sein werden und für die Gesellschaft, zu der sie gehören. Ich danke Ihnen, ich danke Ihnen sehr.

1 National Security Agency (NSA) und Central Intelligence Agency (CIA) sind Auslandsgeheimdienste der Vereinigten Staaten von Amerika.

Beispiellösung: Teilaufgabe 1

Einleitung

Die Rede „Unsere Werte sind stark" hielt der Preisträger des Stuttgarter Friedenspreises Edward Snowden am 23. November 2014. Sie wurde aus Moskau, wo er sich im Exil befindet, per Laptop in den Stuttgarter Theatersaal übertragen. Themen seiner Rede sind sein Dank für den Preis, vor allem aber die Darlegung seiner Motivation, Missstände aufzudecken, die Bedeutung dieser Enthüllungen und – wie schon dem Titel zu entnehmen ist – die Verteidigung von Rechten und Werten, insbesondere in Demokratien. Er möchte seine Adressaten – die Anwesenden, aber auch alle anderen – so motivieren, ihre Rechte und Pflichten zu verteidigen.

Gedankengang der Rede (zentrale Aussagen, Aufbau, , sprachliche Gestaltung)

Zu Beginn der Rede (Z. 1 – 21) erläutert Edward Snowden seine Situation – die Zuschaltung von Moskau aus, da er dort wegen seiner Veröffentlichungen nun im Exil lebt. Er drückt seinen Dank für den Preis aus und geht zu den Themen seiner Rede über: Informationspflichten der Regierung und Rechte des Bürgers.

Anschließend (Z. 22 – 47) erklärt er, wie er an seine Kenntnisse kommen konnte, nämlich durch seine Arbeit für die NSA und die CIA. Snowden legt die Missstände in der Informationspolitik der US-amerikanischen Regierung über die Ziele und Verfahren der Spionagedienste dar, in die er durch Beobachtungen während seiner Arbeit Einblick erhalten habe. Vor der Offenlegung seiner Erkenntnisse habe er Angst gehabt und auch viele Warnungen erhalten, sein Privatleben nicht für die Wahrung des internationalen Rechts aufs Spiel zu setzen. Aber er habe seine Überzeugungen und die Motivation weiterzumachen nicht verloren.

Im dritten Abschnitt (Z. 48 – 113) benennt der Whistleblower dann konkret die Folgen seiner Veröffentlichung der geheimen Informationen. Er sieht darin eine Bestätigung seines Handelns und bezieht daraus Stärke im weiteren Kampf für das Recht und seine Werte. Infolge seiner Aussagen habe sich das Wissen über staatliche Überwachungstätigkeiten und die Einstellung der Bürger zu Freiheit und Freizügigkeit und gegenüber der Frage nach der Verhältnismäßigkeit von Überwachungen geändert – auch mit Blick auf den Kampf gegen den Terrorismus.

Im Schluss der Rede (Z. 114 – 152) bezieht Edward Snowden die Zuhörenden durch den Aufruf mit ein, sich für Werte und Rechte einzusetzen, sowie durch die Warnung, anders nicht existieren zu können. Er legt seine weiteren Pläne dar und schließt die Rede mit einem Dank ab.
Die Äußerung des Danks zu Beginn und am Ende der Rede sowie die Betonung der Ehre und der Aussagekraft des Empfangs des Friedenspreises dient der *captatio benevolentiae* der Zuhörenden. Verstärkt wird dies noch durch die gezielte Verwendung des Pronomens „wir“ (Z. 91 ff.), um das Publikum einzubeziehen und auf das gemeinsame Ziel zu verweisen. Auch die antithetische Verwendung der Pronomen „ich“ und „sie“/„alle“/„niemand“ zur Darstellung seiner klaren Abgrenzung von Leuten mit Angst und „ich/wir“ und „die Regierungen“ zur Darstellung seiner klaren Abgrenzung von Systemen, die Informationen zurückhalten und Bürger ausspionieren (Z. 23 ff.), ist auffällig. Durch Hinweise auf seine persönlichen Erfahrungen zur Veranschaulichung der Gefahren, aber auch zur Hervorhebung seines eigenen Engagements spricht er seine Adressaten zudem emotional an. Verstärkt wird dies weiterhin durch die Formulierung zentraler Aussagen als Parataxen und somit als fokussierte Hervorhebung (z. B. Z. 137: „Anders können wir nicht existieren.“, Z. 139 f.: „Und dies erfordert Prinzipien.“).
In der Rede finden sich viele rhetorische Mittel, unter anderem einige Parallelismen, die durch Aufzählung von Aspekten etwas hervorheben, wie z. B. die Bedeutung des Preises (Z. 6 f.: „Ehre ausgezeichnet zu werden, anerkannt zu werden.“), oder den Umfang der Gefahr verdeutlichen, verstärkt durch die Wiederholung der Satzanfänge „Ich werde weiter aufdecken“ (Z. 60 ff.). Durch Antithesen werden der innere Konflikt Snowdens (Z. 7 – 9: „so hoffnungslos [...] und trotzdem eine Pflicht“) und die Größe der Angst der Menschen hervorgehoben (Z. 29 – 32: „[...], dass sich zwar alle Gedanken darüber gemacht haben, [...] aber niemand bereit war, aufzustehen.“). Diese Angst wird verstärkt durch den Chiasmus: „Weil sie Angst [...] haben. Sie haben Angst, [...].“ (Z. 33 f.) Die Personifikation des Bewusstseins (Z. 56 – 60) verdeutlicht die Intention Snowdens, Bürgerinnen und Bürger durch sein Vorbild zur Wachsamkeit aufzurufen. Die Anapher in Zeile 61 f. „wie unser Recht gebrochen wird, wie sich die Konzerne und die Regierungen zusammengetan haben, um die Bedeutung unserer Grundrechte und die Grenzen unserer Freiheiten zu verändern, um uns vorzuschreiben, was wir tun dürfen und was nicht.“ zeigt die zentralen Missstände auf. Die Enumeration „Firmen, Konzerne und Regierungen“ (Z. 83 f.) verweist auf das Ausmaß. Snowden formuliert die zentrale (rhetorische) Frage, die Bürger und Bürgerinnen an ihre Regierung richten sollten: „Ist das wirklich nötig, und steht das noch in einem angemessenen Verhältnis zur Bedrohung, der wir gegenüberstehen?“

Fazit

In direkter Ansprache und mit Bezugnahme auf seinen eigenen Weg als Whistleblower nutzt Edward Snowden die Feier zur Preisverleihung zum Appell an alle, sich für Werte und Rechte einzusetzen. Zudem verweist er noch einmal klar auf die Missstände: Bestrafung für Whistleblower, Zurückhalten von Informationen, Überwachung und Spionage.

Beispiellösung: Teilaufgabe 2

Aufgabenbezogene Überleitung

In seiner Rede „Edward Snowden Asyl gewähren“, die er in seiner Funktion als Fraktionsvorsitzender der Partei „Die Linke“ im Bundestag in Berlin am 18. November 2013 hält, verweist Dr. Gregor Gysi auf die Leistungen Edward Snowdens.

Erläuterung des Zitats

Im vorliegenden Zitat hebt Dr. Gregor Gysi hervor, dass die Existenz und der Umfang der Spionage der Geheimdienste anderer Staaten erst durch Edward Snowden öffentlich und in unserer Gesellschaft wahrgenommen wurden. Deshalb sieht der Politiker in dem Whistleblower keinen Kriminellen, sondern genau das Gegenteil – jemanden, der kriminelle Aktionen öffentlich macht und damit erst den Schutz vor diesen ermöglicht. Durch die Verwendung des Nomens „Weltbevölkerung“ hebt er die Bedeutung dieses Wissens für die ganze Welt hervor.

Weiterhin konkretisiert Dr. Gregor Gysi die Leistungen Edward Snowdens, indem er auf die neue Sensibilität hinweist, die Änderungen ermöglicht. Er fordert im Bundestag, einem politischen Gremium, welchem eine besondere Verantwortung für die Werte der Demokratie zukommt, für Edward Snowden nicht nur Dank, sondern den Friedensnobelpreis und betont dies, indem er zweimal sagt, dass er ihn verdient habe.

Stellungnahme

Die Stellungnahme kann ablehnend, abwägend oder zustimmend sein. Im Folgenden findet sich exemplarisch eine zustimmende Stellungnahme.

Dr. Gregor Gysis Forderung ist berechtigt. Edward Snowden hat sich trotz aller Warnungen für die Veröffentlichung der Überwachungsmechanismen der Geheimdienste – insbesondere der Vereinigten Staaten und des Vereinigten Königreichs – entschieden und dabei sogar in Kauf genommen, sich und seine Familie zu gefährden und als Spion verurteilt zu werden. Und obwohl Edward Snowden im Exil in Moskau lebt, verfolgt er seine Werte weiterhin. Wobei gerade, dass ein radikal liberaler Verfechter demokratischer Grundsätze wie Edward Snowden nur noch in Moskau – Hauptstadt eines Landes, in dem die Pressefreiheit nicht hochgehalten wird – eine Art Sicherheit vor dem Gefängnis finden konnte, aus heutiger Sicht besonders tragisch ist. Dies stellt auch die von Dr. Gysi und Edward Snowden benannte neue Sensibilität in den Gesellschaften infrage, die nicht mehr jedes Argument (z. B. die Gefährdung durch den Terrorismus) als selbstverständlich überzeugend hinnehmen.

Fokus: Georg Büchner: „Woyzeck“

Grundkurs, Aufgabenart I A

Analyse eines literarischen Textes (ggfs. mit weiterführendem Schreibauftrag)

AUFGABENSTELLUNG

1 Interpretieren Sie die vorliegenden Auszüge der Szene „Abend“ aus Johann Wolfgang von Goethes Drama Faust I.

2 Der Germanist Burghard Dedner bezeichnet die hier vorliegenden Passagen aus der Gretchentragödie in Goethes „Faust I“ und die 4. Szene „Mariens Kammer“ aus Büchners Dramenfragment „Woyzeck“ von 1836 als „inhaltlich nahezu gleich“[1]; in der Sekundärliteratur wird mehrfach von der eindeutigen Bezugnahme Büchners auf die o. g. Textstellen bei Goethe gesprochen. Erläutern Sie, inwieweit diese Aussage Dedners Ihres Erachtens zutrifft oder Unterschiede festzustellen sind.

TIPP Die Aufgabenstellung verstehen

1 Interpretieren Sie: Sie erschließen auf der Grundlage einer inhaltlichen, sprachlichen und formalen Analyse der Szene „Abend“ aus Faust I Sinnzusammenhänge, beziehen den Kontext des Werks mit ein und gelangen zu einer schlüssigen Gesamtdeutung.

2 Erläutern Sie: Der Operator erfordert eine differenzierte Auseinandersetzung mit der Themenstellung, hier mit dem Vergleich der beiden Frauenfiguren Gretchen und Marie, im Hinblick auf den Schmuck, ihr Verhalten vor dem Spiegel, ihre Wünsche und Hoffnungen – auch unter Einbezug des literaturgeschichtlichen Kontextes.

Materialgrundlage

Johann Wolfgang von Goethe: Faust. Der Tragödie erster Teil. Erschienen 1808. Bildungshaus Schulbuchverlage 2004, EinFach Deutsch, S. 89 ff.
Hinweis: Der Dramentext „Woyzeck“ liegt im Prüfungsraum aus. Die Seitenangaben in der Musterlösung beziehen sich auf Georg Büchner: Woyzeck. EinFach Deutsch, Bildungshaus Schulbuchverlage, 2011, S. 11

Erläuterung zum Drama „Faust“: Die sog. Gretchentragödie ist ein eigenständiger, in sich abgeschlossener Teil innerhalb des Dramas. Faust kommt verjüngt aus der Hexenküche zurück, seine sexuelle Begierde ist geweckt. Mephisto prophezeit ihm, er werde das Idealbild aller Frauen bald leibhaftig vor sich sehen[2]. Als Faust daraufhin dem fünfzehnjährigen, unschuldigen Gretchen auf der Straße begegnet, benimmt er sich ihm gegenüber wie der klassische Verführer, indem er das junge Mädchen mit den

1 vgl. http://buechnerportal.de/aufsaetze/dedner-buechner-und-goethe (aufgerufen 22.11.2022)
2 vgl. Johann Wolfgang von Goethe: Faust. Der Tragödie erster Teil, a. a. O., S. 87

wohlbekannten Worten anspricht und überrumpelt: „Mein schönes Fräulein, darf ich wagen, Arm und Geleit ihr anzutragen?" [3] Er überhöht Gretchen sogleich, indem er nicht nur ihrer angeblichen Schönheit schmeichelt, sondern sie mit dem unangemessenen Titel „Fräulein", der adeligen Damen vorbehalten war, anspricht; auch sprachlich bewegt er sich auf einem ihr sicher ungewohnten, höflichen Niveau. Gretchen reagiert zuerst sehr abweisend. Später lässt sie sich jedoch von Faust, der sich Mephistos Hilfe, z. B. beim Besorgen eines Schmuckkästchens, bedient, verführen. Sie wird schwanger und als unverheiratete Frau aus der Gesellschaft ausgeschlossen, tötet ihr Kind, wird aber von Gott errettet (Ende 1. Teil des Dramas).

Abend. Ein kleines reinliches Zimmer

Margarete, ihre Zöpfe flechtend und aufbindend.
Ich gäb was drum, wenn ich nur wüßt,
Wer heut der Herr gewesen ist!
Er sah gewiß recht wacker aus
Und ist aus einem edlen Haus;
Das konnt ich ihm an der Stirne lesen –
Er wär auch sonst nicht so keck gewesen. *(Ab.)*
[...]
Margarete mit einer Lampe.
Es ist so schwül, so dumpfig hie
(sie macht das Fenster auf)
Und ist doch eben so warm nicht drauß.
Es wird mir so, ich weiß nicht wie –
Ich wollt, die Mutter käm nach Haus.
Mir läuft ein Schauer übern ganzen Leib –
Bin doch ein töricht furchtsam Weib!
(sie fängt an zu singen, indem sie sich auszieht.)

Es war ein König in Thule
Gar treu bis an das Grab,
Dem sterbend seine Buhle[4]
Einen goldnen Becher gab.

Es ging ihm nichts darüber,
Er leert ihn jeden Schmaus;
Die Augen gingen ihm über,
Sooft er trank daraus.

3 Johann Wolfgang von Goethe: Faust. Der Tragödie erster Teil, a. a. O., S. 87
4 **Buhle:** Geliebte

Und als er kam zu sterben,
Zählt er seine Städt im Reich,
Gönnt alles seinem Erben,
Den Becher nicht zugleich.

Er saß beim Königsmahle,
Die Ritter um ihn her,
Auf hohem Vätersaale,
Dort auf dem Schloß am Meer.

Dort stand der alte Zecher,
Trank letzte Lebensglut
Und warf den heiligen Becher
Hinunter in die Flut.

Er sah ihn stürzen, trinken
Und sinken tief ins Meer,
Die Augen täten ihm sinken,
Trank nie einen Tropfen mehr.

(Sie eröffnet den Schrein, ihre Kleider einzuräumen, und erblickt das Schmuckkästchen.)
Wie kommt das schöne Kästchen hier herein?
Ich schloß doch ganz gewiß den Schrein.
Es ist doch wunderbar! Was mag wohl drinne sein?
Vielleicht bracht's jemand als ein Pfand,
Und meine Mutter lieh darauf.
Da hängt ein Schlüsselchen am Band
Ich denke wohl, ich mach es auf!
Was ist das? Gott im Himmel! Schau,
So was hab ich mein Tage nicht gesehn!
Ein Schmuck! Mit dem könnt eine Edelfrau
Am höchsten Feiertage gehn.
Wie sollte mir die Kette stehn?
Wem mag die Herrlichkeit gehören?
(Sie putzt sich damit auf und tritt vor den Spiegel.)
Wenn nur die Ohrring meine wären!
Man sieht doch gleich ganz anders drein.
Was hilft euch Schönheit, junges Blut?
Das ist wohl alles schön und gut,
Allein man läßt's auch alles sein;
Man lobt euch halb mit Erbarmen.
Nach Golde drängt,
Am Golde hängt
Doch alles. Ach wir Armen!

Beispiellösung: Teilaufgabe 1

Einleitung

Die Textauszüge stammen aus dem Beginn der Gretchentragödie aus dem Drama „Faust. Der Tragödie erster Teil“ von 1808 und verdeutlichen die von Anfang an asymmetrische und tragische Konstellation zwischen Gretchen und Faust.
Gretchen entstammt geordneten, kleinbürgerlichen Verhältnissen und ist zufrieden mit einem einfachen, überschaubaren Leben und gefestigt im Glauben. Sie führt ein ehrbares, genügsames Dasein. Deutlich wird jedoch schon zu Beginn der Szene, dass ihr festgefügtes, auf sittlichen Grundsätzen beruhendes Weltbild durch die Verführungsversuche Fausts ins Wanken gerät.

Textbeschreibung

Die Regieanweisung deutet auf den beschränkten Lebenskreis eines bescheidenen jungen Mädchens hin. Die beim An- bzw. Ausziehen vorgenommene, alltägliche Tätigkeit des Zöpfe-Flechtens verklärt die intime Situation fast ins Idyllische: Gretchen wird in ihrer Reinheit und Ordentlichkeit als unverdorben und verletzlich gezeigt. In die in Knittelversen (V. 2 ff.) bzw. Madrigalversen (V. 43 ff.) dargebotenen Gedanken in Gretchens Monologen ist das Volkslied des Königs von Thule eingebettet, das inhaltlich die tragische Gretchen-Handlung des Dramas vorwegnimmt. Als Gretchen das Schmuckkästchen entdeckt, wechselt das Versmaß, um ihre emotionale Erregung zu verdeutlichen: Der Madrigalvers zeigt durch die unregelmäßige Betonung der Silben auch Gretchens freudige Überraschung. Gretchens Sprache ist schlicht, gefühlvoll, ihrer Stimmung angepasst, was die Versmaße, die z. T. ungelenk und unausgewogen zu sein scheinen, verdeutlichen. Das ist nicht die Sprache einer intellektuellen Dame der gehobenen gesellschaftlichen Schicht, sondern die eines naiven, einfachen jungen Mädchens, das jeder empfundenen Emotion sogleich Ausdruck verleiht.

Analyse der Szene und Interpretation

Zu Beginn des Textauszugs, als Gretchen die erste Begegnung mit Faust abends in ihrer Kammer vor ihrem inneren Auge Revue passieren lässt, wird deutlich, wie sehr sie von Faust beeindruckt ist. Infolge der sozialen Normen der damaligen Zeit blieb ihr jedoch gar nichts anderes übrig, als Faust zurückzuweisen. Die Begegnung scheint jedoch ungewöhnlich und besonders für sie zu sein, sonst dächte sie nicht so lange darüber nach. Ihre Sprache verrät, dass sie sofort erkannt hat, dass Faust einer anderen gesellschaftlichen Schicht angehört („Herr“ [V. 3], „aus einem edlen Haus“ [V. 5]), sie bewundert sein selbstsicheres Auftreten und fühlt sich geschmeichelt, „Objekt“ seines Interesses zu sein.
Sie ist allein und monologisiert. Obwohl sie nicht wissen kann, dass Mephisto inzwischen in ihrer Kammer gewesen ist, um das Schmuckkästchen zu verstecken, ahnt sie intuitiv, dass etwas Bedrohliches die Atmosphäre ihres Zimmers gestört hat. Sie öffnet sofort das Fenster, um Luft hereinzulassen, und sagt: „Es ist so schwül. So dumpfig hie [...] Ich wollt, die Mutter käm nach Haus. Mir läuft ein Schauer übern ganzen Leib“ (V. 10 ff.) Ihre Gedanken zeigen, dass sie, unsicher und ängstlich, ihre Mutter herbeisehnt, um sich geborgen zu fühlen, aber auch, wie intensiv sie das Böse (Mephisto) geradezu körper-

lich spürt. Um sich zu beruhigen, beginnt sie zu singen. Mit dem Gesang des einfachen, märchenhaft anmutenden Volksliedes über die Geliebte des Königs von Thule versucht Gretchen, die Begegnung mit Faust zu verarbeiten. Sie blickt indirekt weit voraus, da das Wort „Buhle" auf die uneheliche Verbindung des Königs verweist und damit eine Parallelität zwischen dem Paar im Volkslied und Faust und Gretchen herstellt. Außerdem schwärmt sie ganz mädchenhaft von einer Liebe, die so grenzenlos und tief wie das Meer ist. Die Erwähnung des Reichtums in Form des kostbaren Geschenks zeigt den Wunsch Gretchens nach sozialem Aufstieg; zudem deutet dies' auf den weiteren Verlauf der Handlung, denn nachdem Gretchen das Lied zu Ende gesungen hat, findet sie das Schmuckkästchen, das Faust und Mephisto in ihrem Schrank versteckt haben. Des Weiteren formuliert das Lied Gretchens Erwartungen an die Liebe: Sie möchte einen Mann, der ihr auch nach ihrem Tod „treu bis an das Grab" (V. 19) bleibt. Somit kommt dem Volkslied eine doppelte Funktion zu: Zum einen ist es Ausdruck von Gretchens innerem Geschehen, ihren Wünschen und Hoffnungen, zum anderen ist es durch sein tragisches Ende, in der direkten Verbindung der Motive Liebe und Tod, Vorausdeutung auf die kommende Entwicklung der Handlung des Dramas.
Beim Einräumen ihrer Kleider entdeckt sie das Kästchen. Neugierig und aufgeregt stellt sie sich sogleich mehrere Fragen (vgl. V. 43 ff.) zu dem unvermuteten Fund. Der Schlüssel motiviert sie, das Kästchen unverzüglich zu öffnen, sie spricht sich selbst Mut zu, was das Ausrufezeichen am Ende des Verses andeutet (vgl. V. 49). Völlig überwältigt von der Kostbarkeit des Schmucks ruft sie Gott im Himmel (vgl. V. 50) an. Ihre Erregung wird in der Akkumulation von Interjektionen ausgedrückt. Fassungslos über die Unwissenheit, wem der Schmuck gehören könnte, assoziiert sie mit dem Schmuckstück sogleich die begehrenswerte soziale Stellung einer „Edelfrau" (V. 52) und legt ihn an, um sich vor dem Spiegel zu bewundern (vgl. V. 56 ff.). Hier werden nicht nur ihr Wunsch nach sozialer Aufwertung in der Rolle einer adeligen Dame deutlich, sondern auch ihre weibliche Schwäche, dem Wunsch nach Schönheit und nach Besitz von wertvollen Dingen: „Wenn nur die Ohrring meine wären! Man sieht doch gleich ganz anders drein." (V. 57 f.) Der Spiegel, häufig verwendetes Motiv in der Literatur für die Spiegelung der äußeren und inneren Situation einer Figur, reflektiert auch in dieser Szene Gretchens Sehnsucht nach Ansehen und sozialem Aufstieg in der Ständegesellschaft ihrer Zeit. Sehr luzide mutet ihre resignative Selbsteinschätzung an: „Was hilft euch Schönheit, junges Blut? [...] Nach Golde drängt/Am Golde hängt/Doch alles. Ach wir Armen!" (V. 59 ff.). Das Begehren nach Besitz, nach Ansehen und sozialem Aufstieg ist erwacht. Mit dem letzten Satz, unterstrichen durch die Alliteration, beklagt sie die unumstößliche Position junger Frauen ihrer kleinbürgerlichen Schicht, indem sie durch Hinzufügen des Personalpronomens „wir" ihre eigene Situation repräsentativ zu der aller Leidensgenossinnen parallel setzt. Mephistos Inszenierung beginnt zu wirken. Da Gretchen Faust für einen Edelmann von großem Ansehen und von Weltgewandtheit hält, der ihr unbedeutendem Mädchen den Hof gemacht hat, sieht sie ihre geheimen Wünsche durchaus in greifbare Nähe gerückt. Damit scheint sie zumindest materiell verführbar und offen für Fausts weitere Avancen.

Beispiellösung Teilaufgabe 2

Aufgabenbezogene Überleitung zu „Mariens Kammer“ aus Büchners „Woyzeck“

Die Sekundärliteratur nimmt etliche Parallelen zwischen den beiden Szenen aus der Gretchentragödie aus Goethes Faust I von 1808 und der vierten Szene aus Büchners Dramenfragment „Woyzeck“ von 1836 an. Formale, sprachliche sowie inhaltliche Gemeinsamkeiten und Unterschiede sollen im folgenden Text herausgearbeitet werden.

Vergleich der Szene „Mariens Kammer“ mit der Szene „Abend“

Die in prekären Verhältnissen lebende junge Frau Marie hat mit dem wie sie aus der Unterschicht stammenden Soldaten Woyzeck ein uneheliches Kind. Marie wird von einem Tambourmajor umworben, der ihr, um sie zu verführen, Ohrringe schenkt. Marie versucht, die Ohrringe vor Woyzeck zu verheimlichen und behauptet, diese gefunden zu haben. Obwohl Woyzeck ihr nicht recht glaubt, geht er nicht weiter darauf ein. Am Ende der vierten Szene reflektiert Marie ihr schlechtes Gewissen ihm gegenüber.

Trotz der auffälligen zentralen Gemeinsamkeiten zwischen beiden Szenen gibt es einige Unterschiede, die natürlich auch dem epochalen Kontext (Sturm und Drang/Frührealismus) zugerechnet werden können. Unterschiede zwischen beiden Frauenfiguren finden sich zum einen in ihrer Herkunft und ihrem sozialen Umfeld: Während Gretchen zwar in kleinbürgerlichen Verhältnissen bescheiden lebt, hat sie doch einen familiären Schutzraum durch ihre Mutter, die zudem auch über finanzielle Mittel zu verfügen scheint, denn Gretchen vermutet das Schmuckkästchen sei ein Pfand, das ihre Mutter für verliehenes Geld bekommen habe. Auch ist sie noch naiv und unschuldig. Marie entstammt wie Woyzeck der proletarischen Unterschicht. Anders als Gretchen später in der Tragödie wird Marie nicht von Woyzeck, mit dem sie in wilder Ehe lebt, verlassen. Sie muss demnach nicht den Konflikt aushalten, ein uneheliches Kind allein großziehen zu müssen und keinen anderen Ausweg zu sehen, als ihr Kind zu töten, um sich selbst möglicherweise zu retten.

Schon die Dramaturgie der Szenen „Abend“ und „Mariens Kammer“ weist Ähnlichkeiten auf: Der Monolog der Protagonistinnen wird unterbrochen a) durch eingeschobene Dialoge zwischen Faust und Mephisto bzw. zwischen Marie und Woyzeck sowie b) durch ein Lied, das die Protagonistinnen singen. Das Volkslied, das Gretchen singt, drückt den Wunsch nach einer über den Tod hinausgehenden Liebe aus. Maries Lied ist ein Hinweis auf die Verführung und auf den Wunsch nach Ausbruch aus ihrem Milieu. Die Sprache beider Protagonistinnen unterscheidet sich deutlich: Während Gretchens Diktion ihrem sozialen Milieu und ihrem Alter entsprechend relativ einfach, aber durchaus sprachlich korrekt und ansprechend gestaltet ist, ist Maries Sprache äußerst umgangssprachlich, regional eingefärbt, grammatikalisch nicht durchgehend korrekt und elliptisch, ihren mangelnden Bildungshintergrund spiegelnd. Auch die Schauplätze der Kammer der jungen Frauen determinieren die soziale, finanzielle und mentale Enge ihres jeweiligen Milieus und verstärken den Kontrast zu dem des um sie Werbenden (Faust bzw. Tambourmajor).

Offenbar hat Büchner diese Szene der Gretchentragödie nachgestaltet, um das Verhältnis von Woyzeck und Marie in der Spiegelung mit dem Fausts und Gretchens darzustellen. Marie wird, ähnlich wie Gretchen, von einem höher gestellten Mann (auch innerhalb der Armee ist der Tambourmajor ein höherer Dienstgrad als der des einfachen Soldaten Woyzeck) umworben; auch er versucht, sie durch ein kostbares Geschenk, nämlich Ohrringe, zu beeindrucken und zu verführen. Marie reagiert auf den Schmuck vergleichbar mit Gretchen: Sie schaut sich mit dem Schmuck im Spiegel an, bewundert ihre durch den kostbaren Schmuck gesteigerte Attraktivität, die sie glücklich macht, und fragt nach der Art der Steine und dem Wert des Goldes. Sie sieht sich und ihre Schönheit „[...] und doch habe ich einen so roten Mund" (S. 11, Z. 9) ebenfalls in ihrer Wirkung durch die Ohrringe aufgewertet. Auch sie reflektiert ihre soziale Stellung im Vergleich zu den „großen Madamen mit ihren Spiegeln [...] und ihren schönen Herrn, die ihnen die Händ küssen" (S. 11). Auch wenn sie selbst nur „ein arm Weibsbild" (S. 11) sei, sei sie genauso attraktiv und begehrenswert wie die höher gestellten Damen. Das Motiv des Spiegels, hier nur „ein Stückchen Spiegel" (S. 10) hat dieselbe Funktion wie in der Gretchentragödie: Auch Marie denkt beim Blick in den Spiegel über ihre innere und äußere existenzielle Situation nach und bedauert ihre prekäre soziale Stellung. Ebenso resignativ wie bei Gretchen endet der Monolog Maries, indem sie die Welt sowie alle Männer und Frauen zum Teufel wünscht (vgl. S. 11, Z. 34).

Zusammenfassung der Ergebnisse

Die dramaturgische Gestaltung der Szenen als Monologe der Frauen mit eingeschobenen Dialogen und Liedern ähnelt sich. Die Sprache (in der Gretchentragödie auch die Wahl des Versmaßes) ist der existenziellen Situation der Protagonistinnen angepasst. Die Figurenkonstellation sowie die sich entwickelnde Handlung weisen deutliche Parallelen zueinander auf: Eine junge Frau aus bescheidenen Verhältnissen soll durch ein Schmuckgeschenk verführt werden. Sie besieht sich im Spiegel, reflektiert die Wirkung des Schmucks in Bezug auf ihre soziale Stellung und ihre Aufstiegsmöglichkeiten, reflektiert ihre geheimen Wünsche und Sehnsüchte im Hinblick auf deren realistische Umsetzbarkeit. Zudem lassen sich in beiden Szenen Vorausdeutungen auf das Schicksal der Protagonistinnen und das Ende des Dramas finden.

Leistungskurs, Aufgabenart III B

Erörterung von Sachtexten (hier: Rezension) mit Bezug auf einen literarischen Text

AUFGABENSTELLUNG

1 Analysieren Sie die vorliegende, gekürzte Fassung des Essays von Björn Hayer „Sorry, Goethe. Klassiker *Woyzeck* hat *Faust* als meistgespieltes Stück abgelöst“.

2 Erörtern Sie den Leitgedanken und die Begründungen Hayers und nehmen Sie abschließend Stellung zu der These: „An Aktualität mangelt es dem Stoff also nicht.“ (Z. XY). Erläutern Sie dabei, wie aus Ihrer Sicht eine aktuelle Inszenierung gestaltet sein könnte.

TIPP Die Aufgabenstellung verstehen

1 Analysieren Sie: Entnehmen Sie dem Essay die wesentlichen Aussagen und arbeiten Sie dabei Hayers kontrastierende Deutung beider Werke heraus sowie die von ihm vorgestellten Interpretationsansätze für das Stück „Woyzeck“.

2 Erörtern Sie: Zu diskutieren sind a) die Leitthese von der besonderen Aktualität des „Woyzeck“ gegenüber Goethes „Faust“ sowie b) die breit ausgeführten Inszenierungsansätze für „Woyzeck“.
Nehmen Sie Stellung: Die Stellungnahme erfordert eine eigene, begründete Position zu der Frage, ob das Drama „Woyzeck“ in besonderer Weise anschlussfähig ist für aktuelle gesellschaftliche Entwicklungen. Erläutern Sie dabei, welche Möglichkeiten es aus Ihrer Sicht für eine Inszenierung gäbe, die die Aktualität des Stoffes sichtbar macht.

Materialgrundlage

Björn Hayer: Sorry, Goethe. Klassiker „Woyzeck“ hat „Faust“ als meistgespieltes Stück abgelöst. Kein Wunder bei den Zuständen da draußen! In: der Freitag Nr. 37 vom 15. September 2022, S. 26 (kultur+)
Über den Autor: Der Universitätsdozent für Germanistik und freie Journalist Björn Hayer ist Autor verschiedener Lyrik- und Essaybände.

Hinweis zu *Faust*, dem berühmtesten deutschsprachigen Drama der von Goethe und Schiller als Dichter geprägten Klassik:
In der dem Drama vorgeschalteten Szene „Prolog im Himmel“ räumt der Herr, also: Gott, Mephisto (dem Teufel) in einer Art Wette das Recht ein, den Gelehrten Faust vom – moralisch richtigen – Weg abzubringen. Der Herr ist sich sicher, dass Faust am Lebensende moralisch letztlich zurückfindet. Faust, Wissenschaftler mit unbegrenztem Erkenntnisdrang, schließt einen Pakt mit dem Mephisto, der dem Gelehrten Zugang zu dem schlichten, unschuldigen Gretchen verschafft. Gretchen wird am Ende des ersten Teils des Dramas (Faust I) nach Schwangerschaft, Kindsmord und Kerkerhaft durch die Macht Gottes errettet, Faust selbst erst am Ende des zweiten Teils, Faust II.

Sorry, Goethe
Klassiker „Woyzeck“ hat „Faust“ als meistgespieltes Stück abgelöst. Kein Wunder bei den Zuständen da draußen! (2022) *Björn Hayer*

Herrje, wie konnte das nur passieren?

Der Deutschen deutschestes Drama, Goethes Faust I von 1808, wurde vom Sockel gestoßen. Wie die Zeitschrift „Die deutsche Bühne“ berichtet, rangiert die Tragödie in der beginnenden Spielzeit nicht mehr auf dem ersten Platz hinsichtlich der meisten Inszenierungen. Lediglich zweimal steht sie auf dem Programm – in Kaiserslautern und am Volkstheater Wien. Dafür ist ein anderes literaturhistorisches Werk aufgestiegen, nämlich Georg Büchners Woyzeck aus dem Jahr 1879[1]. Ganze zwölfmal wird das Stückfragment in den nächsten Monaten Premiere feiern, darunter in Bochum, Dortmund und am Deutschen Theater Hamburg. Ein markanter Wechsel, der sicherlich kein Zufall ist.

Der Sturz des Titanen der Weimarer Klassik dürfte viele Gründe haben. Zu den offensichtlichen zählt wohl die gewachsene Sensibilität für Geschlechterverhältnisse. Schließlich gerät der titelgebende Universalgelehrte, nachdem er mit dem Studium der Bücher an die Grenzen des irdischen Wissens gestoßen ist und diabolische Mächte heraufbeschwört – verführt vom charismatischen Mephistopheles –, rasch auf moralische Abwege. Denn auf den Wunsch hin, endlich auch Einlass in das Reich der Begierden zu erhalten, spielt ihm sein gerissener Widerpart das unschuldige Gretchen zu, das der Wissenschaftler skrupellos schwängert und zuletzt als Kindsmörderin einsam im Gefängnis zurücklässt. In dieser Männerwelt gleicht die Frau nur einer verschiebbaren Schachfigur. [...]

Zur Figur des Gretchens gehört aber auch, dass sie ihrem kurzzeitig Geliebten im Kerker eigentlich einen Erkenntnisschritt voraus ist. „Gericht Gottes!“, ruft sie, „Dir hab ich mich übergeben“, und belegt damit ihre Zuversicht in Gott, wohingegen Faust noch gänzlich im trügerischen Bann des hedonistischen Dandys[2] Mephistopheles befangen ist. Deswegen wird sie auch erlöst. Sie ist es letztlich, die entgegen der Macht des Teufels die Gültigkeit des bereits im Prolog zum Ausdruck gebrachten Plans des Himmelsherrn bestätigt. Mephisto mag in diesem Vorspiel zwar zu Beginn behaupten, Faust als den idealen, immerzu weiterentwickelnden Menschen zum Stillstand bringen zu können – doch Gott weiß, dass das Streben und das Werden dasjenige ist, worauf das Dasein gebaut ist. Von Anfang an steht fest: Das Gute wird siegen. Faust wird am Schluss des zweiten Teils der Tragödie gerettet. Doch auch der Meister des Bösen hat seine Berechtigung im Gesamtgefüge. Nur weil es ihn gibt, nur weil Gott ihn achtet, bleibt die Welt in Bewegung. Ganz nach der Logik: Ohne Defizite gäbe es keine Notwendigkeit, nach besseren Umständen zu streben. Genau aus dieser kosmologischen Dialektik[3] entfaltet sich das hehre Bild des stetig reifenden Menschen, das Goethes ganze Epoche durchdrungen hat.

Ein weiterer Grund für das Verschwinden Fausts von den Spielplänen dürfte jedoch darin liegen, dass in einer dystopischen[4] Großwetterlage, wie wir sie aktuell erleben, dominiert von Krieg und Klimakrise, ein derart optimistisches Werk, das souverän den Glauben an die Ordnung der Dinge und die humane Zivilisation gleichermaßen verteidigt, beinahe deplatziert wirkt. Der entgrenzte Fortschrittsdrang des Gelehrten, der an die Stelle des Schöpfers zu treten sucht, erweist sich im Lichte des Klimawandels als zunehmend zerstörerisch. In Fausts Wissensdurst manifestiert sich die Schattenseite der Hybris jenes Wissenschaftstypus, dem das Verantwortungsbewusstsein für seine Forschung und deren Folgen für Mensch und Natur aus dem Blick geraten ist.

Also „Sorry for you, Johnny Goethe“, wie Reinhard Mey[5] einst ironisch sang. Für deinen Faust gibt es aktuell allenfalls ein – wenn auch ehrenvolles – Requiem. Eine Hymne gebührt hingegen Georg Büchner für seinen ersten Platz in dieser Spielzeit. Sein Held verkörpert das krasse Gegenmodell zum Tausendsassa des Weimarer Autors. Die Geschichte dieses Dramenfragments ist schnell erzählt: Der titelgebende Antiheld lebt in einer Beziehung mit Marie. Um sie und ihr gemeinsames Kind zu ernähren, verdient er seinen Unterhalt zum einen als Diener des Hauptmanns, zum anderen als Versuchsperson für eine Erbsendiät, durchgeführt von einem gewissenlosen Arzt. Und als wären diese Umstände nicht schon genug der Malaise, muss der Protagonist noch von einer Affäre seiner Geliebten mit dem Tambourmajor erfahren. Die Summe der Verwerfungen setzt eine schreckliche Kaskade[6] in Gang. Denn der augenscheinlich schizophrene Woyzeck hört Stimmen, die ihn letztlich zur Ermordung Maries anstacheln.

Gewiss, dies ist die Geschichte der Genese eines Mörders. Geht man allerdings von einer gesellschaftlichen Begründung für seine Taten aus, erweitert sich das Spektrum der Auslegungen ungemein. Am Anfang steht dabei die schlichte und zutreffende Beobachtung des Theaterkritikers Alfred Kerr[7]: „Woyzeck ist der Mensch, auf dem alle herumtrampeln.“ Davon ausgehend haben unterschiedliche Denkschulen spannende Perspektiven auf Woyzeck geworfen, und zwar weniger auf ihn als brutalen Mörder, sondern als Opfer.

Für die Existenzialisten[8] repräsentiert Woyzeck den modernen Menschen schlechthin. Geworfen in eine haltlose, gottesferne Gesellschaft, taumelt er durch eine letztlich relativistische Welt. Er trifft weder auf Empathie, noch wird er eines ethischen Kompasses gewahr. Sein Irrewerden ist geradezu zwingend und prototypisch vorausweisend auf ein 20. Jahrhundert, dem jegliche Humanität und Moral abhandenkamen.

Nicht minder eindeutig fällt das sozialistische Verständnis des Textes aus. Es sieht die Ursache des Wahnsinns des Protagonisten in einer hierarchischen Ordnung der Ausbeutungsverhältnisse. Wie eine Zange umfassen die Egoismen der verschiedenen Charaktere den anfangs an ein diszipliniertes Tier erinnernden Habenichts. Dabei berufen sich alle auf ihre partikularen Weltbilder[9] – der Hauptmann auf die Tugend, deren Pervertierung Büchner auch in Dantons Tod anprangert, der Mediziner wiederum auf die scheinbar hehren Ziele der Wissenschaft. „Der Mensch ist frei“, behauptet er, wohl wissend, dass Woyzeck ihm gegenüber längst gefügig geworden ist.

An Aktualität mangelt es dem Stoff also nicht. Ein rabiater Liberalismus und die in spätmodernen Lebensstilen auf die Spitze getriebene Singularisierung haben dazu beigetragen, dass übergreifende Werte zugunsten von Orientierungsbaukästen verloren gingen. Wahrheit hängt vom Standpunkt des Betrachters ab. Man kann sich im Zeitalter der Filterblasen und Echokammern[10] in […] vielen anderen Milieus und Submilieus bewegen. Wer zwischen diesen Sphären herumstolpert oder gar objektive Maßstäbe anstrebt, kann wie Woyzeck in eine veritable[11] Identitätskrise geraten. Und klar, überdies prägen soziale Ungleichheit sowie ein gewachsenes Bewusstsein für

Klassismus[12] unsere Zeit und lassen unmittelbar Rückkopplungen zu Büchners geradezu visionärem Drama zu.

Kurzum, in einer Gesellschaft, die sich enormen Verunsicherungen und Fliehkräften ausgesetzt fühlt, offenbart sich Woyzeck als das Stück der Stunde. Büchners gleißender[13] Geschichtspessimismus spiegelt passgenau den Ennui[14] unserer Gegenwart wider. Ob das deutschsprachige Theater dessen ungeachtet gerade in dieser Gemengelage auch Mut zu Alternativen finden wird? Ob es trotz seines momentanen Goethe-Blues noch ein wenig Mut zum faustischen Aufbruch entfalten wird? Es wäre – bei aller Dringlichkeit der Auseinandersetzung mit der bitteren Realität – mehr denn je zu hoffen.

1 **1879:** Hier wird das Ersterscheinungsjahr genannt, nicht das Entstehungsjahr 1837.

2 **hedonistischer Dandy:** rein bedürfnis- bzw. lustorientierter Lebemann mit herausstechend modischer Kleidung

3 **kosmologische Dialektik:** seit dem Ursprung der Welt bestehende Gegensätze und deren Aufhebung (These – Antithese – Synthese)

4 **dystopische Gemengelage:** erschreckendes, vielschichtiges Bild von Gegenwart und Zukunft

5 **Reinhard Mey:** Anspielung auf den Song „Poor Old Germany“ (1981) des Liedermachers R. Mey, der darin den Verlust der deutschen Sprache durch Anglizismen auch am Beispiel von Goethes Faust beklagt

6 **Kaskade:** Wasserfall, in der Regel über mehrere Stufen

7 **Alfred Kerr:** deutscher Journalist und Schriftsteller (1867 – 1948); bis Ende der Weimarer Republik sehr bekannter und einflussreicher Theaterkritiker, musste 1933 emigrieren

8 **Existenzialisten:** philosophische Strömung, die die menschliche Existenz und Erfahrung, nicht mehr die göttliche Ordnung in den Mittelpunkt rückt. Damit sind Themen wie Angst, Tod, auch Absurdität und Ekel verbunden, aber auch Freiheit und Verantwortung.

9 **partikulare Weltbilder:** von einzelnen bzw. Teilgruppen vertretene Sichtweisen

10 **Filterblasen und Echokammern:** (algorithmisch erzeugte) nur noch ins eigene Weltbild passende bzw. sich gegenseitig bestärkende Gruppenerfahrungen

11 **veritabel:** wahrhaft, echt

12 **Klassismus:** (nicht zu verwechseln mit: Klassizismus) Ausgrenzung und Vorurteile bis hin zur Verachtung gegen in der Regel Menschen und Gruppen einer „niedrigeren“ sozialen Klasse (Unterschicht)

13 **gleißend:** herrlich glänzend

14 **Ennui:** Langeweile, Überdruss

Beispiellösung Teilaufgabe 1

Einleitung

Der Essay des Germanisten Björn Hayer unter dem Titel „Sorry, Goethe“, im September 2022 in der Zeitschrift „der Freitag“ erschienen, setzt sich damit auseinander, dass die Häufigkeit von Inszenierungen an deutschsprachigen Theaterbühnen vom bisherigen Spitzenreiter „Faust“ zu Georg Büchners Drama „Woyzeck“ gewechselt hat und benennt Vermutungen über kulturelle bzw. gesellschaftspolitische Ursachen für diese Veränderung.

Textbeschreibung mit Bezug zu „Faust“ von W. Goethe

Schon in der Unterzeile des Essaytitels „Sorry, Goethe“ wird der Ausgangspunkt des Artikels – „*Woyzeck* hat *Faust* als meistgespieltes Stück abgelöst“ – mit der grob umrissenen Begründung für diese Veränderung verbunden: „Kein Wunder bei den Zuständen da draußen!“ Gemeint sind hier die außerhalb der deutschsprachigen Theaterbühnen angenommenen Verhältnisse, die in der Wahrnehmung des Autors besonders krisenhaft und von tiefem Pessimismus geprägt zu sein scheinen.

Mit einer Art gespielter Verzweiflung im Ausruf „Herrje, wie konnte das nur passieren“ (Z. 1) beginnt der Essay, bevor die Fakten dazu geliefert werden, die sich auf einen Artikel der Zeitschrift „Die deutsche Bühne“ berufen. Der Artikel berichtet, dass Goethes „Faust“, anders als in der Vergangenheit, gegenwärtig lediglich an zwei Spielstätten im deutschsprachigen Raum inszeniert werde. Demgegenüber werde „Woyzeck“ in naher Zukunft zwölfmal Premiere feiern, „darunter in Bochum, Dortmund und am Deutschen Theater in Hamburg“ (Z. 15 f.). Dies sei „sicherlich kein Zufall“ (Z. 17 f.).

Als zentralen Grund für diesen „Sturz des Titanen der Weimarer Klassik“ (Z. 19 f.), wie Autor Hayer sehr plakativ formuliert, sieht er das Frauenbild im Drama Faust, verkörpert in der Figur Gretchen. Die junge Frau, unschuldig, verführt und schließlich verlassen, sei im Drama Opfer der Machenschaften von Mephistopheles. Diese Rolle jedoch passe schlecht zur heute sensibleren Sicht auf die Geschlechterverhältnisse.

Gretchen aber, meint der Essayist, sei ihrem Geliebten Faust durchaus einen Erkenntnisschritt voraus gewesen, als sie sich der höheren Ordnung im Sinne göttlicher Gerechtigkeit übergeben habe. Folgerichtig erführe sie in „Faust I“ Erlösung. Vergeblich versuche Mephisto, Faust vom Streben zum Guten abzubringen. Der göttliche Plan, im Prolog des Dramas benannt, könne nicht scheitern. Mephisto treibe in diesem Plan durch Verkörperung der Defizite im Sinne von Abwegen und Verführbarkeit in „kosmologischer Dialektik“ (Z. 65 f.) das Streben nach dem Guten voran.

Ein „derartig optimistisches Werk“ (Z. 75), wie B. Hayer das Faust-Drama einschätzt, erscheine „in einer dystopischen Großwetterlage [...] von Krieg und Klimakrise“ (Z. 72 f.) in seiner Wirkung fehl am Platz. Gerade im Zeichen des Klimawandels sei ein „entgrenzte[r] Fortschrittsdrang“ (Z. 79), wie Faust ihn verkörpert, von großer Überheblichkeit, gar „zunehmend zerstörerisch“ (Z. 82 f.).

Textbeschreibung mit Bezug zu Büchners Drama „Woyzeck“

Als Überleitung zum aktuell favorisierten Stück auf deutschsprachigen Bühnen, Georg Büchners Woyzeck, nutzt der Essayist ein Lied von Reinhard Mey, „Sorry for you, Johnny Goethe“ (Z. 89). Mey setzt sich darin im Jahr 1981 mit der These eines Sprachverfalls durch Anglizismen auseinander. Hayer entlehnt dem Song den Titel seines Artikels: Auf ironische Weise wird hier der Ausgangspunkt des Essays aufgegriffen. Dabei weicht der Autor im Sprachduktus deutlich von der kompakt-komplexen Beschreibung von Ursachen der nur noch geringen Zahl der Faust-Inszenierungen ab.

Ähnlich salopp und vermutlich der Lesbarkeit oder der Originalität geschuldet sind die weiteren Formulierungen, z. B. wenn Woyzeck als „das krasse Gegenmodell zum Tausendsassa“ (Z. 95 f.) Faust bezeichnet wird. Woyzeck, „Antiheld“ (Z. 99) und „augenscheinlich schizophren[.]“ (Z. 111), wird mit den Worten des renommierten Theaterkritikers Alfred Kerr als ein Mensch charakterisiert, auf dem alle andern herumtrampeln.

Die Dramenhandlung wird knapp vorgestellt: Woyzeck als Lebensgefährte Maries und Vater des gemeinsamen Sohnes, als Diener des Hauptmanns und „Versuchsperson für eine Erbsendiät“ (Z. 103 f.), Maries Affäre mit dem Tambourmajor und der Mord an Marie, bei dem Woyzeck Stimmen hört. Ausführlicher wird im Essay das „Spektrum der Auslegungen“ (Z. 118) bei Annahme „einer gesellschaftlichen Begründung“ (Z. 116) für den Mord behandelt.
In diesen Auslegungen sei Woyzeck Opfer. Der philosophischen Richtung der Existenzialisten erscheine er als der „moderne[.] Mensch[..] schlechthin“ (Z. 128 f.). Er sei „[g] eworfen in eine haltlose, gottesferne Gesellschaft“ (Z. 129 f.). Sein Taumeln in einer Welt ohne Empathie, „Humanität und Moral“ (Z. 135 f.) erkläre bzw. erzwinge sogar sein Irrewerden. Büchners Hauptfigur und das Drama werden so als Vorausschau auf das 20. Jahrhundert interpretiert.
Eine „sozialistische“ (Z. 137 f.) Sicht auf Woyzeck führe ebenfalls zu einem „eindeutig[en]“ (Z. 137) Blick, der den Wahnsinn als Ergebnis „einer hierarchischen Ordnung der Ausbeutungsverhältnisse“ (Z. 140 f.) sieht. Die Woyzeck ausnutzenden Figuren Hauptmann und Doktor berufen sich auf nur ihren Interessen dienende Vorstellungen bzw. Weltbilder, denen Woyzeck, angeblich ein freier Mensch, ausgeliefert sei.
Der Essayist beschreibt die Gegenwart so, dass die sozialistische wie auch die existenzialistische Sichtweise als begründet erscheinen: „Ein rabiater Liberalismus“ (Z. 154) und eine „auf die Spitze getriebene Singularisierung“ (Z. 155 f.) führen seiner Ansicht nach zum Verlust „übergreifende[r] Werte“ (Z. 157). Eine „Identitätskrise“ (Z. 166) wie die Woyzecks sei „im Zeitalter der Filterblasen und Echokammern“ (Z. 161 f.) folgerichtig. „[Z]u Büchners geradezu visionärem Drama“ passten daher auch „soziale Ungleichheit sowie ein gewachsenes Bewusstsein für Klassismus“ (Z. 167 ff.), also ein zunehmend kritischer Blick auf vermeintlich geringwertigere soziale Schichten bzw. deren Ausgrenzung bis hin zur Verachtung.

Zusammenfassung der Analyse

In seinem Essay betont B. Hayer für Goethes Faust den Charakter als Werk der Klassik. Es gibt in diesem Drama ein geordnetes Weltbild. Der Mensch als solcher, für den Faust steht, vervollkommnet sich und ist letztlich in der übernatürlichen Ordnung aufgehoben. Trotz aller Verführungen und Verführbarkeit besteht in dieser Ordnung, die schlussendlich Gretchen wie auch Faust rettet, Grund für Welt- und Lebensoptimismus.
Dagegen steht das nun weit häufiger inszenierte Drama Woyzeck für eine Gesellschaft des Schreckens und der Inhumanität, die laut Hayer Gegenbild und Analogie zur gegenwärtigen Krisenhaftigkeit bilde und Aktualität und Attraktivität des Woyzeck erkläre. Der Essay spielt im Titel „Sorry, Goethe“ ironisch mit dem Sprachverfall. Im Fortgang ist dieser Titel eher im Sinne des Verfalls und einer allgemeiner Untergangserwartung zu lesen.
Dabei wechselt der Autor zwischen umgangssprachlich-journalistischem Jargon in Wendungen wie „Goethe-Blues“ (Z. 183) und vorwiegend sehr elaborierter Sprache mit hohem Anspruch an die Kompetenz seiner Leserschaft, wenn er von „Büchners gleißende[m] Geschichtspessimismus“ (Z. 176) schreibt, der „passgenau den Ennui“ (Z. 177) unserer Gesellschaft widerspiegele. Diese Sprachebenen sind häufig in kurzer

Folge und auch ineinander verschränkt zu finden, wenn es etwa heißt, dass Woyzeck bzw. der moderne Mensch „zwischen diesen Sphären herumstolpert“ (Z. 163 f.).

Beispiellösung Teilaufgabe 2

Aufgabenbezogene Überleitung zu B. Hayers Thesen und Begründungen

Stand zunächst die Wiedergabe der Essay-Gedanken im Mittelpunkt, soll nun eine Auseinandersetzung mit Hayers These bzw. Thesen und Begründungen erfolgen, vor allem mit seiner Zuspitzung, dass der Woyzeck-Stoff besonders aktuell ist. In diesem Rahmen geht es auch um Ansätze und Ideen zu einer möglichen aktuellen Inszenierung.

Auseinandersetzung mit Thesen und Begründungen des Essays

Die Häufung der Woyzeck-Inszenierungen ist sicher ein Anlass, über die offenbar von vielen Regisseuren oder Theaterverantwortlichen gesehene Aktualität von Büchners Drama nachzudenken. Ob es berechtigt ist, über Goethes „Faust“ von einem „allenfalls [...] – wenn auch ehrenvolle[m] – Requiem“ (Z. 91 f.) zu schreiben, erscheint angesichts zahlreicher Aufführungen in den Vorjahren unangemessen. Das Bild der Totenmesse ist eine rhetorisch wirkungsvolle Übertreibung, die der „Hymne“ (Z. 93) entgegengestellt ist, die Woyzeck als meistgespieltem Werk 2022 zugebilligt wird.

Damit ist die Gegenüberstellung der beiden Dramen durchgängig als scharfer Kontrast angelegt. Goethes klassisches Werk steht laut Hayer für eine in einer göttlichen Ordnung aufgehobene Menschheitsfigur, einen Gelehrten mit letztlich gutartigem Wissensdrang. Woyzeck hingegen ist ein Protagonist, dem in seiner sozialen Situation und seiner seelischen Verfassung nichts gelingen kann und der als Mörder furchtbar endet. Hayer verknüpft seine generelle These, dass sich 2022 mit der Präferenz für Woyzeck eine Hinwendung der deutschsprachigen Bühnen zur Dystopie spiegelt, mit einer vermuteten negativen Sicht von Gegenwart und Zukunft, die der Essayist teilt. Woyzeck, der in vielen Deutungen als fatal scheiternde, von vornherein chancenlose und von seiner gesamten Umwelt grausam erniedrigte Figur gesehen wird, verkörpert in dieser Weltsicht Ungerechtigkeit und Leid einer Welt am Abgrund.

Woyzeck-Deutungen auf der Theaterbühne, die die Verachtung unterer sozialer Schichten oder deren Ausgrenzung von Aufstieg und gesellschaftlicher Teilhabe aufgreifen, erscheinen – hier ist dem Essayisten zuzustimmen – heute möglich oder gar angemessen. Die Klassismus-Debatte der jüngsten Zeit weist in diese Richtung. Auch Woyzeck als Beispiel für die menschliche Existenz in ihrer ständigen Bedrohtheit und ihrer Abhängigkeit von Empathie bzw. ihrem Scheitern an Skrupellosigkeit und Hierarchien zu zeigen, wie es laut Hayer ein existenzialistischer Ansatz sähe, kann man sich vorstellen. Nicht überzeugend ist Hayers Argumentation, wenn aus der Figur Gretchen abgeleitet wird, dass Regisseurinnen oder Regisseure sich mit Goethes Drama schwertun. Zum einen schreibt Hayer selbst von einer früheren Einsicht Gretchens im Zusammenhang mit der Errettung, zum andern dürfte die Figur der Marie auch eine Herausforderung für eine aktuelle Deutung zwischen Verführung, Verführbarkeit und Opferrolle darstellen.

Stellungnahme zur Aktualitätsthese Hayers mit eigenen Ansätzen für eine aktuelle Woyzeck-Inszenierung heute

Insgesamt kann der Essay in seiner Argumentation zur Aktualität des Dramas Woyzeck trotz der Tendenz zur Zuspitzung überzeugen. Woyzeck bietet als Figur ein großes Potential für eine Auseinandersetzung mit Bezügen zu unserer Gesellschaft. Folgt man den von B. Hayer skizzierten Ansätzen kommt für ein „sozialistische[s] Verständnis" (Z. 137 f.) hierzulande ein Blick auf Arbeitende in Schlachthöfen großer Firmen der Massentierhaltung in Frage oder die Situation von Bauarbeitern in Katar, dem Land der Fußball-Weltmeisterschaft 2022.

Woyzeck sowie Andres können in ihrer Funktion als Soldaten auch einen aktuellen Anknüpfungspunkt bieten, weil zahlreiche als „Kanonenfutter" missbrauchte Soldaten nicht nur im Russland-Ukraine-Krieg eine ähnlich rechtlose Situation durchleiden müssen wie der unterbezahlte und ausgebeutete Protagonist.

Die psychische Erkrankung Woyzecks aufzugreifen, wäre in Verbindung mit Erkrankungen infolge der Corona-Pandemie denkbar, aber auch mit Blick auf die Vereinzelung und Entfremdung in der digitalen Welt mit ihren „Echokammern" (Z. 161 f.). Verzweiflung in einer für Woyzeck überkomplexen Welt mit Instanzen und Personen, die ihn als Mensch nicht respektieren, sondern ausnutzen, erscheint als Thema einer Inszenierung ebenfalls möglich. In diesem Zusammenhang erhalten Figuren wie der Doktor oder auch der Hauptmann als Akteure aktuelle Bedeutung.

Ein Ansatz, der Marie in den Mittelpunkt rückt, könnte die in der Figur des Woyzeck angelegte zerstörerische Seite von Männlichkeit herausstellen, die verletzte Ehre und den mangelnden Blick auf Maries Bedürfnisse und ihre Situation als Mutter eines unehelichen Kindes. Mit dem Tambourmajor gibt es zudem ein Sinnbild für das Außengeleitete, das für den alltäglichen Narzissmus etwa in Modefragen oder in der sogenannten Influencerszene stehen kann.

Ob das Drama Woyzeck damit im Jahr 2022 zwangsläufig zum „Stück der Stunde" (Z. 175) werden musste, kann man zusammenfassend dennoch in Frage stellen. Auch aus der Entscheidung der Kultusministerkonferenz bzw. den von ihr beauftragten Gremien, Büchners Drama im bundesweiten Zentralabitur als Unterrichts- und Prüfungsgegenstand vorauszusetzen, ist eine Entscheidung für vermehrte Inszenierungen als Motiv ableitbar. Die Theater führen gern Stücke auf, die potenziell von den Abiturienten und Abiturientinnen besucht werden, weil diese das Drama im Unterricht lesen.

Fokus: Robert Seethaler: Der Trafikant

Grundkurs, Aufgabenart I B

Vergleichende Analyse von literarischen Texten

AUFGABENSTELLUNG

1 Interpretieren Sie den Textauszug „Später Herbst und die große Stadt" aus dem Roman „Das kunstseidene Mädchen" von Irmgard Keun im Hinblick auf die Wahrnehmungen und Eindrücke der Großstadt durch die Protagonistin Doris. Berücksichtigen Sie vor allem die erzählerische und sprachliche Gestaltung des Textauszugs.

2 Vergleichen Sie den Textauszug aus Irmgard Keuns Roman mit dem vorliegenden Textauszug aus Robert Seethalers Roman „Der Trafikant" im Hinblick auf die Eindrücke, die Franz Huchel bei seiner Ankunft in Wien gewinnt. Gehen Sie auch hier auf die sprachliche Gestaltung des Textauszugs ein.

TIPP Die Aufgabenstellung verstehen

1 Interpretieren Sie: Der Operator bezieht sich nur auf den Textauszug M1 von Irmgard Keun. Im Hinblick auf meint hier die aspektorientierte Herangehensweise, die in der Aufgabenstellung formuliert ist (Wahrnehmungen und Eindrücke) und die Sie strukturiert und systematisiert (anders als im Textauszug) darstellen sollen. Berücksichtigen Sie: Erwartet wird ein Eingehen auf typische Aspekte der Epik wie Erzählperspektive, Erzählstandort, besondere auffällige sprachliche und formale Mittel der Darstellung.

2 Vergleichen Sie: Der Operator fordert **nicht** zur vollständigen Analyse des Textauszugs (M2) auf. Gefordert ist nur der Vergleich mit ausgewählten Aspekten der Analyse von (M1), nämlich der Eindrücke von Franz Huchel. Gehen Sie auf … ein: Auch die sprachliche Gestaltung von M2 soll analysiert und mit den Ergebnissen von Teilaufgabe 1 verglichen werden.

Materialgrundlage

M1 Irmgard Keun: Das kunstseidene Mädchen. Erstausgabe 1932. (Neuauflage) Claassen Verlag, Berlin 2005, S. 39 ff.
M2 Robert Seethaler: Der Trafikant. Erstausgabe 2012 (in der Reihe: Pocket). Kein & Aber Verlag, Zürich (10. Aufl.) 2015, S. 19 ff.

M1 Später Herbst – und die große Stadt (1932) *Irmgard Keun*

Die Protagonistin Doris, eine sehr junge Frau, ist aus der Provinz nach Berlin geflohen, nachdem sie einen Pelzmantel gestohlen hat und sich deshalb in ihrem Heimatort nicht mehr sicher fühlt. Sie will in Berlin Karriere beim Film machen, ein „Glanz" werden.

Ich bin in Berlin. Seit ein paar Tagen. Mit einer Nachtfahrt und noch neunzig Mark übrig. Damit muss ich leben, bis sich mir Geldquellen bieten. Ich habe Maßloses erlebt. Berlin senkte sich auf mich wie eine Steppdecke mit feurigen Blumen. Der Westen ist vornehm mit hochprozentigem Licht – wie fabelhafte Steine ganz teuer und mit so gestempelter Einfassung. Wir haben hier ganz übermäßige Lichtreklame. Um mich war ein Gefunkel. Und ich mit dem Feh. [...] Es gibt auch Omnibusse – sehr hoch wie Aussichtstürme, die rennen. Damit fahre ich auch manchmal. Zu Hause waren auch viele Straßen, aber die waren wie verwandt zusammen. Hier sind noch viel mehr Straßen und so viele, dass sie sich gegenseitig nicht kennen. Es ist eine fabelhafte Stadt. [...]

Und es gibt Hermeline und Frauen mit Pariser Gedufte und Autos und Geschäfte mit Nachthemden von über hundert Mark und Theater mit Samt, da sitzen sie drin – und alles neigt sich, und sie atmen Kronen aus sich heraus. Verkäufer fallen hin vor Aufregung, wenn sie kommen und doch nichts kaufen. Und sie lächeln Fremdworte richtig, wenn sie welche falsch aussprechen. Und sie wogen so in einer Art mit Georgettebusen[1] und tiefen Ausschnitten, dass sie nichts wissen brauchen. Die Servietten von Kellnern hängen bis auf die Erde, wenn sie aus einem Lokal gehn. Und sie können teure Rumpsteaks und à la Meyers mit Stangenspargel halb stehen lassen ohne eine Ahnung und heimliches Bedauern und den Wunsch, es einzupacken und mitzunehmen. Und sie geben einer Klosettfrau dreißig Pfennig, ohne ihr Gesicht anzusehn und nachzudenken, ob man durch ihre Art Lust hat, mehr zu geben als nötig. Und sie sind ihre eigne Umgebung und knipsen sich an wie elektrische Birnen, niemand kann ran an sie durch die Strahlen. Wenn sie mit einem Mann schlafen, atmen sie vornehm mit echten Orchideen auf den Kopfkissen, was übermäßige Blumen sind. Und werden angebetet von ausländischen Gesandten, und lassen sich manikürte Füße küssen mit Schwanenpelzpantoffeln und sind nur halb bei der Sache, was ihnen niemand übelnimmt. Und viele Chauffeure mit Kupferknöpfen bringen Autos in Garagen – es ist eine elegante Welt und dann fährt man in einem Bett in einem D-Zug nach einer Riviera zur Erholung und spricht französisch und hat Schweinekoffer mit Plakaten drauf, vor denen ein Adlon[2] sich beugt – und Zimmer mit Bad, was man eine Flucht nennt. [...]

Ich habe gesehen – Männer an Ecken, die verkaufen ein Parfüm, und keinen Mantel und kesses Gesicht und graue Mütze, – und Plakate mit nackten rosa Mädchen – keiner guckt hin – ein Lokal mit so viel Metall und wie eine Operation, da gibt es auch Austern – und berühmte Photographen mit Bildern in Kästen von enormen Leuten ohne Schönheit. Manchmal auch mit. [...]

Ich habe gesehen – ein Mann mit einem Plakat um den Hals: „Ich nehme jede Arbeit" – und „jede" dreimal rot unterstrichen – und ein böser Mund, der zog sich nach unten mehr und mehr – es gab eine Frau ihm zehn Pfennig, die waren gelb, und er rollte sie auf das Pflaster, das Schein hat durch Reklame von Kinos und Lokalen.

1 **Georgette:** sehr feiner, fließender Stoff

2 **Adlon:** Gemeint ist Lorenz Adlon, der 1907 das berühmte Berliner Luxushotel am Pariser Platz, neben dem Brandenburger Tor erbauen ließ.

M2 Ankunft in Wien (2013) *Robert Seethaler*

Als der Zug schließlich mit nur zweistündiger Verspätung in den Wiener Westbahnhof eingefahren war und Franz aus der Bahnhofshalle ins grelle Mittagslicht hinaustrat, war seine kleine Melancholie längst verflogen. Stattdessen wurde ihm ein bisschen schlecht und er musste sich am nächsten Gaslaternenmast festhalten. Als Erstes gleich einmal vor allen Leuten umkippen, da muss man sich ja genieren, dachte er wütend. Genau wie die käsigen Sommerfrischler, die es Sommer für Sommer gleich nach ihrer Ankunft am Seeufer reihenweise vom Hitzschlag getroffen ins Gras schmeißt und die hernach von gutgelaunten Einheimischen mit einem Kübel Wasser oder ein paar Ohrfeigen wieder ins Bewusstsein zurückgeholt werden müssen. Er klammerte sich noch fester an die Laterne, schloss die Augen und rührte sich so lange nicht mehr, bis er das Pflaster wieder sicher unter seinen Füßen spürte und sich die rötlichen Flecken aufgelöst hatten, die langsam in seinem Blickfeld vorbeipulsierten. Als er die Augen wieder öffnete, brach ein kurzer, erschrockener Lacher aus ihm heraus. Es war überwältigend. Die Stadt brodelte wie der Gemüsetopf auf Mutters Herd. Alles war in ununterbrochener Bewegung, selbst die Mauern und die Straßen schienen zu leben, atmeten, wölbten sich. Es war, als könnte man das Ächzen der Pflastersteine und das Knirschen der Ziegel hören. Überhaupt der Lärm: Ein unaufhörliches Brausen lag in der Luft, ein unfassbares Durcheinander von Tönen, Klängen und Rhythmen, die sich ablösten, ineinanderflossen, sich gegenseitig übertönten, überschrien, überbrüllten. Dazu das Licht. Überall ein Flimmern, Glänzen, Blitzen und Leuchten: Fenster, Spiegel, Reklameschilder, Fahnenstangen, Gürtelschnallen, Brillengläser. Autos knatterten vorüber. Ein Lastwagen. Ein libellengrünes Motorrad. Noch ein Lastwagen. Mit einem schrillen Bimmeln bog eine Straßenbahn um die Ecke. Eine Geschäftstür wurde aufgerissen, Wagentüren zugeschlagen. Jemand trällerte die ersten Takte eines Gassenhauers, brach aber mitten im Refrain wieder ab. Jemand schimpfte heiser. Eine Frau kreischte wie ein Schlachthuhn. Ja, dachte Franz benommen, das hier ist etwas anderes. Etwas völlig und ganz anderes. Und in diesem Moment nahm er den Gestank wahr. Unter dem Straßenpflaster schien es zu gären, und darüber waberten die verschiedensten Ausdünstungen. Es roch nach Abwasser, nach Urin, nach billigem Parfüm, altem Fett, verbranntem Gummi, Diesel, Pferdescheiße, Zigarettenqualm, Straßenteer.

„Ist Ihnen nicht gut, junger Mann?" Eine kleine Dame hatte sich zu Franz gesellt und blickte aus rötlich entzündeten Augen zu ihm hinauf. Trotz der Mittagshitze trug sie einen schweren Lodenmantel und hatte eine schäbige Pelzmütze auf dem Kopf.

„Aber nein!", sagte Franz schnell. „Es ist nur so laut in der Stadt und es stinkt ein bisserl. Vom Kanal her wahrscheinlich."

Die kleine Dame reckte ihm ihren Zeigefinger wie ein dürres Ästchen entgegen.

„Das ist nicht der Kanal, der da stinkt", sagte sie. „Das sind die Zeiten. Faulige Zeiten sind das nämlich. Faulig, verdorben und verkommen!" […]

„Bist von weit hergekommen?", fragte die kleine Dame.

„Von zuhause."

„Das ist sehr weit. Da fährst am besten gleich wieder zurück!"

Beispiellösung

Einleitung

In dem vorliegenden Textauszug „Später Herbst – und die große Stadt" aus dem Zeitroman der Neuen Sachlichkeit „Das kunstseidene Mädchen" von Irmgard Keun aus dem Jahr 1932 werden die selektiven Wahrnehmungen und subjektiven Eindrücke der aus der Provinz stammenden jungen Protagonistin Doris wiedergegeben. Doris ist aus ihrer Heimatstadt geflohen und will in der Metropole Berlin Karriere als Filmstar machen.

Inhaltliche Wiedergabe des Textauszugs

Im Textauszug schildert Doris ihre Ankunft in Berlin und die sie völlig überwältigenden ersten Eindrücke, die assoziativ und äußerst bildreich wiedergegeben werden: Zuerst gibt es allgemeine Eindrücke, die Atmosphärisches vermitteln, es folgen technische Neuerungen, topografische Verhältnisse und auch Statussymbole, die das Zeitkolorit spiegeln. Besonderes Augenmerk liegt auf den unterschiedlichen Frauentypen, mit denen Doris sich indirekt vergleicht. Auch die sozialen Gegensätze der Stadt werden beschrieben, wobei hier deutlich wird, dass Doris nicht nur für Luxus schwärmt, sondern durchaus Empathie für die in der Großstadt Verlorenen empfindet.

Thematische Aspekte des Textauszugs

Doris' Schilderungen erfolgen in atemlos klingenden, parataktischen und auch elliptischen Sätzen im Präsens. Doris spricht davon, „Maßloses" (Z. 4) erlebt zu haben, wofür sie einen ungewöhnlich bildhaften Vergleich wählt: „Berlin senkte sich auf mich wie eine Steppdecke mit feurigen Blumen" (Z. 5f.). Es überwiegen Konnotationen des Großartigen, Faszinierenden, die in das Fazit münden: „Es ist eine fabelhafte Stadt." (Z. 18f.) Technische Dinge faszinieren Doris: Das helle Licht der Straßenlaternen und Leuchtreklamen, deren „Gefunkel" (Z. 11) sie „übermäßig" (Z. 10) findet. Die Doppelstockbusse, die Taxis, die Schnelligkeit verwirren und beeindrucken sie. Die Erwähnung von Plakaten mit leicht bekleideten Mädchen, von bunt aufgemachten Nachtausgaben von Zeitungen, Fotografien in Schaukästen, Reklame aller Art sollen eine Reizüberflutung verdeutlichen, die die Menschen schon nicht mehr wahrnehmen: „[...] keiner guckt hin" (Z. 65). Die Musik der Bars und Kneipen (vgl. Z. 65f.) vervollständigt das Kaleidoskop unterschiedlichster Sinneseindrücke.
Die genauen topografischen Angaben für die Großstadt Berlin verweisen auf die Gattung des Zeitromans. Ein unüberschaubares Straßennetz (vgl. Z. 14f.) unterstreicht die Anonymität (vgl. Z. 18). Im offensichtlich reichen Berliner Westen bewundert sie die eleganten Damen, die sehr teuer gekleidet sind („Hermeline", Z. 20.), Pariser Parfums tragen und viel Geld für Luxuswaren ausgeben (vgl. Z. 21). Doris malt sich deren Lebensgewohnheiten aus, gepaart mit zeitgenössischen Klischees (vgl. Z. 30ff., Z. 71ff.)
Allerdings nimmt sie durchaus auch die soziale Spaltung in der Stadt wahr: Im deutlichen Kontrast zu der luxuriösen (Schein-)Welt des eleganten Westens stehen die sogenannten „kleinen Leute" wie Kellner, Verkäufer, Chauffeure und Toilettenfrauen, die in untergeordneter, dienender Position und mit teils resignativer Haltung dargestellt werden (vgl. Z. 71f.). Auf der untersten Skala der Gesellschaft sieht sie Straßenhändler und Arbeitslose, die mit Plakaten durch die Stadt ziehen (vgl. Z. 61ff., Z. 71ff.). Hier wird der

Zeithintergrund einbezogen denn im April 1932 stiegen die Arbeitslosenzahlen infolge der Weltwirtschaftskrise 1929 rasant auf sechs Millionen an. Die Großstadt fasziniert Doris. Sie stellt ihre subjektive Sicht dar, sieht aber durchaus auch die sozialen Kontraste im „Gefunkel" (Z. 11) der Stadt.

Formale und sprachliche Gestaltung
Die Protagonistin Doris gibt ihre Eindrücke in der Ich-Form mit größtmöglicher Nähe zum Geschehen und äußerster Subjektivität wieder. Durch die Montage von topografischen Details, zeitgenössischen Markenprodukten, Werbung, zeitgeschichtlichen Erscheinungsformen wie Straßenhändler und Arbeitslose, (vgl. Z. 61 ff.) wird sowohl ein Eindruck großer Authentizität und Unmittelbarkeit hervorgerufen als auch Nähe zum filmischen Erzählen hergestellt. Die Dominanz der visuellen Darstellung durch ungewöhnliche Bilder und viele Vergleiche, auch Neologismen, unterstreicht die filmnahe Erzählweise. Ihre Eindrücke sind aneinander gereihte, sehr detaillierte Aufzählungen, die assoziativ aufeinander folgen wie Bilder einer schwenkenden Kamera ohne Fixpunkt. Oft sind sie polysyndetisch nur mit der nebenordnenden Konjunktion „und" verbunden oder in Parenthesen eingefügt, was zum einen die Atemlosigkeit der Protagonistin, ihr Überwältigt-Sein durch die vielen Wahrnehmungen, zum anderen die Simultaneität der auf sie einstürmenden Eindrücke unterstreicht. Etliche umgangssprachliche Wendungen komplettieren den Eindruck der mündlichen Erzählweise, die wie ein durchgehender Fluss ohne Pause zwischen den Szenenwechseln erscheint. Die Mischung aus umgangssprachlichen Ausdrücken, Satzbaufehlern, vielen hochwertigen und ungewöhnlichen Adjektiven und bildhaften Klischees der Welt der oberen Zehntausend machen den äußerst reizvollen und unverwechselbaren Stil der Ich-Erzählerin aus.

Beispiellösung Teilaufgabe 2

Aufgabenbezogene Überleitung
Mit dem Textauszug „Später Herbst – und die große Stadt" aus dem Roman „Das kunstseidene Mädchen" von Irmgard Keun soll der Auszug aus dem Beginn des Romans „Der Trafikant" von Robert Seethaler im Hinblick auf die thematischen Aspekte sowie die sprachliche Darstellung verglichen werden. Die ähnliche Ausgangssituation der Protagonisten verbindet die Romanauszüge im Vergleich: Zwei junge Menschen kommen neu in eine sie zunächst völlig überfordernde Großstadt.

Vergleich: Thematische Aspekte des Textauszugs
Ausgangspunkt für Franz Huchels Eindrücke der Großstadt Wien ist der Westbahnhof, an dem er ankommt. Die Mittagssonne scheint „grell" (Z. 4), Franz ist sowohl „erschrocken" als auch überwältigt (vgl. Z. 19 ff.). Auch Doris bezeichnet ihre Erstbegegnung mit Berlin als „maßlos". Wie sie erlebt Franz die Stadt als lebendig und laut, die simultane Vielfalt der visuellen und akustischen Wahrnehmungen wirken schockierend. In schneller, da verkürzter Aneinanderreihung folgen Schilderungen, wobei auch hier, ähnlich wie bei Doris, Licht, Verkehrsmittel, Reklame, Melodien, unterschiedliche menschliche und technisch erzeugte Töne ineinander montiert werden, um die Simultaneität der Sinneswahrnehmungen und die Reizüberflutung zu verdeutlichen. Es werden unangenehme

bis Ekel erregende Gerüche (vgl. Z. 54ff.) dargestellt. Franz nimmt die Großstadt als Kaleidoskop an Synästhesien wahr. Lediglich die Chronologie der Eindrücke von der Schnelligkeit der Bewegungen über die unterschiedlichen Geräusche und das Licht bis hin zu den Gerüchen verleihen dem Textausschnitt eine gewisse Struktur. Als Vorausdeutung erscheinen die Sätze einer Dame, die als Vorbotin des Schrecklichen warnend, ja fast drohend auftritt: Zum einen beschreibt sie die aktuelle Zeit mit einem Trikolon als „faulig, verdorben und verkommen" (Z. 75f.), womit der bevorstehende Anschluss Österreichs durch die Nationalsozialisten (1938) gemeint sein kann, und zum anderen gibt sie Franz den Rat, am besten gleich wieder in seine Heimat zurückzufahren (vgl. Z. 80f.). Somit sind die Eindrücke, die Franz gewinnt, sehr ambivalent, aber mit Tendenz zum Bedrohlichen, das traurige Ende des Romans schon vorwegnehmend.

Vergleich: Sprachliche Gestaltung

Ähnlich wie Keun arbeitet auch Seethaler mit Stilmitteln, die die desorientierende und überfordernde Reizüberflutung sowie die individuellen Empfindungen authentisch und gut nachvollziehbar vermitteln. Wahrnehmungen werden in parataktischen, teils elliptischen Sätzen aneinandergereiht. Personifikationen und anschauliche Vergleiche wie „Die Stadt brodelte wie der Gemüsetopf auf Mutters Herd" (Z. 27f.) oder „[...] selbst die Mauern und die Straßen schienen zu leben" (Z. 30f.) schmücken die Eindrücke aus. Seethaler verwendet viele treffende und nicht mehr steigerbare Adjektive wie „unaufhörlich" (Z. 34f.), „unfassbar" (Z. 35f.), „libellengrün[en]" (Z. 44), „schrill" (Z. 45f.), um das Beeindruckende der Wahrnehmungen zu betonen. Nomen werden des Öfteren in Form von Trikola oder noch längeren, teils asyndetischen Akkumulationen aufgeführt: „Tönen, Klängen und Rhythmen" (Z. 36f.), „Überall ein Flimmern, Glänzen, Blitzen und Leuchten [...]" (Z. 40f.), um eindringlich und einprägsam das Bild der Großstadt zu zeichnen. Die zum Teil nominalisierten Verben sind äußerst expressiv und dynamisch: Ächzen, Knistern, Brausen, übertönen, überschreien, überbrüllen, bimmeln, aufreißen, zuschlagen, trällern, kreischen. Franz selbst wird als „benommen" (Z. 52f.) beschrieben, als jemand, der nicht aktiv eingreifen kann, sondern von den Sinneseindrücken überrollt wird. Erst zum Schluss der Passage gewinnt er seine Autonomie zurück, indem er sich selbst Mut zuspricht und der alten Dame antwortet: „Blödsinn! [...] Es gibt kein Zurück, und außerdem gewöhnt man sich an alles." (Roman, S. 21)

Schlussbetrachtung

Trotz ähnlicher sprachlicher Gestaltung wirkt der achtzig Jahre ältere Text von Irmgard Keun durch seinen unverwechselbaren Ton und die sehr am Medium Film orientierte Schreibweise radikaler und moderner als die eher konventionelle Darstellung Seethalers. Die Überwältigung durch das Erlebnis Großstadt ist der vergleichbaren Situation der Protagonisten geschuldet. Bei Keun überwiegt jedoch die anschauliche Darstellung der imponierenden Eindrücke, während bei Seethaler Franz im Mittelpunkt steht, der die Stadt zwar als fremd erlebt, jedoch bereits bei seiner Ankunft in Wien beginnt, einen persönlichen Entwicklungsprozess einzuleiten.

Fokus: Robert Seethaler: Der Trafikant

Grundkurs, Aufgabenart II A

Analyse eines Sachtextes (ggfs. mit weiterführendem Schreibauftrag)

AUFGABENSTELLUNG

1 Analysieren Sie den vorliegenden Textauszug aus dem Sachbuch „Moderne Kinder- und Jugendliteratur“ von Carsten Gansel, indem Sie die Kernaussagen zu den Gattungen Bildungs-, Erziehungs- und Entwicklungsroman sowie Adoleszenzroman herausarbeiten.

2 Beziehen Sie Ihre Ergebnisse auf den Roman „Der Trafikant“ von Robert Seethaler. Weisen Sie nach, inwieweit die Merkmale der o. g. Gattungen auf diesen Roman zutreffen.

TIPP Die Aufgabenstellung verstehen

1 Analysieren Sie: Der Operator bezieht sich auf einen Auszug aus einem Sachbuch. Damit ist die Textart – Sachtext – benannt. Den Texten sind kurz und präzise die wesentlichen Aussagen zu den genannten Gattungen zu entnehmen.

1 Beziehen Sie ...: Hier wird eine Anwendung der Kernaussagen auf den Primärtext erwartet. Eine gute Textkenntnis ist erforderlich, um die Merkmale der genannten Gattungen am Text zu verifizieren. Weisen Sie nach ...: Sie müssen Ihre Beobachtungen durch Textbeispiele belegen.

Materialgrundlage

Carsten Gansel. Moderne Kinder- und Jugendliteratur. Vorschläge für einen kompetenzorientierten Unterricht. In: Scriptor-Praxis. Cornelsen Schulbuchverlage, Berlin. (7. Aufl.) 2016, S. 161 – 169.
Hinweis: Die Ganzschrift „Der Trafikant“ liegt im Prüfungsraum aus. Die Seitenangaben in der Musterlösung beziehen sich auf Robert Seethaler: Der Trafikant. Erstausgabe 2012 (in der Reihe: Pocket). Kein & Aber Verlag, Zürich (10. Aufl.) 2015, S. 19 ff.

Gattungsmerkmale von Kinder- und Jugendliteratur (2016) *Carsten Gansel*

Als inhaltsbezogene Begriffsbildungen lassen sich die Termini Bildungsroman, Entwicklungsroman, Erziehungsroman ansehen, wobei die Grenzen fließend sind. Es geht grundsätzlich um den psychologischen und intellektuellen Werdegang eines Protagonisten.

Unter Bildungsroman werden zumeist jene Texte verstanden, in denen „Bildung als zentraler Diskurs thematisiert wird“. [...] Beim Entwicklungsroman handelt es sich anders als beim Bildungsroman nicht um ein historisches Epochenphänomen, sondern um einen überzeitlichen Romantypus. Ziel und Weg des Protagonisten sind daher auch an keine spezifische Epoche und Kultur gebunden. Anders als beim Bildungsroman, der sich auf einen bestimmten Zeitabschnitt, zumeist die Jugendphase konzentriert bzw. mit der Etablierung im Berufsleben endet, kann hier der gesamte Lebensweg des Helden Gegenstand der Darstellung sein.

Die didaktische Intention ist im Entwicklungsroman zurückhaltender ausgeprägt als in den beiden anderen Typen. Der Erziehungsroman – das sagt bereits der Name – stellt den Erziehungsprozess in das Zentrum der Darstellung und führt diesen exemplarisch vor. Dazu benötigt er ein Objekt der Erziehung, den Zögling, wie auch einen Erzieher, der als Mentorfigur fungiert. In der Folge verlagert sich der Schwerpunkt von einem Hauptthelden auf eine Art Figurenpaar. [...]

Der Terminus Jugendroman bezeichnet lediglich einen Oberbegriff, der die Adressatenspezifik wie Inhalt und Struktur eines Textes berücksichtigt. Das Textkorpus zeigt auch hier eine gattungstypologische Ausdifferenzierung. Der Begriff Jugendroman umfasst demzufolge alle möglichen Romanformen für Jugendliche wie z.B. den Familienroman, den historischen Roman, den Science-Fictionroman, den Kriminalroman und schließlich den Adoleszenzroman. [...]

Seit den 1970er-Iahren zeichnet sich die aktuelle Kinder- und Jugendliteratur durch „Problemnähe“ wie „Zeitbezogenheit“ aus und wird in starkem Maße als ein zeitdiagnostisches Medium angesehen. Diese – an sich ganz und gar positiv zu wertende – Tendenz, einen direkten Bezug zu den aktuellen Wirklichkeitserfahrungen, den Problemlagen und Konflikten der jugendlichen Leser herzustellen, hat zur Ausbildung einer neuen Textgattung geführt: der problemorientierten Jugendliteratur. [...]

Problemorientierte Texte wollen, nahe an der Wirklichkeit bleibend, aktuell aufklären, Einstellungen ändern, für politische und soziale Forderungen sensibilisieren. Das ist neben dem unterhaltenden, lesefördernden Anspruch eine ihrer Aufgaben, der exemplarische Fall steht im Vordergrund. Um die Erfassung von epischer Totalität mit existenziellen Sinnangeboten geht es ebenso wenig wie um die Darstellung des Einmaligen einer Figur oder die psychologische Analyse. Die Wirksamkeit gewinnen problemorientierte Texte aus der Authentizität des Dargestellten, dem Bezogensein auf jeweils aktuelle Wirklichkeitsfelder und vor allem aus dem Wiedererkennungseffekt. [...]

Als Adoleszenz gilt allgemein jene Phase, die den „Abschied von der Kindheit“ und den Eintritt in das Erwachsenenalter bezeichnet. Die Besonderheit dieser lebensgeschichtlichen Phase besteht im Mit- und Gegeneinander von körperlichen, psychischen und sozialen Prozessen. Es geht sozusagen um die „Neuprogrammierung“ der physiologischen, psychologischen und psychosozialen Systeme. [...]

Unabhängig von den inzwischen existierenden literarischen Ausprägungen lassen sich folgende Merkmale für den Adoleszenzroman ausmachen:

Im Zentrum der Darstellung stehen ein oder mehrere jugendliche Helden, wobei sich die Darstellung anders als im Entwicklungsroman auf die Jugendphase konzentriert. [...]

Die Zeitspanne ist nicht auf die Pubertät beschränkt, sondern umfasst den gesamten Prozess der Identitätssuche junger Leute, kann also von der Vorpubertät bis in die Postadoleszenz reichen. Die jugendlichen Hauptfiguren können in einer „existentiellen Erschütterung“ oder einer „tiefgreifenden Identitätskrise“ angetroffen werden, aber es ist unter (post)modernen Bedingungen ebenso möglich, dass die Adoleszenz als lebensgeschichtliche Phase lustvoll und offen erlebt wird, eben als Chance, sich zu erproben, und als Gewinn bei der Sinn- und Identitätssuche.

Als Adoleszenztexte kennzeichnende Problembereiche gelten a) die Ablösung von den Eltern; b) die Ausbildung eigener Wertvorstellungen (Ethik, Politik, Kultur usw.); c) das Erleben erster sexueller Kontakte; d) das Entwickeln eigener Sozialbeziehungen; e) das Hineinwachsen oder das Ablehnen einer vorgegebenen sozialen Rolle. Dabei sind die Romane und Erzählungen zumeist durch ein „offenes Ende" gekennzeichnet, die Protagonisten bleiben auf der Suche, eine Identitätsfindung im Sinne eines festen Wesenskerns muss in neueren Texten nicht erfolgen.

Beispiellösung: Teilaufgabe 1

Einleitung

Bei dem vorliegenden Sachtext aus dem Jahr 2016 handelt es sich um Auszüge aus dem germanistischen Fachbuch „Moderne Kinder- und Jugendliteratur" des Autors Carsten Gansel. Es gilt im Folgenden zu überprüfen, ob die zentralen Aussagen des Textes zu den unterschiedlichen und ausdifferenzierten Gattungen Entwicklungs,- Bildungs,- Erziehungs- bzw. Adoleszenzroman auf den Roman „Der Trafikant" von Robert Seethaler zutreffen. Dieser Roman wendet sich an Leser aller Altersstufen, während Gansel die Gattungsbegriffe für die Kinder- und Jugendliteratur herausarbeitet. Sie sind jedoch germanistisch durchaus allgemeingültig.

Kernaussagen der Sachtextauszüge

Die Hauptthese des Autors findet sich direkt zu Beginn des Sachtextes: Bei den genannten Termini Bildungsroman, Entwicklungsroman sowie Erziehungsroman handele es sich um den „psychologischen und intellektuellen Werdegang des Protagonisten" (Z. 25 ff.) und die Grenzen zwischen diesen Termini seien fließend (vgl. Z. 4). Als übergeordneten Begriff fasst Gansel den Entwicklungsroman auf, der weder historisch oder kulturell einer bestimmten Epoche zuzuordnen sei noch eine bestimmte Lebensphase des Protagonisten im Blick habe (vgl. Z. 21 ff.) Auch sei er in seiner didaktischen Intention deutlich zurückhaltender. Im Bildungsroman stehe v. a. der Diskurs um die Bildung des Protagonisten im Vordergrund und damit, zeitlich begrenzt, seine Jugend- und Ausbildungsphase (vgl. Z. 9 f.). Der Erziehungsroman thematisiere vorwiegend den Erziehungsprozess des Protagonisten, wobei auch der Erzieher oder Mentor des zu Erziehenden in den Blick genommen werde und sich der Schwerpunkt vom Protagonisten auf ein Figurenpaar verschiebe (vgl. Z. 33 ff.). Auch der Terminus „Jugendroman" sei sehr offen und beinhalte neben der Adressatenspezifik" (Z. 41 ff) alle möglichen Romanformen für Jugendliche wie auch den Adoleszenzroman.
Seit den 1970er Jahren wird die Jugendliteratur infolge ihrer Nähe zu den aktuellen „Wirklichkeitserfahrungen" (Z. 54), den Problemen und Konflikten von jugendlichen Lesern als „zeitdiagnostisches Medium" (Z. 50 f.) verstanden. Daraus entwickelte sich eine neue Gattung: die „problemorientierte Jugendliteratur." (Z. 58) Diese will „aufklären, Einstellungen ändern, für politische und soziale Forderungen sensibilisieren" (Z. 60 ff.).

Dabei stehe nicht ein individuelles Schicksal, sondern der „exemplarische Fall" (Z. 65) im Fokus. Insofern begründe sich die Wirksamkeit dieser Texte neben der jeweils aktuellen Authentizität v. a. in ihrem „Wiedererkennungseffekt" (Z. 74 f.)
Als Adoleszenz wird die lebensgeschichtliche Phase des „Abschieds von der Kindheit" (Z. 77) und des Eintritts in die Erwachsenenwelt bezeichnet. Es gehe hier um die „Neuprogrammierung" (Z. 83) der menschlichen Dispositionen und Systeme. Folgende Merkmale kennzeichnen laut Gansel den Adoleszenzroman:

- Im Mittelpunkt stehen ein- oder mehrere Jugendliche mit Konzentration auf die jugendliche Lebensphase zwischen Kindheit und Erwachsen-Sein.
- Die Zeitphase umfasst den „gesamten Prozess der Identitätssuche" (Z. 97). Die jugendlichen Helden können sich sowohl in einer Identitätskrise befinden als auch in einer Phase des lustvollen Sich-Erprobens und der Wahrnehmung von Chancen bei der Suche nach einem Lebenskonzept (vgl. Z. 99 ff.).
- Als typische Problembereiche gelten u. a. die Loslösung vom Elternhaus, die Herausbildung eines eigenen ethischen, politischen, kulturellen Wertesystems, die ersten sexuellen Erfahrungen, der Aufbau eines sozialen Netzwerks, die Auseinandersetzung mit einer vorgegebenen sozialen Rolle.
- Oft sind die Romane am Schluss offen, d. h. die Identitätsfindung muss nicht stabil abgeschlossen sein/werden.

Beispiellösung: Teilaufgabe 2

Um den Anforderungen des weiterführenden Schreibauftrags gerecht zu werden, bietet es sich an, die zentralen Termini der Romangattungen sukzessive in den Blick zu nehmen, obwohl, wie der Autor selbst zugibt, „die Grenzen fließend sind".
Bei Franz Huchel ist festzustellen, dass er heranreift und sich selbst bildet mithilfe unterschiedlicher Instrumente und Figuren. Bei einem derart weitgefassten Begriff ist „Der Trafikant" auf jeden Fall ein Bildungsroman. Jedoch geschieht diese Bildung vorerst nur in Ansätzen und keinesfalls über einen längeren Zeitraum, denn der Roman konzentriert sich ja auf das letzte Lebensjahr des Franz Huchel (Spätsommer 1937 bis Juni 1938). Man kann seine beginnende Bildung u. a. an der Vermittlung der ethischen und moralischen Werte festmachen, die ihm als Orientierungshilfe der zunächst noch freien Presse angeboten werden. Otto Trasnjek bezeichnet zu Beginn die Illustrierten als seine Freunde, seine Familie (vgl. S. 24). Da Franz alle Zeitungen lesen soll, um seinen Horizont zu erweitern (vgl. S. 24 f.), geht die Wertschätzung der pluralistischen Presse auf Franz über. Als Trafikant müsse er informiert sein, damit er kompetent auch seine Kunden informieren könne (vgl. S. 25). Franz' Bildungsprozess wird auf knapp zwei Seiten anschaulich dargestellt: „Zu Beginn war die Arbeit mühselig [...] Das Weltgeschehen glitt ihm damals noch durch die Hände und unterm Hintern hinweg, ohne seine Seele zu erreichen. Das schien sich jetzt zu ändern [...] Es war eine Ahnung, die da zwischen den vielen Druckbuchstaben herausraschelte, eine kleine Ahnung von den Möglichkeiten der Welt." (S. 28 f.) Dass gerade die Zeitungen die gesellschaftlichen Veränderungen spiegeln, zeigt ein erboster Aufschrei Trasnjeks über die ideologische Berichterstattung: „ein derartig verlogenes und obendrein ungeschickt hingesudeltes Gestammel einer deutschtümeligen Drecksjournaille" (vgl. S. 147). Die Gleichschaltung der Presse und

damit einhergehend die Abschaffung differenzierter Meinungsbildung bewirkt bei Franz, dass er seine tägliche Zeitungslektüre fast gänzlich aufgibt und eine kritische Distanz zur tendenziösen Presse einnimmt, was auf eine zunehmende Ausdifferenzierung und Stabilisierung seines Wertekanons hinweist: „Es war, als ob die Redaktionen sich jeden Tag zu einer einzigen, riesigen Konferenz versammelten, um zur Wahrung einer scheinbaren Objektivität wenigstens die Überschriften untereinander abzustimmen [...]" (vgl. S. 166).
Der Definition nach ist „Der Trafikant" ein Erziehungsroman. Franz hat mehrere Mentoren, die ihn, wissentlich oder unwissentlich, erziehen. Am wenigsten trägt sonderbarerweise seine Mutter zu seiner Erziehung bei. Da er seinen Vater nicht kennt, hat Franz kein männliches Vorbild und die Mutter verhindert lange eine gezielte Entwicklung: Er hat zu Beginn des Romans keine Aufgabe, ist für einen Jungen der damaligen Zeit ängstlich, sehr kindlich für sein Alter. Er hat keine Pläne, keinen Lebensentwurf, sondern ist völlig abhängig von seiner Mutter. Nach seiner Abreise jedoch nähern sich die beiden durch ihre briefliche Kommunikation einander an. Vertrauensvoll wendet sich Franz an seine Mutter, die er des Öfteren vermisst; diese nimmt Anteil an seiner Entwicklung, gibt ihm Ratschläge, ist stolz auf ihn und sorgt sich auch um ihn, vor allem am Schluss, als er Widerstand leistet. Sie stabilisiert seine Entwicklung.
Otto Trasjnek wird Franz zu einem Vaterersatz. Er bringt Struktur in Franz' Leben, wie den festgelegten Tagesablauf oder die verpflichtende, bildende Zeitungslektüre. Er hat feste Grundhaltungen, ist respektvoll und übt Toleranz gegenüber seinen Kunden. Er nimmt Franz' Fragen und Anliegen ernst und behandelt ihn wie einen Erwachsenen. Somit wird er zu einem wichtigen Mentor für Franz. Seine unbeugsame Haltung unter den zunehmend bedrohlicheren Verhältnissen beeindrucken auch Franz: „Einer hat Blut an den Händen, und die anderen sagen nix. So ist es immer! [...] so ist es eingeimpft in die unendlich blöden Schädel des Menschengeschlechts. Aber in meinen eben noch nicht [...] Mein Schädel geht noch so, wie er selber will. Ich tanz nicht mit auf eurer Veranstaltung", (vgl. S. 63) Zu spät erst reflektiert Franz die Bedeutung Otto Trasnjeks für sein Leben, als dieser verhaftet wird und Franz ihm, ohne die Gefahr für sich selbst zu sehen, helfen will: „Und in diesem Moment war ihm alles klar: Für den Bruchteil einer Sekunde öffnete sich ein Fenster in die Zukunft, durch das die weiße Angst zu ihm hereinwehte, zu ihm, diesem kleinen, dummen, machtlosen Buben [...]." (vgl. S. 158)
Sigmund Freud ist ein weiterer Mentor und auch eine wichtige Bezugsfigur für Franz. Freud erkennt seine pubertären Nöte und veranlasst ihn, sich nach einem Mädchen umzuschauen und setzt sich nach Franz' Begegnung mit Anezka mit dessen Unsicherheiten in Liebesdingen auseinander. Freud ist für Franz verständnisvoller Gesprächspartner, der Ratschläge erteilt und Denkanstöße gibt. Er rät ihm auch, seine Träume aufzuschreiben, was eine Auseinandersetzung mit sich selbst und seiner aktuellen Situation bedeutet. Durch sein hohes Alter, seine fortgeschrittene Krankheit und seine prekäre Situation als Jude im Nazi-Österreich ist Freud in gewisser Weise hilflos. Franz ist ein sehr fürsorglicher und liebenswerter junger Mann, der sich um den alten Mann sorgt. Somit profitieren beide von dem Kontakt mit dem jeweils anderen und lernen voneinander.
Franz macht in vielerlei Hinsicht eine Entwicklung durch, weshalb man diesen Roman als einen Entwicklungsroman oder Adoleszenzroman bezeichnen kann. Er konzentriert sich auf den Übergang des jungen Franz in die Erwachsenenwelt. Zum einen wird der

unbedarfte Junge quasi aus dem Haus geworfen und nach Wien geschickt, wo er sich ins geregelte Arbeitsleben einzufügen hat. Zum anderen lernt er mit den sich plötzlich diametral verändernden gesellschaftlichen Verhältnissen ein sich wandelndes Werte- und Normensystem kennen, mit dem er sich auseinandersetzen muss. Durch die Begegnung mit Anezka macht er erste beglückende sexuelle-, aber auch leidvolle Erfahrungen mit der Liebe. Ihre selbstbestimmte und freizügige Art, die rein lustbetont, egoistisch und opportunistisch ist, verletzt Franz und verwirrt ihn. Sie ist ihm an Lebenserfahrung und Durchtriebenheit weit überlegen und er durchschaut sie lange nicht. Für sie bleibt er durchgehend „Burschi", also kein Partner auf Augenhöhe. Er wird ihr gegenüber jedoch zunehmend selbstbewusster; ein Beispiel dafür ist, als er sich in aggressiver Weise verbittet, „Burschi" genannt zu werden (vgl. S. 112). Dennoch macht er ihr aus der Bedrängnis der als geradezu apokalyptisch empfundenen Verhältnisse heraus verzweifelt-hoffnungsvoll einen Heiratsantrag (vgl. S. 206 f.). Sie verhöhnt ihn, indem sie ihm ihre momentane Beziehung zu einem SS-Offizier vor Augen führt. Die Desillusionierung trägt zu Franz' Entwicklung bei.
Nach der Verhaftung von Otto Trasnjek übernimmt Franz nicht nur selbstverständlich die Trafik, sondern er fahndet auch hartnäckig nach ihm im Hotel Metropol, bis er unsanft vom Portier hinausgeworfen wird und dabei einen Schneidezahn verliert. Er übernimmt mutig die Verantwortung für den Menschen Trasnjek, bis er über dessen Ableben informiert (vgl. S. 191 f.) und offiziell ermächtigt wird, die Trafik weiterzuführen. Franz bricht zusammen und weint, „bis er keine Tränen mehr hatte." (S. 193). Aber er handelt als autonomes Subjekt, indem er den Metzger beschuldigt, Trasnjek verraten und erschlagen zu haben. Franz geht noch weiter in seinem erstarkenden Selbstbewusstsein und seinem trotzigen Widerstand: Er hängt Trasnjeks einbeinige Hose anstelle des mittleren Hakenkreuzbanners vorm Hotel Metropol, dem Dienstgebäude der Gestapo, auf als Menetekel: „Und für einen kurzen Augenblick hat dieses [...] Hosenbein ausgesehen wie ein Zeigefinger." (vgl. S. 242) Diesen ungeheuren Affront mit der Staatsmacht geht er bewusst ein und so ist er nicht erstaunt, als er kurz darauf abgeholt wird.
Der Roman bleibt offen, wie auch Franz' Prozess der Identitätsfindung nicht abgeschlossen ist.

Zusammenfassung
Der Roman enthält Merkmale eines Bildungs-, Erziehungs-, Entwicklungs- sowie Adoleszensromans im Sinne Gansels: Franz löst sich mehr oder weniger ungewollt von seinem Elternhaus und seiner Heimat, um aus der räumlichen Distanz eine neue vertrauensvolle, erwachsenere Beziehung zu seiner Mutter herzustellen. Die Mentoren seiner Erziehung sind Otto Trasnjek und Sigmund Freud, die sich komplementär ergänzen. Trasnjek gibt Franz' Leben Struktur, er fördert dessen Bildung und Wissen, er erweitert mittels der verordneten intensiven Zeitungslektüre dessen Kenntnisse der Welt. Trasnjek ermuntert Franz, seine Umwelt kritisch, aber dennoch respektvoll und offen wahrzunehmen. Freud hört ihm zu, sodass er sein Inneres darlegen kann. Beide erteilen ihm Ratschläge und fördern seine sozialen Kontakte. Beider Schicksale bringen Franz dazu, Verantwortung für sich und andere zu übernehmen, Empathie zu entwickeln. Er wird selbstbewusster, selbstbestimmter und mutig.

Fokus: Arno Geiger, Unter der Drachenwand

Leistungskurs, Aufgabenart III B

Erörterung von Sachtexten mit Bezug auf einen literarischen Text

AUFGABENSTELLUNG

1 Erschließen Sie die Kernaussagen aus der Rezension (M1) und dem Interviewauszug mit Arno Geiger (M2). Stellen Sie dabei die Aussagen zum Erzählen, zu Figurenperspektiven und zur Darstellung von Haltungen zu Krieg und Politik in diesem Roman heraus.

2 Arno Geiger spricht in einer Rede über Veit Kolbe als „gemischter Charakter", seine Figuren im Roman befänden „sich im Übergang", im „Zwielicht".[1] Erörtern Sie, inwieweit Sie Veit Kolbe, weitere Erzählerstimmen oder Figuren durch das Erzählen im „Drachenwand"-Roman als „gemischte Charaktere" einschätzen.

TIPP Die Aufgabenstellung verstehen

1 Erschließen Sie: Aus beiden Materialien sind die wesentlichen Aussagen zu entnehmen, wobei die Formulierung „Stellen Sie ... heraus" auf die Aspekte (Erzählen ...) verweist, die in diesen Materialien als wesentlich anzusehen sind.

2 Erörtern Sie: Die These von den gemischten Charakteren soll hier für verschiedene Protagonisten abwägend überprüft und zusammenfassend eingeschätzt werden, d. h., Sie müssen zu einem Urteil gelangen, das vom Bestätigen bis zum Verwerfen reichen kann. Dabei ist dieses Abwägen argumentativ auf das Erzählen im Roman zu beziehen („durch das Erzählen").

Materialgrundlage

M1 Gerrit Bartels: Mit den Augen der Toten. Arno Geigers Roman „Unter der Drachenwand" über das Kriegsjahr 1944. Aus: Der Tagesspiegel vom 9.1.2018, Kultur, S. 20. In: https://www.tagesspiegel.de/kultur/unter-der-drachenwand-von-arno-geiger-mit-den-augen-der-toten/20825358.html (Aufruf: 31.5.2020)

M2 Arno Geiger im Gespräch mit Andrea Gerk. Deutschlandradio, Köln, Beitrag vom 05.01.2018

---

1 **Zitate aus:** Arno Geiger: Unwiderlegbar ist die Gestalt. Dankrede zur Verleihung des Joseph-Breitbach-Preises 2018. Quelle: https://fazarchiv.faz.net/document?id=FAZ__FD1201809295502551#start (Aufruf: 24.10.2020) In: FAZ Nr. 227 vom 29.9.2018, S. 20

M1 Mit den Augen der Toten *Gerrit Bartels*

„Unter der Drachenwand": Arno Geigers bemerkenswerter Roman über das Kriegsjahr 1944 – und die Wesensverzerrungen der Menschen zu jener Zeit.

Es sind die ersten Tage des Jahres 1944, und der 24 Jahre junge, aus Wien stammende Wehrmachtssoldat Veit Kolbe ist gerade in Mondsee angekommen, einem Örtchen, das eine halbe Stunde Autofahrt entfernt von Salzburg liegt. Er war jahrelang als Lkw-Fahrer an der Front, zuletzt an der russischen, und er will und muss nun hier weitab vom Kriegsgeschehen seine Verwundungen auskurieren, einen gebrochenen Kiefer, ein durchschossenes Bein und hartnäckige Angststörungen. Was alles nicht so einfach ist: „Krieg war ja eigentlich das einzige, was ich noch kannte", weiß Veit Kolbe. „Wie weit die Verzerrung des eigenen Wesens schon vorangeschritten ist, merkt man erst, wenn man wieder unter normale Menschen kommt."

Um diese normalen Menschen, um ihre durch den Krieg veränderten Wesen, um das, was sie durch ihn alles verloren haben, weniger materiell denn in ihren Psychogeografien, darum geht es dem österreichischen Schriftsteller Arno Geiger in seinem neuen Roman mit dem Titel „Unter der Drachenwand". Immer wieder bemerkt Veit, wie sehr ihm der Krieg zugesetzt, ihn seiner Jugend und womöglich auch seiner Zukunft beraubt hat, „auch ohne Zerwürfnis mit den Eltern war die zwischenmenschliche Bilanz meines Lebens verheerend". Und, nicht weiter verwunderlich, immer wieder holt ihn eine diffuse Angst ein, die er mit einem Psychopharmakon bekämpft – oder mit dem Schreiben, das in seinem Fall primär therapeutischen Charakter hat.

Veit notiert alles, was er im Krieg erlebt hat, wie es um seine Jugend in Wien bestellt war, erzählt, was ihm nun in Mondsee widerfährt. Und wie es nicht zuletzt den vielen anderen Figuren ergeht, die Geiger ihm hier in Mondsee zu Füßen eines riesigen Felsmassivs, der titelgebenden Drachenwand, zur Seite gestellt hat. Zum Beispiel die Frau, die ihm ein Zimmer vermietet, die sogenannte Quartierfrau, die zwischen Treue zum Führer und einem gewissen Wahnsinn pendelt; der Onkel von Veit, der in Mondsee Polizist ist und dem die Pflicht über alles geht, selbst über seine geliebten Zigaretten; oder Margot, die mit einem Säugling aus Darmstadt hier gelandet ist und in die Veit sich verliebt. [...]

Von einer Normalität diesseits des Krieges sind sie alle weit entfernt. Auch in Mondsee gibt es Denunziationen, Verhaftungen, später zwei Tote, und aus dem improvisierten Ertüchtigungsheim in einem Gasthaus verschwindet ein aus Wien landverschicktes Mädchen. Erstaunlich ist es, wie Geiger es vermag, ihrer aller Sehnsucht nach Normalität sprachlich Ausdruck zu verleihen, wie er einen Ton für seine Figuren findet, insbesondere für die Gedankenwelt eines jungen Mannes und Soldaten jener Zeit. Veit Kolbe schreibt nicht wie ein Schriftsteller, sondern etwas stockend, mit kurzen, manchmal umständlichen Sätzen: [...] „Weiterhin war ich häufig müde und gedrückter Stimmung. Viele feindliche Flieger in der Luft, manchmal dreihundert und mehr". Er hat dann jedoch häufig bemerkenswerte, angenehm unaufdringliche, alles andere als pädagogisch wirkende Eingebungen: „Jeder halbwegs nüchterne Mensch muss ein politisches System mit den Augen der Toten betrachten."

Überraschend wirkt nach knapp hundert Seiten der leichte Bruch, mit dem Geiger versucht, sein 44er-Hinter-der-

Front-Tableau umfassender zu gestalten, der kleinen Welt in Mondsee die große in den Städten beizustellen, nicht zuletzt um zu zeigen, dass dieses Jahr bestimmt wurde von den ständigen Bombenabwürfen der Alliierten. [...]

Plötzlich setzen andere Erzählstimmen ein, geht es um 400 Hasen, die in Darmstadt verteilt werden, was die Mutter von Margot in Briefen ihrer Tochter berichtet. Ein gewisser Kurti schreibt Liebesbriefe an seine Cousine, die an den Mondsee landverschickt wurde, aber auch vom Wiener Alltag; und schließlich gibt es da noch – hier zoomt Geiger ein, zwei Jahre zurück – Oskar Meyer, den Vater einer jüdischen Familie, der von den Verfolgungen berichtet und mit seiner Frau und einem Kind ausgerechnet nach Budapest übersiedelt, um den Nazis zu entkommen: „Also die Frage wohin. Untermiete bekommen wir Juden in Wien nur schwer, ist kostspielig, zumal zu dritt mit Wally und dem Kind, ich weiß mir eigentlich keinen Rat, hoffe aber, dass mich der liebe Gott nicht verlassen wird./ Wally ist auch sehr bedrückt."

[...] Diese neuen Perspektiven irritieren zunächst, zumal sie sprachlich unterkomplexer, dafür noch eine Idee authentischer wirken – auch in ihren Redundanzen. Arno Geiger verbindet sie nach und nach jedoch alle harmonisch miteinander, es entsteht ein Beziehungsgeflecht, das sich so weit verästelt, dass Veit Kolbe am Ende Kurti gar begegnet (und Oskar Meyer zumindest von Weitem auf seinem Todesmarsch beobachtet). [...]

Häufig geraten die jeweiligen Erzählstimmen ins Stocken. Was von Geiger dadurch unterstrichen wird, dass er praktisch auf jeder Seite mit Schrägstrichen als Satzenden, quasi als Erzählbrecher arbeitet, ähnlich wie bei Gedichten. [...] Überdies fällt auf, wie gut Geiger die Ambivalenzen seiner Figuren herausarbeitet, wie gleichermaßen distanziert und empathisch er ist. Da bekommen selbst die Quartiersfrau, ihr Nazi-Mann oder Veits Onkel, der Dorfpolizist, noch menschliche Züge, ohne dass ihre ideologischen Verblendungen beschönigt würden. „Unter der Drachenwand" ist zudem ein Roman darüber, wie mitten im Krieg der kleine, vermeintlich unbedeutende Alltag, das Leben und das Lieben weitergehen, was angesichts der vielen Gräuel eine ganz eigene Grausamkeit besitzt. [...]

M2 Arno Geiger im Interview, 5.1.2018 (Auszug, Mitschrift)

Interview mündlich geführt für den Deutschlandfunk von Andrea Gerk

Gerk: Jetzt ist dieser Veit ja nicht der alleinige Erzähler des Romans, es gibt dann ... nach etwas mehr als 50 Seiten ist plötzlich eine andere Stimme da, und das ist gar nicht direkt sofort erkennbar, sondern danach wechseln plötzlich die Erzähler, es gibt Briefe, die da eingearbeitet sind. Hatten Sie die Erkenntnis, dass man so eine Zeit, die so kompliziert ist und so vielschichtig wie diese Figuren, die Sie da erzählen, das eben auch nur so multiperspektivisch erfassen kann?

Geiger: Ach, ich möchte immer ein dreidimensionales Bild von der Welt bekommen, und der Blick aus nur einem Fenster, den finde ich nicht so spannend wie den Blick aus sehr unterschiedlichen Fenstern. Und dann kommen so perspektivische Brechungen auch, manches relativiert das andere. Es gibt zu meiner Überraschung sehr wenige Gesellschaftsromane über die Zeit des Dritten Reiches. Meistens ist ein Aspekt herausgegriffen, ein kleiner, ab[er] so ein komplexes gesellschaftliches Bild jetzt hier im Hinterland, ganz durchschnittliche Menschen, wo jetzt nicht Schafe und Böcke streng geschieden sind, ist keine Täter-Opfer-Konstellation. Das hat mich interessiert. […]

Gerk: Und die Hauptfigur, Veit, ist ja auch ein Schriftsteller, ein Erzähler, das hält ihn ja auch irgendwie am Leben oder stabilisiert ihn zumindest. Warum ist das so häufig so, dass das Erzählen oder das Formulieren etwas Heilsames hat?

Geiger: Weil es etwas Verlangsamendes hat. Also beim Schreiben denke ich über die Welt nach, über mich selber, wo stehe ich, was ist mir widerfahren. Der Krieg hat eine unglaublich mobile Gesellschaft erzeugt, also alle Familien waren auseinandergerissen, und damals war das auch eine ganz natürliche Form der Kommunikation, das Schreiben. Und es hat so was Momenthaftes. Ich wollte den Roman ja nicht retrospektiv erzählen, aus der Sicht von heute, sondern ich wollte in die Figuren hineingehen, so als Kosmonaut des Innenraums, […] und wollte das formal irgendwie lösen und habe mich dazu entschieden, dieses unmittelbare Erzählen den Figuren zuzuspielen, dass sie das erzählen, im Moment, wie es ihnen geht, wie sie das erleben.

Beispiellösung: Teilaufgabe 1

Einleitung

Mit der den Roman „Unter der Drachenwand" überaus positiv einschätzenden Rezension „Mit den Augen der Toten" von Gerrit Bartels aus dem „Tagesspiegel" und einem Auszug aus einem Interview des Deutschlandfunks mit Autor Arno Geiger, beide aus dem Januar 2018, liegen zwei Sachtexte vor. Beide sollen auf ihre Kernaussagen hinsichtlich der Aspekte Erzählen, Figurenperspektiven und dargestellte Haltungen zu Krieg und Politik untersucht werden.

Kernaussagen der Rezension

Das von Arno Geiger gewählte Verfahren des Erzählens durch unterschiedliche Stimmen, das im Roman nach knapp hundert (laut Interview nach etwas über 50) Seiten einsetzt, beschreibt der Rezensent Bartels als „plötzlich" (Z. 91) und „überraschend" (Z. 82). Dies sei „ein leichter Bruch" (Z. 83), wobei der Literaturkritiker vermutet, Geiger wolle damit „sein 44er-Hinter-der-Front-Tableau umfassender […] gestalten" (Z. 84 f.). Besonders herausgestellt wird, dass „diese neuen Perspektiven" zunächst „irritieren" (Z. 111), die weiteren Erzählerstimmen „sprachlich unterkomplexer, dafür noch eine Idee authentischer wirken" (Z. 112 f.) würden, der Autor sie aber „harmonisch", zu einem „Beziehungsgeflecht" (Z. 116 f.) verbinde.

Der Rezensent fährt fort, dass „die jeweiligen Erzählstimmen ins Stocken" (Z. 122 f.) gerieten, unterstrichen „mit Schrägstrichen als Satzenden, quasi als Erzählbrecher" und damit „ähnlich wie bei Gedichten" (Z. 125 f.). Das gilt auch für den Haupterzähler Veit Kolbe. Bartels erwähnt nicht nur dessen an den Mondsee zur Rekonvaleszenz führende Kriegsbiografie, sondern v. a. seine Selbstaussagen über die „Verzerrung des eigenen Wesens" (Z. 19) oder über das notwendige Betrachten eines „politischen Systems mit den Augen der Toten" (Z. 80 f.).

Das hohe Lob von Bartels für den Autor Geiger bezieht sich ausdrücklich darauf, wie jener „einen Ton für seine Figuren findet" (Z. 67 f.), für deren „Sehnsucht nach Normalität“ (Z. 65 f.), was auch in der nur scheinbaren Mondsee-Idylle durch „Denunziationen, Verhaftungen, später zwei Tote“ (Z. 60 f.) als in Kriegszeiten unmöglich erkennbar ist. Geiger arbeite „gut [...] die Ambivalenzen seiner Figuren heraus“ (Z. 128 f.), „gleichermaßen distanziert und empathisch“ (Z. 129 f.). Der Rezensent bezieht dies auch auf jene Figuren, deren Haltung gegenüber dem Krieg und dem NS-Regime von „ideologischen Verblendungen“ (Z. 134) geprägt seien, wie z. B. bei der Quartiersfrau, deren Nazi-Ehemann und dem Dorfpolizisten, Veits Onkel. Es gehe dem Autor um die „Psychogeografien“ (Z. 26 f.) normaler Menschen in dieser Phase kurz vor dem Ende des Zweiten Weltkriegs. Der „kleine, vermeintlich unbedeutende Alltag“ gehe so „mitten im Krieg“ (Z. 136 f.) weiter und der Roman zeige „angesichts der vielen Gräuel“ (Z. 139), dass dieser Alltag „eine ganz eigene Grausamkeit“ (Z. 140) besitze.

Kernaussagen im Interviewauszug

Die Interview-Aussagen von Arno Geiger korrespondieren in vielerlei Hinsicht mit jenen der Rezension. Geiger betont, in seinem Roman „ganz durchschnittliche Menschen“ (Z. 25 f.) ohne klassische „Täter-Opfer-Konstellation“ (Z. 27 f.) in ein „dreidimensionale[s] Bild von der Welt“ (Z. 13 f.) einfügen zu wollen. Mit dem bildlichen Ausdruck, er wolle „nicht Schafe und Böcke streng geschieden“ (Z. 26 f.) in seiner Hinterland-Welt vorstellen und den Blick ausdrücklich nicht „nur aus einem Fenster“ werfen (Z. 15), wird sein Anspruch auf einen Gesellschaftsroman mit umfassenderer Komplexität deutlich. Seine Beobachtung lautet, der Krieg habe „eine unglaublich mobile Gesellschaft erzeugt“ (Z. 39 f.), in der „alle Familien [...] auseinandergerissen“ (Z. 40 f.] wurden. Dies gebe dem seinerzeit üblichen Schreiben „etwas Momenthaftes“ (Z. 43 f.) – für Geiger Grund, das „Wie“ des Erlebens aus der Sicht der Figuren darzubieten.
Der Autor stellt dieses Erzählen als eines „aus dem Blick der Figur“ (Z. 15) vor, explizit auf den Protagonisten Veit Kolbe bezogen. Dabei beschreibt er für sich selbst – wohl im Kontext auf auch seine Hauptfigur gemünzt – Schreiben bzw. „das Erzählen und Formulieren“ (Z. 33 f.) als „etwas Verlangsamendes“ (Z. 35), auch als im Zweiten Weltkrieg „ganz natürliche Form der Kommunikation“ (Z. 42). Er wolle im Roman „nicht retrospektiv erzählen“ (Z. 45 f.), also aus einer heutigen, damit wohl eher auktorialen Erzählperspektive, sondern als „Kosmonaut des Innenraums“ (Z. 47), der das „unmittelbare Erzählen den Figuren zuspiele“ (Z. 50).

Beispiellösung: Teilaufgabe 2

Für verschiedene Figuren des Romans „Unter der Drachenwand“ wird nun die These des Autors, Veit Kolbe sei ein gemischter Charakter, Figuren des Romans befänden „sich im Übergang“, im „Zwielicht“, überprüft, wobei der Beitrag des Erzählens im Roman für die Wirkung dieser Autorenabsicht einzubeziehen ist.

Die Erzählform des Romans lädt zur Identifikation mit den Figuren ein. Das gilt zentral für Veit Kolbe, den körperlich wie v. a. psychisch versehrten Erzähler von 70 Prozent der Romanseiten. Das unmittelbare, vom Geschehen am Mondsee und den ihn belastenden jahrelangen Kriegserfahrungen geprägte Erzählen dieses jungen Mannes, seine sich zart entwickelnde Beziehung zu Margot, sein Eintreten für den regimekritischen „Brasilia-

ner" bis hin zum Erschießen des Onkels und Dorfpolizisten, was Veit Gewissensbisse bereitet, aber in der Logik des Geschehens für den Leser einleuchtet, nehmen für ihn ein, wenngleich sein Mitläufertum im Nationalsozialismus gemischte Gefühle aufkommen lassen kann.
Oscar Meyer hingegen ist erkennbar Opfer der NS-Vernichtungspolitik und rührend besorgter Familienvater. Seine Tragik vermeintlich oder tatsächlich verpasster Chancen, dem Holocaust zu entgehen, nimmt unmittelbar für ihn ein. Er verkörpert Leiden und. Dilemmasituation jüdischer Bürger in Österreich – „gemischt" ist allenfalls seine Zögerlichkeit, weiterreichende, vielleicht rettende Entscheidungen zu treffen. Dieser zunehmend verzweifelte Mensch wirkt auf den Leser beklemmend. Es liegt näher, ihn als Sympathieträger zu empfinden, als ihn als einen „gemischten Charakter" zu sehen. Kurti Ritlers naive Briefe oder die mahnend-fürsorglichen, manchmal geschwätzigen Briefe von Margots Mutter aus dem zunehmend durch Bombenangriffe zerstörten Darmstadt zeigen alltägliche, oft gänzlich unreflektierte Stimmen. Gerade die Schilderungen von Margots Mutter zwischen grässlicher Verheerung und Überlebenskampf, gespickt mit Banalitäten, zeigen jene Erzählhaltung, mit der der Autor Geiger sich als „Kosmonaut des Innenraums" beschreibt. Dieses Erzählen unterstreicht die permanente Bedrohungssituation dieser ganz durchschnittlichen Vertreter einer Gesellschaft, in der eine Zuordnung zum Heldenhaften oder Verbrecherischen wenig sinnvoll erscheint, was das von Geiger beschriebene Sich-im-Übergang oder auch Im-Zwielicht-Befinden auch meinen könnte.
Von den wechselnden Ich-Erzählerstimmen sind die reflexiven Aussagen zu Krieg und NS-Machtgehabe vorwiegend Veit Kolbe zugeordnet, dem Haupterzähler. Das nachdenkliche, die Situation am Mondsee und seine Mitmenschen wie sich selbst aufmerksam begleitende Tagebuchschreiben wird durch die Schrägstriche, die eher der Poesie entstammen, wie Rezensent Bartels schreibt, noch deutlicher und bewirkt eine Unterbrechung, ein Innehalten inmitten des ungeheuerlichen Kriegsgeschehens.
Aus Veits Aufzeichnungen erfährt der Leser auch von der Annäherung Margots und Veits sowie vom immer wieder mit den Vertretern der NS-Macht aneckenden „Brasilianer" Robert Raimund Perttes. Perttes' schroffer Sarkasmus und seine tief empfundene Gegnerschaft zum NS-Regime und dessen Rassismus lassen ihn zumindest interessant und auch sympathisch wirken. Mit erkennbar nicht nur boshaften Charakterzügen etwa bei Veit Kolbes Onkel Johann sind die Figurendarstellungen zwar nicht in ein schlichtes Täter-Opfer-Schema einzufügen, als sonderlich „gemischte Charaktere" sind aber etwa Quartierfrau Trude Dohm und ihr Mann, der NS-Funktionär, kaum zu erkennen.

Zusammenfassung
Lessing wollte mit gemischten Charakteren im Bürgerlichen Trauerspiel das Mitgefühl des Zuschauers wecken. Diesem Anspruch wird ca. 350 Jahre nach dem Klassiker der Aufklärung auch Arno Geiger mit seinen vier Erzählstimmen in beeindruckender Weise gerecht. Sympathieträger sind Veit Kolbe, Oscar Meyer und weitere Figuren im besten Sinne, im Sinne einer Normalität, die Erleben und Leiden 1944 für Leserinnen und Leser heute plastisch macht.

Fokus: Arno Geiger, Unter der Drachenwand

Leistungskurs, Aufgabenart IV

Materialgestütztes Verfassen eines Textes mit fachspezifischem Bezug

AUFGABENSTELLUNG

1 An Ihrer Schule wird eine Projektwoche zum Themenfeld „Literatur und Leben" durchgeführt. Dabei werden Beiträge für einen Abschlussabend vor Eltern und Mitschülerinnen bzw. -schülern entwickelt. Ein Vortrag stellt das Thema vor: „Veit Kolbe und seine Posttraumatische Belastungsstörung (PTBS) – wie wirken Thema und literarische Darstellung auf heutige Leser?"

Verfassen Sie das Manuskript für diesen Vortrag auf der Grundlage der Materialien 1 bis 7 und Ihrer Kenntnisse aus dem Unterricht.
Der Vortrag sollte inhaltlich auf das Krankheitsbild PTBS, die Betroffenheit der Romanfigur Veit Kolbe und den Umgang mit dieser Störung im Kontext des Zweiten Weltkriegs eingehen.
Beziehen Sie das Rahmenthema „Literatur und Leben" mit ein, indem Sie auf die Wirkung eingehen, die die Lektüre von „Unter der Drachenwand" mit der Darstellung von Kriegserfahrungen und PTBS in der Gegenwart auf Lesende hat.
Formulieren Sie eine geeignete Überschrift für Ihren Vortrag.
Verweise auf die Materialien müssen unter Angabe des Namens der Autorin bzw. des Autors und ggf. des Titels erfolgen.
Ihr Text sollte ca. 1200 Wörter umfassen.

TIPP Die Aufgabenstellung verstehen

1 Verfassen Sie das Manuskript für diesen Vortrag: Hier ist ein ausdrücklich für einen Vortrag ausgearbeiteter Text gefordert. Beachten Sie, dass dieser, um die Zuhörenden zu erreichen, mit rhetorischen Mitteln arbeiten sollte, die man auch in einer Rede verwenden würde. Inhaltlich müssen Sie auf das Krankheitsbild PTBS sowie auf die Figur Veit Kolbe eingehen, die darunter leidet. Zudem sollte thematisiert werden, wie man im Zweiten Weltkrieg mit der Symptomatik umging.
Beziehen Sie ... mit ein: Die Projektwoche, in die der Vortrag eingebettet ist, hat das Rahmenthema „Literatur und Leben". ... indem Sie auf ... eingehen: Gefragt ist in der Aufgabenstellung, wie das Thema PTBS und dessen literarische Darstellung im Roman „Unter der Drachenwand" auf heutige Lesende wirken. Vermutlich sind im Unterricht diesbezüglich unterschiedliche Leseerfahrungen angesprochen worden, von Distanz bis hin zu starker Betroffenheit. Möglicherweise gibt es in Ihrer Lerngruppe Menschen, die selbst Kriegserfahrungen haben – was mit größter Behutsamkeit zu behandeln wäre. Oder die gegenwärtigen militärischen Konflikte geben Anlass zur Identifikation mit dem Problem der umfassenden Überforderung und seelischen Verletztheit durch schreckliche Erlebnisse. Erwartet wird, dass Sie eigenständig

Hypothesen zu denkbaren Leseerfahrungen zu entwickeln, die die Figur Veit Kolbe und das Motivbündel PTBS/Kriegstraumata im Roman auslösen.

Materialgrundlage

M1 Michael Seehoff: Spannender Vortrag über die Generation 1939. Ort der Verantstaltung: Stuttgarter Schriftstellerhaus e. V., am 24.09.2019

M2 Breaking Bad meets Deutsches Reich. Die Droge, mit der Hitlers Soldaten in den Krieg zogen. Mitteldeutscher Rundfunk, Leipzig, Beitrag v. 04.04.2016

M3 Stefan Kister: Bewusstseinsdämmerung am Mondsee. Stuttgarter Zeitung vom 12.1.2018. In: Stuttgarter Zeitung, 12.01.2018

M4 PTBS. In: https://www.uni-bielefeld.de/psychologie/abteilung/arbeitseinheiten/07/PTBS/ (Aufruf 20.10.2020)

M5 Grafik nach: M. A. Landolt: Psychotraumatologie des Kindesalters. Grundlagen, Diagnostik und Interventionen. Hogrefe Verlag, Göttingen 2012 (ISBN 9783840924507)

M6 Karin Salvalaggio: Mitgefühl durch Kunst: Krieg und posttraumatische Belastungsstörung in Literatur und Film. In: https://www.resonanzboden.com/echtzeit/mitgefuehl-durch-kunst-krieg-und-posttraumatische-belastungsstoerung-in-literatur-und-film-karin-salvalaggio/ (Aufruf 20.10.2020) Ullstein Buchverlage GmbH, Berlin, Beitrag v. 09.09.2015

M7 Arno Geiger: Unter der Drachenwand. München 3. Aufl., 2019. S. 139 („Mit den Händen ... dann mich streckend.“)

M1 Vortrag über die „Generation 1939“ im Hospitalhof *Michael Seehoff*

In seinem Vortrag unter dem Titel „Traumatisierte Kameraden? Möglichkeiten und Grenzen der Kriegsverarbeitung in der „Generation 1939“ [sprach] Dr. Carsten Kretschmann, wissenschaftlicher Mitarbeiter am Historischen Institut der Universität Stuttgart, [über] Soldaten im Zweiten Weltkrieg, [...] überwiegend junge Männer im Alter von 18 – 25 Jahren, also aus den Jahrgängen 1914 – 1921. Von einer Generation spricht man, wenn eine etwa gleichaltrige Gruppe gemeinsame Erfahrungen und Lebensumstände teilt. Die Erlebnisse sind die zentralen Elemente zur Bildung einer „Generation“. Für die Generation 1939 waren es die Kriegserlebnisse: sechs Jahre Tod und Vernichtung, die sie nachhaltig geprägt hatten. Und das nicht nur auf der mentalen Ebene. Die körperlichen Erfahrungen wie gravierende Verletzungen, Wunden, Narben wurden in dieser Generation geteilt. Entscheidend: Die Gruppe konnte sich nicht über ihre Erlebnisse mit Außenstehenden verbinden. Wie hätte man jemandem, der nicht dabei gewesen ist, das Sterben von vielen Rotarmisten auf der gegnerischen Seite oder deren Gefangennahme vermitteln können? – Durch eine Rhetorik der „Viktorisierung“.

Vom Held zum Opfer

Kretschmann machte deutlich, dass während der erfolgreichen Kriegshandlungen zu Anfang des Krieges noch der Soldat als Held im Fokus stand. Nach dem Zusammenbruch wurde schnell eine Opferrolle konstruiert. Die Menschen flüchteten sich in eine falsche Realität. Nach der Gewalteskalation verfielen viele in Schockstarre.

[Dr. Carsten Kretschmann] wies anhand der Textstellen nach, wie genau Arno Geiger [im „Drachenwand"-Roman] die Körperlichkeit und die Verletzungen beschrieben hat, die sich der Generation 1939 eingegraben hatten. Der Name des Soldaten „Veit" ist die deutsche Version von Vitus, was so viel wie „der Lebendige" bedeutet. Und doch wurden Veit im Krieg der Körper und auch seine Sinneswahrnehmungen beschädigt. Arno Geiger geht noch weiter, er personalisiert den Krieg sogar, wenn er schreibt: „So hatte der Krieg mich auch diesmal zur Seite geschleudert". Und auch der verletzte Körper wird aktiv mit Naturmetaphern beschrieben: „Unter meinem Schlüsselbein lief das Blut in leuchtenden Bächen heraus, ..."

Posttraumatische Belastungsstörung

Aus dem Krieg kamen seelisch und körperlich verletzte Menschen. Heute beschreib[en] die Medizin und Psychologie das als posttraumatische Belastungen. Dieser Begriff tauchte erstmals im Vietnamkrieg auf. Ab 1980 ist der Begriff in der US-Armee als Krankheitsbild anerkannt.

Ganz anders nach dem Zweiten Weltkrieg. Dr. Carsten Kretschmann hat hunderte von Akten aus den Krankenanstalten studiert (z.B. die aus Bethel). Minutiös werden von den Ärzten und Psychologen die Symptome der eingelieferten Soldaten beschrieben: Zittern, unkontrollierte Gefühlsausbrüche und v.a.m. Doch nicht, um diesen Menschen zu helfen oder sie gar zu heilen. Die Ärzte waren angehalten herauszufinden, ob die psychisch Versehrten Rentenansprüche geltend machen konnten, ob es sich um eine kriegsbedingte Traumatisierung handelt oder diese vererbt ist (nicht rentenanspruchsberechtigt). [...] Im Krieg konnten sich die Soldaten noch mit der von der Wehrmacht vielfach eingesetzten Droge Pervitin gegen die Schrecken und die Belastungen betäuben. Die Wehrmacht, so ist bekannt, gab insgesamt 35 Millionen Dosen Pervitin aus, entfernt vergleichbar mit dem heutigen Crystal Meth. Diese Droge hatte auch geholfen, das unfassbar Erlebte zu betäuben. Auch Veit Kolbe ist von dieser Droge abhängig.

Wer auf „Kraftquellen" zurückgreifen konnte, der hatte Chancen, einigermaßen aus dieser Verstörung heraus zu kommen. Solche Kraftquellen konnten die Familie, der Glaube oder aber, wie bei Veit Kolbe, die Liebe sein.

M2 Breaking Bad meets Deutsches Reich. Die Droge, mit der Hitlers Soldaten in den Krieg zogen

Ein Rauschmittel, das dem körpereigenen Adrenalin ähnelt: Man ist nicht müde, sondern munter, statt hungrig fühlt man sich satt, statt gestresst – euphorisch und selbstsicher. Das klingt ein bisschen nach Crystal Meth, der chemischen Droge von heute. Doch ihre große „Premiere" hatte sie bereits im Zweiten Weltkrieg, als Hitlers Soldaten in Polen einmarschierten.

[...] Patentiert wurde die Herstellung von Metamphetamin im Oktober 1937. Ein Jahr später brachte die Firma Temmler das Mittel dann unter dem Namen „Pervitin" auf den Markt, das sich schnell als Kassenschlager entpuppte – und zwar in verschiedensten Lebensbereichen. Historiker Gorch Pieken erklärt die Wirkung:

Die Wirkung dieses Amphetamins war, dass das Müdigkeitsgefühl unterdrückt war, das Hungergefühl unterdrückt war, dass man euphorisiert, optimistisch war – ein Präparat für die gestressten Manager der damaligen Zeit. Es gab Pralinen, die mit Pervitin versetzt worden sind für die gestressten Hausfrauen, die damit ihren Alltag ein wenig aufhellen konnten. Das war ein Präparat, das für den zivilen Markt entwickelt worden ist.

Vom Mittel gegen Alltagstress zur Pille an der Front

[...] Das „Wachhaltemittel, um die Schlaflosigkeit zu erhalten", wie es auf der Packung hieß, war eine ideale Kriegsdroge. Als die Wehrmacht Mitte 1940 in nur wenigen Wochen Frankreich eroberte, fand sich Pervitin in jedem Tornister – die scheinbar nimmermüden Soldaten konnten durch die Droge Tag und Nacht marschieren, ohne dass sie ihren Optimismus verloren oder Hunger verspürten. Auch im Luftkrieg der Deutschen gegen England wurde die „Wunderpille" eingesetzt. [...] Die Aufputschpille, auch „Panzerschokolade" genannt, barg natürlich Risiken. Der chemische „Muntermacher" machte abhängig und die Nebenwirkungen waren verheerend: Schwindelanfälle, Schweißausbrüche, Wahnvorstellungen und Depressionen. Manche Soldaten erschossen sich in ihren Wahnvorstellungen selbst, andere starben an Herzversagen. [...]

Und nach 1945?

Auch nach dem Ende des Dritten Reichs findet sich Pervitin noch jahrzehntelang in den Armeebeständen – in Ost wie West. Die Temmler-Werke belieferten die Bundeswehr bis in die 1970er-Jahre und die NVA sogar bis 1988 mit den „Muntermach-Pillen". Leistungssportler verwendeten es als Dopingmittel. [...]

M3 Bewusstseinsdämmerung am Mondsee *Stefan Kister*

Arno Geiger [eröffnet] das Literaturjahr mit einem Roman, der die Kunst, aus Faktizität und Fiktion historische Wahrheit zu gewinnen, auf die Spitze treibt. „Unter der Drachenwand" versetzt in das letzte Kriegsjahr 1944, in dem der in der Ukraine von einem Granatsplitter verletzte Soldat Veit Kolbe zur Genesung einen mehrmonatigen Erholungsurlaub am Mondsee im Salzkammergut bewilligt bekommt. In fünf Jahren an der Front hat er Entsetzliches erlebt und an Entsetzlichem mitgewirkt und dabei seine nie sonderlich ausgeprägte Begeisterung für die „große Zeit", von der seine Umgebung trotz der sich immer deutlicher abzeichnenden Niederlage immer noch schwadroniert, gründlich verloren.

Visionär des Dokumentarischen

Der Krieg hat ihn aus der Bahn geworfen. Er hat gesehen, was niemand sehen will. Wenn ein Dorf im Weg gestanden sei, hätten sie es einfach weggewischt mit Jung und Alt, vertraut er einer jungen evakuierten Mutter an, die mit ihm das Quartier, später auch das Bett teilt. Heute würde man ihm eine posttraumatische Belastungsstörung attestieren, deren Panikattacken er mit der nationalsozialistischen Kriegspartydroge Pervitin bekämpft – und mit der akribischen Aufzeichnung all dessen, was ihm widerfährt.

M4 Posttraumatische Belastungsstörung (PTBS)

Universität Bielefeld, Abteilung Psychologie

Was ist eine PTBS?

Die PTBS ist eine Untergruppe der Trauma- und belastungsbezogenen Störungen. Als solche liegt der Störung ein traumatisches Ereignis zugrunde. Als traumatisches Ereignis wird die Konfrontation mit dem tatsächlichen oder drohenden Tod, ernsthafter Verletzung oder sexueller Gewalt bezeichnet. [...]

Wie wird eine PTBS diagnostiziert?

[...] Die betroffene Person muss einem traumatischen Ereignis ausgesetzt gewesen sein. Dabei ist es nicht notwendig, dass die betroffene Person direkt dem Ereignis ausgesetzt war. Auch wenn die Ereignisse persönlich miterlebt werden (z.B. neben einer Explosion stehen, bei der Menschen getötet werden), einem Familienmitglied bzw. engen Freund zugestoßen sind (z.B. Anruf, bei dem der Unfalltod der Eltern mitgeteilt wird) oder eine wiederholte oder extreme Konfrontation mit Details von traumatischen Ereignissen darstellen (z.B. Ersthelfer, die menschliche Leichenteile aufsammeln), kann in Folge eine PTBS auftreten. [...] Es müssen Symptome des Wiedererlebens auftreten, die sich auf das traumatische Ereignis beziehen. Dabei kann es sich um belastende Erinnerungen (Intrusionen), Träume, dissoziative Reaktionen (z.B. Flashbacks) sowie psychische und körperliche Belastung bei Konfrontation mit Hinweisreizen handeln. [...] Das Erregungsniveau ändert sich deutlich, z.B. in Form von Wutausbrüchen ohne Anlass, übermäßiger Wachsamkeit (Hypervigilanz) oder Schlafstörungen.

Wie häufig kommt PTBS vor?

Nicht jeder, der ein traumatisches Ereignis erlebt, entwickelt eine PTBS. [...] Die Wahrscheinlichkeit, einmal im Leben an einer PTBS zu erkranken (= Lebenszeitprävalenz) [beträgt] in den USA etwa 9 %. In Europa und den meisten asiatischen, afrikanischen und lateinamerikanischen Ländern liegt die Lebenszeitprävalenz für PTBS zwischen 0,5 % und 1 %. Eine Studie zur Prävalenz von PTBS bei Jugendlichen in Deutschland ergab, dass etwa 1,3 % der Jugendlichen (14 – 24 Jahre) eine PTBS erleben. Demzufolge bestehen auch kulturelle Unterschiede bei der Entwicklung von PTBS.

Gibt es bestimmte Personen, die eher eine PTBS entwickeln als andere?

Besonders gefährdet sind bestimmte Berufsgruppen, die regelmäßig traumatischen Ereignissen ausgesetzt sind (z.B. Soldaten). Ebenso sind Überlebende von Vergewaltigungen, Militäreinsätzen, Gefangenschaft und Genozid häufiger betroffen. [...]

Wie wird eine PTBS behandelt?

In der Akutphase wird eine genaue Beobachtung empfohlen, ergänzt durch soziale Unterstützung, Aufklärung und Psychohygiene. [...]

M5 Klassifikation traumatischer Ereignisse (PTBS) *nach M. A. Landolt*

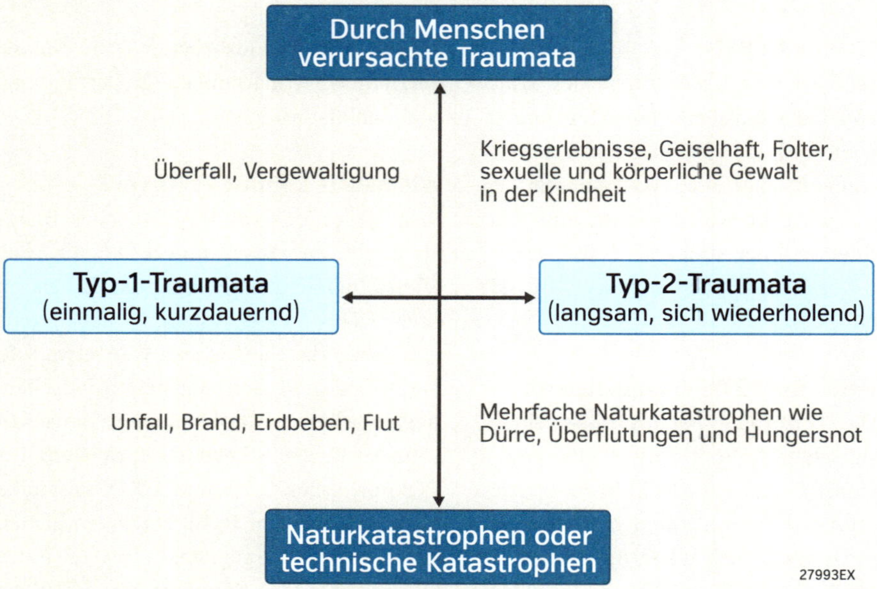

Schaubild modifiziert nach: Landolt, M. A.: Psychotraumatologie des Kindesalters, Hogrebe Verlag, Göttingen 2012

M6 Mitgefühl durch Kunst: Krieg und posttraumatische Belastungsstörung in Literatur und Film *Karin Salvalaggio*

Wenn der Krieg nach Hause kommt – die Autorin Karin Salvalaggio schreibt über die seelischen Narben, die der Krieg bei den Soldaten hinterlässt, und was dabei helfen kann, das Unbegreifliche zu verstehen.

Das Erleben von außergewöhnlichen Momenten aus der Sicht fiktionaler Charaktere trägt zweifelsohne dazu bei, unser Verständnis für die Welt auszuweiten. Manchmal ist ein guter Roman sehr viel besser darin, uns die Augen und die Herzen für konkrete Probleme zu öffnen, als jede Berichterstattung. […] Pat Barkers ebenso brillanter wie unglaublich gut recherchierter Roman „Niemandsland“ macht uns mit den Schrecken des Stellungskriegs und den dauerhaften psychologischen Schäden vertraut, die britische Soldaten nach dem Ersten Weltkrieg erlitten.

Barkers Roman setzt sich auf fiktionale Weise, aber unter Verwendung von Originalquellen, mit dem Klinikaufenthalt des Dichters Siegfried Sassoon auseinander. Dieser hatte in „The Times“ einen leidenschaftlichen Appell gegen den Krieg veröffentlicht und war daraufhin wegen „Granatenschocks“ eingewiesen worden.

Der Psychologe W. H. R. Rivers, ein Pionierforscher in Sachen posttraumatischer Belastungsstörungen vor und nach dem Ersten Weltkrieg, übernimmt Sassoons Behandlung. Seine Patienten am Craiglockhart War Hospital leiden an einer Vielzahl von Krankheiten. Ein Militärchirurg erträgt den Anblick von Blut nicht. Ein anderer Patient ekelt sich vor Nahrungsmitteln, seitdem er nach einer Explosion mit dem Kopf im Magen einer verwesenden Leiche gelandet ist. [...] Rivers selbst steckt unterdessen in einem moralischen Dilemma. Wenn er seine Patienten erfolgreich heilt, kehren sie in ihre schreckensreichen Schützengräben zurück, wo die Lebenserwartung eines Soldaten bei weniger als sechs Wochen liegt. [...]

Obwohl unter dem posttraumatischen Belastungssyndrom heute auch Krankheitsbilder zusammengefasst werden, die sich bereits im Laufe der Geschichte an Soldaten gezeigt haben – darunter der sogenannte „Granatenschock“, das „Soldatenherz“ oder die „Kampfesmüdigkeit“ –, wurde die Krankheit erst im Laufe der 1980er Jahre in das Diagnostic and Statistical Manual of Mental Disorders aufgenommen. [...] Schätzungen zufolge leiden ungefähr 830.000 Vietnam-Veteranen und 20 Prozent der Irak- und Afghanistan-Veteranen an posttraumatischen Belastungsstörungen und/oder Depressionen. [...]

Die Statistiken sind allesamt alarmierend, und doch ist es überraschend einfach, sich ihrer Aussagekraft zu entziehen. Wir bekommen die Personen und Familien nicht zu Gesicht, deren Leben in Stücke gerissen wurden. Was wir zu sehen bekommen, sind nackte Zahlen. [Autoren wie Filmemacher] machen die Kriegsrückkehrer so lebendig, dass wir ihren Geschichten folgen und uns für ihre Zukunft engagieren. Es kann schon sein, dass uns solche Erfahrungen anschließend schwer auf dem Herzen liegen. Aber das ist nur der geringe Preis, den wir für unser Mitgefühl zahlen. In einer Welt, die von Wortfetzen, Polit-PR und Rücksichtslosigkeit dominiert wird, ist das eine lebenswichtige zwischenmenschliche Regung, die uns als zivilisierte Gesellschaft ausmacht.

M7 Aus: Unter der Drachenwand (S. 139) *Arno Geiger*

Mit den Händen bis zum Grund in den Taschen stand ich am Ufer des Sees. Der Gedanke an die pulverisierten Jahre hing mir mit irritierender Hartnäckigkeit nach. Auf einmal, ich weiß nicht, ob es an einem Geräusch in der Luft lag oder an meiner Stimmung, hatte ich wieder einen Anfall. Wie eine Sturzwelle kamen die Bilder und spülten mich in den kalten Schacht namens Krieg, geballt empfand ich alle Erniedrigungen des Sterbens, überzeugt, diesmal erwischt es mich, jetzt hat mich mein Glück endgültig verlassen, gleich geht das Licht aus. Der verloren aufragende Kamin in Schitomir kippte wieder langsam nach vorn und fiel genau auf mich zu, Granaten pfiffen, ich war verdrahtet mit der Tödlichkeit des Moments, es schnürte mir die Luft ab, und deutlich sah ich die in die Grube geschossenen Leiber. Es waren ungemein kraftvolle Bilder, während ich selbst in die Knie ging, in den Schnee, minutenlang. Die Anflutung war extrem, schlimmer als je zuvor, ich schnappte nach Luft, einmal vornübergebeugt, dann mich streckend.

Beispiellösung:

Hinweis: Da der Text für einen Vortrag verfasst ist, sind Zitate aus Texten nicht durch Zeilenangaben belegt. Man würde diese in einem mündlichen Vortrag nicht nennen.

Liebe Mitschülerinnen, liebe Mitschüler, liebe Eltern, Lehrerinnen und Lehrer,

ob wir aus Literatur lernen können? Ob uns eine so vermittelte Erfahrung, die nicht unsere Erfahrung ist, doch etwas bedeuten kann, und zwar für unser Leben? Diese Fragen stelle ich heute, denn unser Projektwochenthema heißt: Literatur und Leben. Ich verknüpfe den bemerkenswerten Roman „Unter der Drachenwand" von Arno Geiger, unsere Pflichtlektüre im Leistungskurs Deutsch, mit dem medizinischen Sachthema der Posttraumatischen Belastungsstörung (PTBS), der Erkrankung, die die Hauptfigur des Romans Veit Kolbe, ersichtlich zeichnet.
Den Roman von Arno Geiger wirkt außerordentlich authentisch, die Verarbeitung von Dokumentarmaterial ist erkennbar. Kein Übertreiben, keine falsche Idylle bestimmt das Geschehen - obwohl auch eine optimistisch-beglückende Liebesgeschichte vorkommt. Veit Kolbe ist häufig erschöpft, kann sich in der ersten Zeit am Mondsee im österreichischen Salzkammergut kaum konzentrieren, leidet unter Schlaflosigkeit und peinigenden, traumatischen Erinnerungen an Kriegserlebnisse. Gründlich beschreibt er, was er erlebt und durchleidet. Illusionen vom Endsieg haben sich für ihn verflüchtigt. Sein Erleben des NS-Vernichtungskriegs führt zu Panikattacken. „Wie eine Sturzwelle kamen die Bilder und spülten mich in den kalten Schacht namens Krieg [...] ich war verdrahtet mit der Tödlichkeit des Moments; es schnürte mir die Luft ab". So beschreibt Geigers Figur diese Attacken, hier auf Seite 139 der Roman-Taschenbuchausgabe. Es sind sogenannte Flashbacks, ein Phänomen der PTBS. Die „Konfrontation mit Hinweisreizen" (so die Abteilung Psychologie der Universität Bielefeld) kann solche Panikattacken auslösen. Veit Kolbe meint in dieser Romanpassage, ein Geräusch habe den Anfall bewirkt, er erinnert sich an eine Kriegsszene, bei der viele Menschen im russischen Schitomir erschossen wurden. Aber was genau ist PTBS? Kurz gefasst versteht man darunter eine psychische Erkrankung, bei der eine auslösende Situation, ein traumatisches Ereignis wieder durchlebt wird. Belastende Erinnerungen, Träume, Flashbacks sind Kennzeichen dafür. Bestimmte Auslöser von Traumata führen zu hoher Erregung, etwa zu Wutausbrüchen ohne Anlass, zu übermäßiger Wachsamkeit oder zu Schlafstörungen, wie dies die Abteilung Psychologie der Universität Bielefeld beschreibt. Veit Kolbes Kriegserleben seit 1939 führt zu einer Einordnung nach Landolt als Typ 2, als längerfristige PTBS. Erst seit den 1980er Jahren, mit den zahlreichen Rückkehrern der US-Army aus Vietnam, ist die PTBS als Erkrankung anerkannt. Einzeldiagnosen wie der sogenannte Granatenschock sind heute im PTBS-Krankheitsbild integriert, wie es die Autorin Karin Salvalaggio darstellt. Der Historiker Carsten Kretschmann verweist in einem Vortrag über Soldaten der „Generation 1939" darauf, dass nach dem Zweiten Weltkrieg die Symptome der eingelieferten erkrankten Soldaten zwar eingehend von Ärzten und Psychologen beschrieben wurden, z. B. das Zittern oder unkontrollierte Gefühlsausbrüche. Es ging ihnen aber um die Abklärung möglicher Rentenansprüche bzw. deren Vermeidung statt um Hilfe und Heilung. Veit Kolbe und seine Generationsgenossen wurden mit Pervitin wachgehalten und in eine Art Euphorie versetzt. Laut Kretschmann, der in einer Veröffentlichung des Stuttgarter Schriftstellerhauses zitiert wird, gab die Wehrmacht insgesamt 35 Millionen Dosen Pervitin aus, dessen Wirkung mit dem heutigen Crystal Meth vergleichbar ist. Die euphorisierende und stimulierende Droge war schon vor dem Krieg auch als Arzneimittel

eingesetzt worden, ohne über Nebenwirkungen oder die Suchproblematik aufzuklären. Veit Kolbe ist von Pervitin abhängig; ihm gelingt häufig nur mit der Droge eine scheinbare Stressbewältigung mit der Folge von Abhängigkeit und Angstzuständen.

Kann man aus Büchern für das Leben lernen? Das ist eine Fragestellung unseres Projekts. Lassen Sie uns ein Beispiel anschauen: Das Schicksal des Protagonisten Veit Kolbe im Roman „Drachenwand" hat z. B. den Historiker Carsten Kretschmann aus Stuttgart so inspiriert, dass er am Text entlang Thesen zur „Generation 1939" entwickelt hat. Historisch Interessierte dürfte der Roman unmittelbar erreichen. Gerade „die Kunst, aus Faktizität und Fiktion historische Wahrheit zu gewinnen", wie es der Rezensent Stefan Kister beschreibt, kann diesen Leserkreis nicht nur ansprechen, sondern sogar begeistern.

Aber mit dieser Generation 1939 sind wir – Stand heute – nicht zu vergleichen. Daher ist keine unmittelbare Verknüpfung der Leseerfahrung mit eigenen Lebensthemen anzunehmen. Anders wird dies vielleicht bei Menschen sein, die als Migranten etwa aus einem Bürgerkriegsland gekommen sind und in der Romanfigur Identifikationspotential entdecken, womöglich stark berührt werden. Auch der russische Angriffskrieg auf die Ukraine sorgt seit dem 24. Februar 2022 für eine grausame Aktualität von Arno Geigers Werk. Die intensiven, auch längeren Beschreibungen aus der Sicht des vom Krieg gezeichneten Veit Kolbe geben einen Einblick in menschliches Leid. Die Autorin Karin Salvalaggio skizziert die Wirkungsmacht von Kunst (Film, Literatur) so: „Wir bekommen die Personen und Familien nicht zu Gesicht, deren Leben in Stücke gerissen wurden." Aber: „[Autoren wie Filmemacher] machen die Kriegsrückkehrer so lebendig, dass wir ihren Geschichten folgen und uns für ihre Zukunft engagieren." Wo konkretes Handeln aus einer filmisch-literarischen Erfahrung abgeleitet wird, treten „Literatur und Leben" tatsächlich in einen unmittelbaren Zusammenhang.

Wenn die Autorin Karin Salvalaggio sowohl literarische als auch filmische Beispiele dafür anführt, dass sich Empathie für Traumatisierte, für Soldaten und andere Kriegsopfer mit Hilfe der Fiktion weit eher einstellt als mit Statistiken oder nüchternen Fakten, dann stimme ich ihr zu. Sich in andere, deren Empfindungen und Leiden hineinzuversetzen, gehört zum menschlichen Dasein und sollte ein ausgeprägtes Gefühl sein. Dass dies nicht überwiegend über rationale Erkenntnis zu vermitteln ist, weiß wohl jeder aus eigener Erfahrung.

Welcher Zugang für nicht selbst Betroffene der geeignetere ist, bleibt individuell verschieden. Dass der Roman mit seiner intensiven Einfühlung in die von unfassbaren Gewalterlebnissen verheerten Menschen das Publikum erreicht, ist unbestreitbar. Gerade das Verarbeiten von dokumentarischem Material – der Rezensent Stefan Kister spricht von Arno Geiger als „Visionär des Dokumentarischen" – verleiht ihm eine hohe Glaubwürdigkeit. Die Figur Veit Kolbe berührt mit einer Mischung aus Lebenswillen und Realismus, Liebe und Freundschaft. Ein unpolitischer Soldat wird zu einem klar denkenden und handelnden Menschen, der für sich und andere Verantwortung übernimmt. Der späte Zweite Weltkrieg bildet den historischen Rahmen, ohne zeitgeschichtliche Analyse. Stattdessen werden der Leserschaft durch glaubwürdig gezeichnete Figuren einfühlsam die Traumata nahegebracht, die ein Krieg den beteiligten Menschen zufügt. Es ist ein Glücksfall, wenn Literatur das leistet!

Fokus: „unterwegs sein" – Lyrik von der Romantik bis zur Gegenwart

Grundkurs, Aufgabenart I B

Vergleichende Analyse literarischer Texte

AUFGABENSTELLUNG

1 Interpretieren Sie das Gedicht „Deutschland, ein Kindermärchen" von Mascha Kaléko unter Berücksichtigung der Biografie der Autorin und des historischen Kontextes.

2 Vergleichen Sie Kalékos Gedicht mit dem Auszug aus dem Gedicht „Deutschland. Ein Wintermärchen" von Heinrich Heine im Hinblick auf die Gestaltung des Motivs „Unterwegssein". Berücksichtigen Sie auch die Entstehungszeit der Gedichte.

TIPP Die Aufgabenstellung verstehen

1 Interpretieren Sie: Der Operator bezieht sich hier nur auf M1.
unter Berücksichtigung: Hier ist Ihr Hintergrundwissen gefragt. Tipp: Beachten Sie die biografischen Hinweise zur Autorin, vor allem zum Exil (historischer Kontext: Flucht infolge der Judenverfolgung im nationalsozialistischen Deutschland).

2 Vergleichen Sie: Der Vergleich soll nur eingeschränkt erfolgen, nämlich ...
im Hinblick auf: Einschränkung auf das „Motiv Unterwegssein" bzw. Reise. Zu berücksichtigen sind inhaltliche Anspielungen auf Heine als Dichter, jüdischer Deutscher und Schriftsteller im Exil, formale Anleihen sowie Unterschiede bzw. Übereinstimmungen in Bezug auf die politisch (unterschiedlich) angespannte Situation zur Entstehungszeit der Gedichte (Vormärz vs. unmittelbare Nachkriegszeit nach der NS-Barbarei).

Materialgrundlage

M1 Mascha Kaléko: Deutschland, ein Kindermärchen. In: Dies.: Werke. © dtv Verlagsgesellschaft, München 2012, S. 246 – 249 (gekürzt, abgedruckt 10 von 21 Strophen: 4 aus dem 1. Kapitel, je 3 aus den Kapiteln 2 und 3)
M2 Heinrich Heine: Deutschland. Ein Wintermärchen. Aus: http://gutenberg.spiegel.de/buch/deutschland-ein-wintermarchen-383/2 (aufgerufen 5.1.2019)

Über die Dichterin: Mascha Kaléko (1907 – 1975), deutsch-jüdische Autorin, wurde 1930 mit ersten Veröffentlichungen bekannt und als Großstadtlyrikerin und „junge Stimme Berlins" gerühmt. 1938 musste sie in die USA emigrieren, seit den 1950er-Jahren besuchte sie Deutschland gelegentlich.
Über den Dichter: Heinrich Heine (1797 – 1856) lebte als Jude und politischer Kopf seit 1831 im Pariser Exil. Auch wegen seiner jüdischen Abstammung wurde er geschmäht. Zu seinen Veröffentlichungen zählen das „Buch der Lieder" (1827) und „Deutschland.

Ein Wintermärchen“ (1844), ein satirisches Versepos in 27 Kapiteln mit mehr als 500 Strophen, im Vers volksliedhaft gehalten. M2 zeigt als typisch die ersten Strophen des Wintermärchens.

M1 Deutschland, ein Kindermärchen (1956) *Mascha Kaléko*

Geschrieben auf einer Deutschland Reise im Heine-Jahr 1956

I
Nach siebzehn Jahren in „U. S. A.“
Ergriff mich das Reisefieber.
Am letzten Abend des Jahres wars,
Da fuhr ich nach Deutschland hinüber.

Es winkten die Freunde noch lange am Pier.
Die einen besorgt und beklommen.
Doch andere wären, so schien es mir,
Am liebsten gleich mitgekommen. [...]

– O Deutschland, du meiner Jugend Land,
Wie werd ich dich wiederfinden?
Mir bangte ein wenig. Schon sah man New York
Und die Freiheits Statue schwinden ... [...]

Ich grüßte dies recht bedeutsame Jahr
Mit bestem französischem Weine.
Vor einem Jahrzehnt starb das ‚tausendste Jahr‘,
Und vor einem Jahrhundert – starb Heine!

II
Es hat wohl seitdem kein deutscher Poet
So frei von der Freiheit geschrieben.
Wo das Blümelein „Freiheit“ im Treibhaus gedeiht,
Wird das Treiben ihm ausgetrieben ...

Er liebte die Heimat, die Liebe, das Leid,
Den Geist und die feine Nüance,
Und war nur ein Deutscher. Ein Deutscher, kein „Boche“[1].
– Es lebe „la petite différence“[2]! [...]

Aus Simsons[3] Stamme, von Davids Geschlecht[4],
Worob die Philister[5] ihn höhnten;
Denn er spießte den spießigen Goliath
Auf haarfein geschliffene Pointen.

III
Wie Heinrich Heine zu seiner Zeit
War auch ich in der Fremde oft einsam.
(Auch dass mein Verleger in Hamburg sitzt,
Hab ich mit dem Autor gemeinsam.) [...]

Auch meine Lieder, sie waren einst
Im Munde des Volkes lebendig.
Doch wurden das Lied und der Sänger verbannt. –
Warn beide nicht „bodenständig".

Ich sang einst im preußischen Dichterwald,
Abteilung für Großstadtlerchen.
Es war einmal. – Ja, so beginnt
Wohl manches Kindermärchen. [...]

1 **Boche:** Abwertende Bezeichnung im Französischen für besonders markig und unsympathisch auftretende Deutsche.

2 **„la petite différence":** Der kleine Unterschied. Bezeichnung, die ursprünglich die Unterschiede unter den Geschlechtern meint und anzüglich-ironisch verkleinert.

3 **Simson:** laut Altem Testament an das Volk der Philister verratener Führer des Volkes Israel;

4 **Davids Geschlecht:** gemeint ist: jüdischer Abstammung;

5 **Philister:** Stehen heute noch und zu Lebzeiten Heines ausdrücklich als Synonym für engherzige Spießbürger.

M2 Deutschland. Ein Wintermärchen (1844) *Heinrich Heine (1797–1856)*

I
Im traurigen Monat November war's,
Die Tage wurden trüber,
Der Wind riss von den Bäumen das Laub,
Da reist ich nach Deutschland hinüber.

Und als ich an die Grenze kam,
Da fühlt ich ein stärkeres Klopfen
In meiner Brust, ich glaube sogar
Die Augen begunnen zu tropfen.

Und als ich die deutsche Sprache vernahm,
Da ward mir seltsam zumute;
Ich meinte nicht anders, als ob das Herz
Recht angenehm verblute. [...]

Beispiellösung: Teilaufgabe 1

Einleitung (mit Thema)

Das in gekürzter Form vorliegende Gedicht der Schriftstellerin Mascha Kaléko mit dem Titel „Deutschland, ein Kindermärchen“ wurde 1956 verfasst, im 100. Todesjahr Heinrich Heines, wobei die Autorin durchgängig Bezüge zwischen Heine und sich herstellt und ihre erste Reise nach Deutschland nach der Exilzeit zum Anlass nimmt, sich in Form und Inhalt vor ihrem Dichtervorbild zu verbeugen.
Das Kaléko-Gedicht stellt deutlich einen doppelten Bezug zu Heine und zur Exilerfahrung auf Grund der NS-Barbarei her. Verknüpfungen bildet sie über die gemeinsame Erfahrung, im Exil leben zu müssen, die eigene und Heines jüdische Herkunft, die schwierige Liebe zur (Sprach-)Heimat Deutschland und die erste Deutschlandreise nach einer Zeit von 13 bzw. 17 Lebensjahren in Frankreich bzw. in den USA.

Inhaltswiedergabe

Im Auszug liegen Strophen aus drei Kapiteln des Kalèko-Gedichts vor. Die abgedruckten vier Strophen aus dem ersten Kapitel beschreiben die Stimmung bei der Abreise mit dem Schiff aus New York, die zwischen Reisefieber und Beklommenheit gegenüber dem Reiseziel Deutschland wegen der jüngsten Geschichte der nationalsozialistischen Barbarei wechselt. Schon hier wird der in den drei abgedruckten Strophen des zweiten Kapitels ausgeführte Bezug auf Heinrich Heine und dessen hundertsten Todestag erwähnt. In den Strophen des zweiten Kapitels wird Heine als heimatliebender Mensch dargestellt, der aber mit seiner Fähigkeit, in Nuancen zu denken und zu schreiben, dem in Frankreich nicht grundlosen Klischee vom eher grobschlächtig auftretenden Deutschen keineswegs entsprach. Die im zweiten Kapitel auch angesprochene Verhöhnung Heines wegen seiner jüdischen Herkunft greifen die abgedruckten Strophen des dritten Kapitels auf; dort werden die Einsamkeit des Exils, das Publikationsverbot bzw. das Vernichten ihrer Werke in Deutschland aus politischen bzw. rassenideologischen Gründen ebenso eingeflochten wie die Selbstzuschreibung der Lyrikerin als „Großstadtlerche“ (V. 41), als Dichterin der Metropole Berlin.

Textbeschreibung

Abgedruckt sind vier Strophen aus dem ersten Gedichtkapitel und je drei Strophen aus den Kapiteln 2 und 3. Häufig bilden zwei Verse einen Satz, aber auch Ellipsen oder die gesamte Strophe umfassende Sätze kommen vor, formal sind die Anklänge an Heinrich Heines „Wintermärchen“ unverkennbar. Die liedhaft-schlichten Kreuzreime, zum Teil unrein und nur auf die Verse 2 und 4 der jeweils vier Verse umfassenden Strophen bezogen, zeigen diesen Anklang deutlich, ohne bloß nachahmend gestaltet zu sein. Der erste und dritte Vers jeder Strophe weisen je vier Hebungen auf und klingen männlich aus, der zweite und vierte je drei mit weiblicher Kadenz am Versende, wobei die Zahl der unbetonten Senkungen variiert.

Detailanalyse und Interpretation

Die Eingangsstrophe beschreibt mit dem Schlüsselbegriff „Reisefieber“, das das lyrische Ich, hier kaum von der Autorin zu unterscheiden, „ergriff“ (V. 3), eine Aufbruchsstimmung und Wiedersehensfreude, zumal im Eingangsvers die Nennung des Exillands sachlich als „USA“ auf eine empathiefreie Beziehung dazu schließen lässt. Zwiespältiges, bezogen auf das Reiseziel, spiegelt sich in der zweiten Strophe, wenn „die Freunde“ (V. 6), eine offenbar klar definierte, auf enge Weggefährten schließen lassende Formulierung, sie einerseits tautologisch „besorgt und beklommen“ (V. 7) verabschieden, hingegen andere aus der Gruppe eher Sehnsucht und den Wunsch mitzukommen als Gefühlsregung verraten.

Die eigenen Gefühle des lyrischen Ich werden in der nächsten zitierten Strophe ebenfalls als widersprüchlich deutlich. In eine Frage wird der Zustand Deutschlands und die Art der Wiederbegegnung gekleidet, die Anrede „du meiner Jugend Land“ (V. 10) lässt auf frühere Vertrautheit, ja Heimatliebe schließen. Gleichzeitig ist ein Vorbehalt zu bemerken: Das Wiedersehen steht offenbar zwischen Befürchtung und Hoffnung. „Mir bangte ein wenig“ (V. 12) bezieht sich im dritten Vers der Strophe sowohl auf die offene Frage als auch auf das allmähliche Verschwinden New Yorks, dessen Freiheitsstatue nicht nur als Ausgangspunkt der Schiffsreise zu verstehen ist, sondern als Symbol für Freiheit und demokratische Rechte sowie Schutz vor rassistisch motivierter Verfolgung. Die Freiheitsstatue bildet einen Gegensatz zu NS-Deutschland, welches Mascha Kaléko in den 1930er-Jahren verlassen musste.

Den in der Unterzeile des Gedichttitels angesprochenen Bezug auf das Heine-Jubiläum 1956 nimmt die letzte Strophe im ersten Kapitel des Gedichts auf: Der Neujahrsgruß „mit bestem französischen Weine“ (V. 15) spielt auf Heine und sein Exil in Frankreich an. Verknüpft werden aber zehn, hundert und tausend Jahre, indem das Ende der NS-Barbarei 1955 zehn Jahre zuvor, hier mit dem ironischen Zitieren des NS-Propagandaspruchs vom „tausendste[n] Jahr“ als Synekdoche für das NS-Regime insgesamt, vor den Schlussvers mit dem Hinweis auf Heines 100. Todestag gesetzt ist. Letzten Endes, so kann diese Wendung gelesen werden, hat Heines Werk auch diese NS-Jahre als Dichtung von hohem Rang überlebt.

In den abgedruckten drei Strophen aus dem zweiten Kapitel geht es ausschließlich um Heinrich Heine, seine Freiheitsliebe, die Unterdrückung, die er erfuhr, sein Verhältnis zu Deutschland und seinen virtuosen Umgang mit der deutschen Sprache sowie die mit seiner jüdischen Herkunft und seiner demokratisch-kritischen Haltung verbundenen Schmähungen und Ausgrenzungen. Heines literaturhistorisch zur Epoche des Vormärz' zu zählende Lyrik, die Stellungnahmen gegen das Feudalsystem und für soziale und Freiheitsrechte akzentuieren die erste Strophe aus dem zweiten Kapitel – gleich zweimal wird der Begriff Freiheit genannt, einmal mit Anführungszeichen versehen und als Diminutiv „Blümelein“ (V. 21), als zarte Pflanze, von der Restauration in Deutschland „ausgetrieben“ (V. 22). In einer fünfteiligen Aufzählung betont die Folgestrophe Heines Zuwendung zur deutschen Heimat wie zur Liebe und alliterierend dem mit der Liebe verbundenen Leid, aber auch zu feinem, spöttisch-geistvollem Denken und Schreiben. Heine als Dichter im französischen Exil wird damit auch dem, erneut in Anführungszeichen, „Boche“ (V. 25), dem Grobian, wie Deutsche in Frankreich holzschnittartig bezeichnet wurden, entgegengestellt.

Heines jüdische Herkunft, in der ersten Hälfte des 19. Jahrhunderts trotz zunehmender rechtlicher Gleichstellung ein gesellschaftlicher Makel, Anlass zu Ausgrenzung und

Verhöhnung, nimmt die dritte Strophe des zweiten Kapitels im Kaléko-Gedicht auf. Mit Verweisen auf das Alte Testament – „aus Simsons Stamme, von Davids Geschlecht“ (V. 27) – wird eine Brücke zwischen Herkunft und Verunglimpfung hergestellt; Philister verrieten Simson, Philister im Sinn von engherzigen, spießbürgerlich-autoritären Kräften in Deutschland rieben sich an Heine, dem brillanten, wortgewandt-ironischen jüdisch-deutschen Freiheitsdichter.
Die drei aus dem dritten Kapitel abgedruckten Strophen stellen Verbindungen des lyrischen Ich, von Mascha Kaléko zu Heine her. Dazu gehören die Fremdheitserfahrung des Exils, die äußerliche Gemeinsamkeit, einen Verleger in Hamburg zu haben, als Seitenbemerkung durch Einklammern kenntlich gemacht, dann in der zweiten Strophe die Verbindung durch das Dichten, das Volksliedhafte und Eingängige in den Werken beider, mit der Erfahrung von Verbannung und Exil, der NS-Ideologie von ‚Blut und Boden‘ und Rassereinheit im Fall Mascha Kalékos geschuldet, bei Heine durchaus auch von Antisemitismus beeinflusst.
Mit klarer Selbsteinschätzung ihrer eigenen Bedeutung im Rückbezug auf Heine führt das lyrische Ich in der dritten abgedruckten Strophe dieses dritten Kapitels zu einer Art Resümee. Mascha Kaléko sieht sich im „preußischen Dichterwald“ (V. 40), in Berlin als Hauptstadt Preußens und Deutschlands, wobei der Dichterwald für Unübersichtlichkeit deutscher Dichtung ebenso wie für Bäume, unterschiedliche Gewächse, die Vielfalt Deutschlands als Land der weiten Wälder, der Wald aber auch als romantische Anspielung gesehen werden kann. Mit der ironischen Wendung, sich der „Abteilung Großstadtlerchen“ (V. 41) zuzuordnen, als gebe es eine Klassifizierung von Dichtung wie in bürokratischen Zusammenhängen, stellt sie sich selbst und ihre Lyrik in den Kontext neusachlicher Autorinnen und Autoren mit Bezug zur Metropole Berlin, nicht in die Reihe sehr bedeutender Dichter wie Goethe, Schiller oder Heine. Eine Art Resignation, das Grundmotiv der verlorenen Heimat aufnehmend, vermittelt die Wendung „Es war einmal“ (V. 42) mit ihrem Bezug auf traditionelle Märchenanfänge. Der Verlust dieser (Märchen-)Heimat, die tiefe Trauer über Vergangenes, Verlorenes ist unverkennbar. Die Titelvariation bzw. -assoziation vom Kinder- statt Wintermärchen spielt auf die verlorene Kindheit (und Jugend, erste Erwachsenenjahre) in Deutschland an. Der mitzudenkende Winter steht bei Heine und Mascha Kaléko für das Kühle, Abweisende dieser Heimat.

Zusammenfassung und Einordnung der Ergebnisse
Mascha Kalékos „Deutschland. Ein Kindermärchen“ stellt mit seiner Mischung aus Heine-Reverenz, melancholisch-kritischer Betrachtung von – früherer – Heimat und Exil, deutlichem Verweis auf jüdische Herkunft und auf vernichtetes bzw. bedrohtes jüdisches Leben im NS-Deutschland ein persönliches Schicksal im Kontext der jüngsten und über Heines Biographie der Geschichte des frühen 19. Jahrhunderts vor. Die Gestaltung vom Titel über den Untertitel bis zur Form der Strophen lässt stets das Heine-Vorbild direkt erkennen, als eine Art schöpferischer Nachfolge und durchgängiges Motiv.
Eine Zuordnung zur bewusst als Gebrauchslyrik verstandenen Dichtung etwa Erich Kästners, auch zur Neuen Sachlichkeit erscheint möglich.

Beispiellösung Teilaufgabe 2

Der als durchgängiges Motiv, nicht bloß als eine Art Aufhänger von Mascha Kaléko gewählte Bezug auf Heine als Person und als Dichter wird von der Formsprache ihres „Kindermärchens“, aber auch vom Anlass, der Reise nach weit über zehn Jahren unfreiwilligem Exil nach Deutschland, getragen.

Vergleichsaspekt Motiv „Reise“

Wenn etwa in der Romantik, zu Lebzeiten Heinrich Heines, Reise zum Sehnsuchtstopos von Fernweh, Wanderschaft und Aufbruchssituation wurde und als idealisiert-utopische Ausweitung menschlicher Erfahrung in der Lyrik etwa Eichendorffs erscheint, ist Mascha Kalékos Gedicht konkret, an Erfahrung orientiert und am historisch-politischen Kontext. Die Rückkehr nach Deutschland ist vom realen Verlust der Heimat, der Wehmut über Verlorenes und der Erkenntnis beispielloser rassistischer Verfolgung geprägt. Heine als Zeitgenosse und zeitweilig der Romantik zuzurechnender Dichter ist von einer nur in Teilen oder Ansätzen vergleichbaren Erfahrung geprägt. Eine Verbindung bietet der Sprachraum, bei dem Heine mit der oberflächlich widersprüchlichen, ironisch-spöttischen Formulierung, dass er bzw. das lyrische Ich beim Wiederhören der deutschen Sprache „angenehm verblute“ (V. 13), auf die Bedeutung der eigenen Muttersprache, der Sprache seiner Lyrik verweist, ohne die Distanz zum Deutschland während der historischen Zeit der Restauration beim Grenzübertritt aufzugeben.
Mascha Kalékos Gedicht zielt in der ihr eigenen lakonischen Sprache auf den pragmatischen Aspekt, einem Lesepublikum in der Muttersprache zu begegnen, auf das Einreisen, vielleicht auch Leben und Veröffentlichen in Deutschland. Ein „stärkeres Klopfen“ (V. 7), das in Heines Gedicht die Gefühlswelt des nach langer Zeit Zurückkehrenden beschreibt, wird in Mascha Kalékos Eingangsstrophe indirekt, über die ebenfalls Exilierten und deren Beklommenheit vermittelt; das lyrische Ich verbleibt zwischen Reisefieber und Bangigkeit. Dem ironischen Grundgestus zum Trotz wird eine starke Verbindung zur Heimat offensichtlich. Dabei sind Kalékos Einschätzungen von Reiseziel und jüngster NS-Vergangenheit ungeachtet der Anspielungstechnik in den abgedruckten Strophen deutlicher als die Heines.
Mit dem Reiseziel als Land des Märchens – auch eine Anspielung auf deutsche Romantik – wird in beiden Gedichten auf Erträumtes, positiv Stilisiertes, auch Irreales verwiesen, im Subtext auch auf das Trauma des Exils. Beide Reisen finden im Winter bzw. Spätherbst statt, bei Heine allerdings ist vom „traurigen Monat November“ (V. 2) die Rede. Dieser biografische Umstand oder Zufall trägt jedenfalls zu einer melancholischen Grundstimmung bei. Beider Reise nach Jahren der Ausgrenzung, Unterdrückung, gar lebensbedrohlicher Verfolgung gilt auch der Freiheit im Allgemeinen, der Freiheit des Reisens im Besonderen.

Zusammenfassung

Mascha Kalékos Gedicht verarbeitet das Reisemotiv zwischen scharfsichtiger historisch-politischer Betrachtung, Trauer, Melancholie und Selbstironie konsequent als Heine-Reverenz. Das Zwiespältige des Reisens in jenes Land, das Kaléko unter Lebensgefahr verließ und das Heine ins Exil zwang, wird auch vom volksliedhaft-eingängigen und spöttischen Gestus nicht aufgehoben, im resignativen Ton allenfalls gemildert.

Fokus: „unterwegs sein“ – Lyrik vom Barock bis zur Gegenwart

Leistungskurs, Aufgabenart I B

Vergleichende Analyse von literarischen Texten

AUFGABENSTELLUNG

1 Interpretieren Sie das Gedicht „Die zwei Gesellen“ von Joseph von Eichendorff unter Berücksichtigung seiner Epochenzugehörigkeit.

2 Vergleichen Sie das Gedicht Eichendorffs mit dem Gedicht „hamburg – berlin“ von Jan Wagner hinsichtlich der formalen und sprachlichen Gestaltung, der Motive Weg, Reise und Natur sowie der Verfasstheit des jeweiligen Sprechers.

TIPP Die Aufgabenstellung verstehen

1 Interpretieren Sie: Der Operator bezieht sich hier nur auf M1.
unter Berücksichtigung: Hier ist Ihr Hintergrundwissen gefragt. Die Bezugsepoche für Eichendorff ist die Romantik. Das Vergleichsgedicht entstammt der Gegenwart und unterliegt damit anderen Produktions- und Rezeptionsbedingungen.

2 Vergleichen Sie: Der Operator fordert eine differenzierte Gegenüberstellung Ihrer Analyseergebnisse für beide Gedichte.
hinsichtlich: Untersucht werden sollen die formale und die sprachliche Gestaltung, ausgewählte Motive und die Haltung des Sprechers.

Materialgrundlage

M1 Joseph von Eichendorff: Die zwei Gesellen. Aus: Carl-Otto Conrady (Hrsg.): Das große deutsche Gedichtbuch. Athenäum Verlag, Königstein 1985, S. 386
M2 Jan Wagner: hamburg – berlin. Aus: Ders.: Probebohrungen im Himmel. Berlin-Verlag, Berlin 2001, S. 49

Über den Dichter: Jan Wagner wurde 1971 in Hamburg geboren und lebt seit 1995 in Berlin. 2015 erhielt er den Preis der Leipziger Buchmesse, 2017 den Georg-Büchner-Preis, den bedeutendsten deutschen Literaturpreis.

M1 Die zwei Gesellen (1818) *Joseph von Eichendorff (1788–1857)*

Es zogen zwei rüstge Gesellen
zum ersten Mal von Haus,
so jubelnd recht in die hellen,
klingenden, singenden Wellen
des vollen Frühlings hinaus.

Die strebten nach hohen Dingen,
die wollten, trotz Lust und Schmerz,
was Rechts in der Welt vollbringen,
und wem sie vorübergingen,
dem lachten Sinnen und Herz.

Der Erste, der fand ein Liebchen,
die Schwieger kauft' Hof und Haus;
der wiegte gar bald ein Bübchen
und sah aus heimlichem Stübchen
behaglich ins Feld hinaus.

Dem Zweiten sangen und logen
die tausend Stimmen im Grund,
verlockend' Sirenen, und zogen
ihn in der buhlenden Wogen
farbig klingenden Schlund.

Und wie er auftaucht' vom Schlunde,
da war er müde und alt,
sein Schifflein, das lag im Grunde,
so still war 's rings in die Runde,
und über die Wasser weht's kalt.

Es singen und klingen die Wellen
des Frühlings wohl über mir;
und seh ich so kecke Gesellen,
die Tränen im Auge mir schwellen,
ach Gott, führ uns liebreich zu dir!

M2 hamburg – berlin (2001) *Jan Wagner (1971)*

der zug hielt mitten auf der strecke. draußen hörte
man auf an der kurbel zu drehen: das land lag still
wie ein bild vorm dritten schlag des auktionators.
ein dorf mit dem rücken zum tag. in gruppen die bäume
mit dunklen kapuzen. rechteckige felder,
die karten eines riesigen solitairespiels[1].

in der ferne nahmen zwei windräder
eine probebohrung im himmel vor:
gott hielt den atem an.

1 **Solitaire:** Kartenspiel

Beispiellösung: Teilaufgabe 1

Einleitung

Das 1818 erstmals erschienene Gedicht Joseph von Eichendorffs mit dem Titel „Die zwei Gesellen“ stammt aus der Epoche der Romantik. Eichendorff ist einer ihrer bedeutenden Vertreter. Das Gedicht handelt, ganz im zeitgenössischen Kontext, von zwei Wandergesellen, die auf die Walz gehen und bei gleicher Ausgangssituation hinsichtlich ihrer Lebensziele zwei unterschiedliche Lebenswege einschlagen, die repräsentativ für Lebensentwürfe der damaligen Zeit sind.

Thematik

Der Titel deutet schon an, dass es sich um junge Menschen handelt („Gesellen“), die sich verändern, vervollkommnen wollen. Damit lassen sich die zeittypischen Themen von Fernweh, Wanderschaft und die Aufbruchssituation in eine neue Lebensphase verbinden. Zentrales Motiv des Gedichts ist das Wandern bzw. Reisen, das auch als Topos für Selbstfindung, Entdeckungsfreude, Freiheit, für Lebenslust und Sehnsucht nach Neuem aufgefasst werden kann. Zudem beinhaltet das Bild gleichfalls das Risiko des Vorhabens sowie eines möglichen Scheiterns.

Inhaltswiedergabe

Inhaltlich hat das Gedicht vier Abschnitte: Strophe eins und zwei stellen die Ausgangssituation vor, die äußeren Bedingungen des freudigen Aufbruchs der Gesellen, darauffolgend werden die hohen Ziele erläutert, die sie im Leben anstreben. Strophe drei handelt vom persönlichen Glück des ersten der beiden Gesellen. Das Schicksal des Zweiten wird in den beiden folgenden Strophen verdeutlicht: Konträr zu dem Lebensweg des Ersten lässt er sich verführen, scheitert und vereinsamt. Die sechste Strophe bildet einen Rahmen mit der ersten Strophe: Der Frühling wird nochmals erwähnt sowie die „klingenden, singenden Wellen“, jedoch hier mit vertauschten Attributen; durch den Tempuswechsel ins Präsens bildet diese Strophe gleichsam einen Kommentar, eine resümierende und reflektierende Rückschau des lyrischen Ichs auf die Lebenswege der beiden Gesellen und endet mit einer Bitte an Gott.

Textbeschreibung

Das Gedicht besteht aus sechs Strophen mit ungewöhnlicher Versanzahl von je fünf Versen mit dem festem Reimschema abaab, wobei jede Strophe ein Satzgefüge und eine gedankliche Einheit beinhaltet. Das Metrum ist nicht durchgängig; wir finden einen Wechsel zwischen Jambus und Daktylus, wobei Letzterer das rhythmische Wandern, die Bewegung der beiden unterstreicht. Das Fließende der Bewegung wird ebenfalls durch die vielen Enjambements unterstützt. Das verwendete Tempus in den Strophen eins bis fünf ist das klassische Erzähltempus des Präteritums, was den Eindruck verstärkt, dass dem Leser eine repräsentative Geschichte in Form einer Lebensreise dargeboten wird. Auffällig ist der Gebrauch vieler akustischer Verben, was auf das Motiv der Musik verweist. Diese bedeutet für die Romantiker nicht nur die höchste aller Kunstformen, sondern ganz im Sinn einer Universalpoesie sollen in einem Werk möglichst alle Genres miteinander verknüpft werden. Neben dem recht einfachen, leicht verständlichen Wortschatz mit deutlicher Dominanz des Wortfeldes Wasser fällt weiterhin der Gebrauch vieler evaluativer, zum großen Teil positiv konnotierter Adjektive auf.

Inhaltliche Analyse/Interpretation

Das Bild des Aufbruchs im „vollen“ Frühling (V. 5) vermittelt eine heitere, hoffnungsfrohe Stimmung: Die beiden Freunde sind jung und unerfahren, aber voller Lebendigkeit und Vorfreude: „jubelnd“ (V. 3), da sie das erste Mal ihre Heimat und damit möglicherweise beengte Lebensverhältnisse verlassen können. Die Synästhesie der „hellen, klingenden singenden Wellen“ (Binnenreim, V. 3 f.), die den Frühling personifizieren, erwecken den Eindruck purer Lebensfreude, die auf alle anderen abfärbt.
Die zweite Strophe wird genauer in der Fokussierung auf die beiden Gesellen und ihre Ziele: Voller Ehrgeiz und jugendlichem Idealismus ziehen sie in die Welt, wobei sie sich der möglichen Schwierigkeiten ihrer Reise durchaus bewusst sind: „trotz Lust und Schmerz“ (V. 7). Die Anapher (V. 6/7) deutet an, dass hier noch weitere Pläne und Ziele aufgezählt werden könnten. Die Motivation, die Träume zu verwirklichen und im Leben voran zu kommen, „was Rechts [...] vollbringen“ (V. 8) überwiegt alle negativen Gefühle und ihr Selbstbewusstsein sowie ihre Lebensfreude strahlen weithin aus: „und wem sie vorübergingen, dem lachten Sinnen und Herz“ (Personifizierung, V. 9 f.).
Die dritte Strophe konzentriert sich völlig auf den Lebensweg des ersten Gesellen: Dieser erscheint überschaubar und alltäglich, denn zur Darstellung wird nur eine, sprachlich sehr einfach gestaltete Strophe benötigt. Er wird sesshaft, gründet eine Familie und setzt sich „ins gemachte Nest“ ohne große Eigeninitiative: „Die Schwieger kauft’ Hof und Haus“ (V. 12), verstärkt durch die Alliteration. Er zieht sich in eine (spieß-)bürgerliche Idylle zurück und blickt nur noch passiv von innen, aus der gemütlichen Stube, nach draußen in die Welt. Das hier angedeutete Fenster-Motiv, ein typisches Bild auch in der Malerei der Romantik, das normalerweise mit der Sehnsucht nach Veränderung einhergeht, wird konterkariert durch das Attribut der genügsamen Behaglichkeit (vgl. V. 15): Von der

lebensfreudigen Aufbruchstimmung des Beginns bleibt lediglich die selbstbezogene Zufriedenheit eines Philisters. Diesen Eindruck bestärken die drei Diminutive „Liebchen“, „Bübchen“ und „Stübchen“, die ironisch den Lebensweg in die Enge und Begrenztheit des ersten Gesellen kommentieren.

Die beiden folgenden Strophen widmen sich dem Lebensweg des zweiten Gesellen: Dieser ist schwieriger, verworrener, weniger gradlinig und voraussagbar, was sich einmal daran zeigt, dass das lyrische Ich zwei Strophen benötigt, um ihn darzustellen, und zum anderen, im Vergleich mit der dritten Strophe, anhand der komplexeren Syntax beider Strophen. Das beginnt schon mit dem Hyperbaton am Anfang der vierten Strophe (V. 16 f.), wobei der Protagonist in Objektstellung: „dem Zweiten sangen“ (V. 16), also passiv, vorgestellt wird. Mit ihm passiert etwas, dem er sich nicht entziehen kann: Die Hyperbel „tausend Stimmen“ der aus der griechischen Mythologie bekannten Sirenen (auch hier wieder das Motiv der Musik) verführen ihn, wobei „Grund“ (V. 17) und „Schlund“ (V. 20) Signalwörter des Verderbens sind, bei Letzterem noch verstärkt durch die reizvolle Synästhesie des visuell-akustischen Ausdrucks „farbig klingenden“ (V. 20). Die Welt mit ihren vielen unbekannten Facetten, in die er sich risikobewusst und hedonistisch stürzt, um alles auszukosten, überfordert den zweiten Gesellen, verschlingt ihn. Das oben bereits erwähnte musikalische Moment wird auch durch die Häufung der dunklen Vokale o und u, die sowohl Verlockung und Verführung als auch eine düstere Stimmung ausdrücken, verstärkt. Hier wird im Gegensatz zur ersten Strophe die Wassermetaphorik als dynamisch-gefährlich dargestellt. Eine genaue Zeitspanne dieser schwierigen Lebensphase wird nicht angegeben: Die fünfte Strophe beginnt mit dem Temporalsatz: „Und wie er auftaucht' vom Schlunde“ (V. 21) und stellt lediglich fest, dass er „müde und alt“ ist (V. 22), was auch bedeuten kann, dass ihn sein bisheriges Leben aller Energie und Kraft beraubt hat, sodass er vorzeitig gealtert ist. Er hat sein Lebensziel nicht erreicht, sein Idealismus ist verflogen, seine Existenz verspielt. Auch in dieser Strophe bedient sich das lyrische Ich der Wassermetaphorik sowie einer Akkumulation harter, dunkler Vokale o und a, um das völlige Scheitern des zweiten Gesellen darzustellen: Sein „Schifflein“ (V. 23), d. h. sein Leben/Lebensziel, ist unrettbar zerstört, er selbst einsam, ohne soziale Bindungen: „so still war's rings in die Runde“ (V. 24). Er kann in der bürgerlichen Welt nicht mehr Fuß fassen, der kalte Wind über dem Wasser (vgl. V. 25) lässt an den Hauch des Todes denken.

Die letzte Strophe knüpft an die fröhliche Stimmung der ersten beiden Strophen an durch Wiederaufnahme der positiv konnotierten Bilder (vgl. V. 26 f.). Das Präsens drückt deren Zeitlosigkeit aus und erweitert damit die Perspektive der Aufbruchsituation im Frühling als allgemeingültiges Bild für den Beginn der wichtigen Lebensphase der Entscheidung für ein Lebenskonzept. Zum ersten Mal spricht sich das lyrische Ich hier persönlich aus: „und seh ich [...]“ (V. 28). Das Bild der schwellenden Tränen (vgl. V. 29) greift erneut die Wassermetaphorik auf, deren Ambivalenz im Verlauf der Analyse schon mehrfach angesprochen wurde: Das Weinen kann sowohl als Freude über die lebensbejahende Fröhlichkeit des Aufbruchs, vielleicht auch als Wehmut beim Rückblick auf die eigene Aufbruchsituation und Sehnsucht danach gedeutet werden, als auch als Mitleid mit dem möglichen Scheitern. Aus der Retrospektive bezüglich des geschilderten Lebensweges beider Gesellen kann es anzeigen, dass das lyrische Ich für beide Trauer empfindet, da

keiner der Lebensentwürfe überzeugt. Auf Seiten des lyrischen Ichs liegt keine eindeutige Wertung für einen der beiden Lebenswege vor, implizit klingt der „goldene Mittelweg" als Kompromisslösung an, wobei der zweite eher dem Ideal der Romantiker entspricht: Sie definiert die Suche nach sich selbst und die Bildung der eigenen Persönlichkeit durch unterschiedliche Erfahrungen und das Kennenlernen der Vielfalt des Lebens als Bereicherung.
Die abschließende Bitte, beginnend mit der resignativ klingenden Interjektion „ach" (V. 30) und den Leser durch das Personalpronomen „uns" (V. 30) mit einschließend ist auch mehrsinnig deutbar: Gott möge helfen, den richtigen Lebensweg zu finden oder das Vertrauen in Gott lässt immer den Weg finden, der in ein christlich orientiertes Leben und damit ein richtiges mündet, was der Biografie Eichendorffs, der sehr religiös geprägt war, am nächsten kommt.

Zusammenfassung der Ergebnisse
Keines der vorgestellten Lebenskonzepte überzeugt. Wer viel riskiert, kann viel verlieren, aber jemand, der sich nicht bewegt, verpasst möglicherweise das „wahre" Leben. Die zentralen Motive der Epoche, die Einfachheit in der sprachlich-formalen Gestaltung der Strophen (der Rückbesinnung auf die Volkspoesie geschuldet) sowie die idealtypische Gegenüberstellung des Philisters und des (progressiven) Romantikers weisen dieses Gedicht als prototypisches für die Romantik aus.

Beispiellösung: Teilaufgabe 2

Das 2001 erschienene Gedicht von Jan Wagner „hamburg – berlin" erschien in demselben Jahr in dem Band „Probebohrungen im Himmel". Wie das Gedicht Eichendorffs thematisiert es eine scheinbar alltägliche (Bahn-)Reise, die gleichfalls als Etappe/Station auf der Lebensreise des lyrischen Sprechers gesehen werden kann. Im Folgenden wird auf die in der Aufgabenstellung erwähnten Vergleichsaspekte Form/Sprache, Weg/Reise, Natur, Disposition des lyrischen Sprechers eingegangen.

Textbeschreibung
Das Gedicht ist konsequent in Kleinschreibung gehalten. Der Bindestrich im Titel, der den Satz auf ein Minimum an Informationen reduziert, evoziert ein Innehalten irgendwo auf der Strecke an einem nicht genannten oder nicht existierenden Ort. Es besteht aus drei kurzen Strophen mit je drei Versen mit unterschiedlicher Silbenanzahl, wobei die dritte Strophe auffällig kürzer ist als die beiden anderen, der Schlussvers der kürzeste, pointierteste. Es ist weder ein Reimschema noch ein durchgängiges Metrum auszumachen, jedoch ist das Gedicht durchaus rhythmisch gestaltet: Der vierte und der letzte Vers sind Daktylen, die eine gewisse Beschwingtheit, Bewegung in die sonst sehr reglosen Bilder bringen, deren Statik durch Verben wie „anhalten" (vgl. V. 1), „liegen" (vgl. V. 2), „aufhören" (vgl. V. 1 f.) unterstrichen wird. Die Sätze sind vorwiegend parataktisch, auch elliptisch. In der zweiten Strophe gibt es kein Verb, der fließende Rhythmus wird durch Enjambements gestützt. Die Wortwahl ist einfach, verständlich; als auffälliges rhetorisches Mittel sind der Vergleich bzw. der verkürzte Vergleich zu erwähnen, die Personifizierungen sowie lautmalerische Eindrücke durch die alliterative

Häufung des Buchstabens „l“ in der ersten Strophe. Wie im Gedicht Eichendorffs wird hier durchgehend das Erzähltempus des Präteritums verwendet. Es ist ein Zeichen für eine rückblickende Perspektive des lyrischen Sprechers, der an keiner Stelle persönlich wird, sondern eine kontemplative Distanz zum Dargestellten wahrt. Der Titel der Gedichtanthologie, der dieses Gedicht entstammt, wird in Vers acht erwähnt und bekommt dadurch eine besondere Bedeutung.

Motiv: Weg/Reise
Das Gedicht beginnt abrupt mit der lakonischen Feststellung „der zug hielt mitten auf der strecke“, wodurch der Bezug zum Titel hergestellt wird, vermutlich ist der ICE zwischen den beiden Metropolen gemeint. Ein nachvollziehbarer Grund für den plötzlichen Halt wird nicht genannt, die Metaphorik des „An-der-Kurbel-Drehens“ (vgl. V. 2) kann sich auf das für Schnellzugstrecken ungewöhnliche Bild des Schrankenwärters beziehen, der durch das Herunterdrehen der Schranken jenseits der Bahngleise den Autoverkehr anhält oder auf eine altertümliche Filmvorführung, wobei das Geräusch des Knisterns und Rauschens der Filmrollen plötzlich aufhört und Stille entsteht (vgl. V. 2). Der Doppelpunkt vor dem Satz „das land lag still“ betont noch einmal das völlige Einfrieren des „Standbildes“, das sich ergibt, wenn man jede Bewegung eindämmt. Der anschließende Vergleich mit einer Kunstauktion unterstreicht das Bildhafte, Genremäßige dieses Moments: Die Spannung, die in der Reglosigkeit scheinbar endlos währt, wird gesteigert wie auf einer Auktion, da der dritte Schlag der entscheidende ist, danach kann nicht mehr geboten werden, das Ergebnis, wer den Zuschlag bekommt, steht fest.
Die zweite Strophe zeigt das Ergebnis in sprachlicher Reduktion: Das Dorf kehrt sich, personifiziert, vom Betrachter ab, ggfs. vom Licht/der Sonne: „ein dorf mit dem rücken zum tag“ (V. 4) bleibt für sich, in sich zurückgezogen, ebenso die Bäume, die „mit dunklen Kapuzen“ (V. 5) versehen sind, deren Laubkronen sich verdunkeln und abweisend wirken. Die Assonanzen der folgenden Wörter (vgl. V. 5/6) unterstreichen die inhaltliche Aussage der Aufgeräumtheit und Gleichförmigkeit der Landschaft („rechteckige felder“, V. 5), die mit einem Kartenspiel (vgl. V. 6) verglichen werden. Die Spielkarten lassen an die vielen Wahlmöglichkeiten denken, die man auf einer Reise/auf seinem Lebensweg dargeboten bekommt.
Während in der zweiten Strophe jede Bewegung zum Erliegen gekommen ist, sind in der dritten Strophe wieder zwei Verben vorhanden, von denen das eine dynamisch, das andere aber wieder statisch ist, eine Verlangsamung bis zum Stillstand anzeigt, was die oben beschriebene Ambivalenz der Reisebewegung aufnimmt. Durch das Hyperbaton (vgl. V. 7) werden sowohl die Ferne als auch das moderne Bild des Windrades betont. Nicht nur die Bewegungslosigkeit wird durchbrochen, sondern auch die Stille, denn Windräder erzeugen sehr viel Lärm. Der Wortschatz wird sehr technisch, die Personifikation (vgl. V. 7/8) verstärkt die scheinbare Widersinnigkeit der Aussage: Eine Bohrung ist eine vertikale Bewegung, in der Regel nach unten in die Erde, hier seltsamerweise „im“, auch nicht: in den Himmel (vgl. V. 8), aber die Drehung der Windradrotoren ist eine horizontale Bewegung, die sich in die Weite ausdehnt. Der Kontrast der dunklen Vokale im Begriff der „probebohrung“ mit dem hellen Vokal im Wort „Himmel“ unterstreicht die Absurdität des Bildes, lässt die Technik mit dem Gottesgedanken kollidieren. Mög-

licherweise hält Gott deswegen „den atem an“ (V. 9), da er selbst die Unvereinbarkeit der Technikbegeisterung und Naturbeherrschung des Menschen mit seinem Schöpfungsplan sieht.

Motiv: Natur
Im Gedicht werden alltägliche Bilder eines durchschnittlichen Reisetages benutzt, keine mythischen Landschafts- bzw. Naturbeschreibungen, wie es die Romantiker mit ihrem Wunsch nach Poetisierung der Welt getan hätten. Hier jedoch erscheint die Natur abweisend, gefährdet, nicht verführerisch oder gefährlich und bietet dem Menschen auch nicht mehr die Rückzugsmöglichkeit vergangener Zeiten. Selbst die Stille scheint aufgeladen, elektrisiert vor Spannung und nicht erholsam, beruhigend. Die Technik bemannt sich der Natur und wirkt bedrohlich, lässt keine Einheit von Mensch und Natur mehr zu.

Lyrischer Sprecher
Wenn man die Koordinaten im Titel dieses Gedichts mit den Lebensdaten des Autors vergleicht, kann man die Bahnreise als Ausgangs- und vorläufigen Endpunkt der „Lebensreise“ des Autors sehen, der in Hamburg geboren wurde und momentan in Berlin lebt. Der lyrische Sprecher scheint sich im fahrenden Zug zu befinden, denn er registriert „draußen“ (V. 1) eine Aktion, in der Distanz zu sich selbst, auch nur akustisch und nicht mit allen Sinnen, ganz anders als es die häufigen Synästhesien im Eichendorff-Gedicht der Romantik andeuten. Das Anhalten des sonst schnell und gleichmäßig dahin rasenden Zuges scheint plötzlich und unfreiwillig zu sein, als halte man sein Leben an. Die Landschaft, die sonst im Fluge vorbeirast wie Bilder eines Films, friert ein in ein unzugängliches, bedrohliches Bild. Der Sprecher sieht alles nur vermittelt wie im Film, denn auch in der dritten Strophe bleibt die Entfernung von der sich ihm bietenden Aktion gewahrt: „in der ferne“ (V. 7). Der Mensch scheint verloren in diesem Szenario, die Ferne zu Gott ist fast unüberbrückbar. Sieht man in den Windrädern, die im Himmel bohren, eine Analogie zum biblischen Bild des Turmbaus zu Babel, weiß man, dass dieser kein gutes Ende für den Menschen genommen hat, man denke allein an die folgende Sprachverwirrung. Die Welt scheint auch für den Sprecher einen Moment lang stehen geblieben zu sein, einen Moment, der ihm wie Gott die Möglichkeit gibt, inne zu halten und nachzudenken, um ggfs. sein bisheriges Leben zu korrigieren.

Vergleich Wagner – Eichendorff
Während der Mensch sich trotz seines Scheiterns bei Eichendorff ganz selbstverständlich im tröstlichen Bewusstsein befinden kann, Teil von Gottes Schöpfungsplan zu sein, vertrauensvoll aufgehoben in Gottes Hand, ist diese transzendente Gewissheit dem Menschen im 21. Jahrhundert offenbar verloren gegangen. Seine durch die Überhöhung des technischen Fortschritts einhergehende Naturzerstörung, durch zunehmende Beschleunigung in seinem Leben zu beklagende metaphysische Sinnleere zwingt ihn dazu, den Atem anzuhalten, einmal im rasenden Zug seiner Lebenszeit mit den vielen Veränderungen inne zu halten und nachzudenken, sich ggfs. auf die Suche nach dem abhanden gekommenen Sinnbezug in seinem Leben zu machen.

Original-Prüfungsaufgaben

NRW. Abiturprüfung 2022
*Deutsch, Grundkurs**

AUFGABENSTELLUNG

1 Analysieren Sie das Gedicht „Über die Bezeichnung Emigranten" von Bertolt Brecht. *(33 Punkte)*

2 Erschließen Sie Issam Al-Najms Gedicht „Die Grenze der Angst" in inhaltlicher und sprachlicher Hinsicht. Vergleichen Sie anschließend die Gedichte von Brecht und Al-Najm unter dem Aspekt, welches Verhältnis zur Heimat darin jeweils zum Ausdruck kommt. Berücksichtigen Sie dabei auch die jeweilige Gestaltungsweise. *(39 Punkte)*

Materialgrundlage

M1 Bertolt Brecht: Über die Bezeichnung Emigranten. In: Ders.: Die Gedichte. Hrsg. von Jan Knopf. Verbesserte Neuausgabe. 3. Auflage. Frankfurt a. M.: Suhrkamp Verlag 2020, S. 350 f.

M2 Issam Al-Najm: Die Grenze der Angst. In: Artur Nickel (Hrsg.): Von Fluchten und Wiederfluchten. Eine Anthologie. Vechta-Langförden: Geest-Verlag 2017, S. 413

Anmerkungen zu den Autoren

Bertolt Brecht lebte von 1898 bis 1956. 1933 verließ Brecht Deutschland. Er gelangte über Prag, Wien, Zürich, Paris und Dänemark nach Schweden und schließlich 1941 in die USA. 1947 kehrte Brecht zurück nach Europa, 1948 nach Ostberlin. Das vorliegende Gedicht entstammt der Sammlung „Svendborger Gedichte", die während der Jahre des Exils in Dänemark entstand (1933 – 1939).

Issam Al-Najm wurde 1984 in Syrien geboren. 2015 floh er aus Syrien nach Deutschland. Issam Al-Najm schreibt bereits seit seinem zehnten Lebensjahr eigene Texte. In seiner Heimat schrieb er Gedichte auf Arabisch, heute schreibt er seine Gedichte auf Deutsch. 2018 erhielt er den ersten Preis in einem Literaturwettbewerb der Literarischen Gesellschaft Bochum.

Zugelassene Hilfsmittel

Wörterbuch zur deutschen Rechtschreibung

* **Quelle** (ohne Lösungen): Qualitäts- und UnterstützungsAgentur – Landesinstitut für Schule, Soest 2022

M1 Über die Bezeichnung Emigranten (1937) *Bertolt Brecht*

Immer fand ich den Namen falsch, den man uns gab: Emigranten.
Das heißt doch Auswandrer. Aber wir
Wanderten doch nicht aus, nach freiem Entschluß
Wählend ein andres Land. Wanderten wir doch auch nicht
Ein in ein Land, dort zu bleiben, womöglich für immer.
Sondern wir flohen. Vertriebene sind wir, Verbannte.
Und kein Heim, ein Exil soll das Land sein, das uns da aufnahm.
Unruhig sitzen wir so, möglichst nahe den Grenzen
Wartend des Tags der Rückkehr, jede kleinste Veränderung
Jenseits der Grenze beobachtend, jeden Ankömmling
Eifrig befragend, nichts vergessend und nichts aufgebend
Und auch verzeihend nichts, was geschah, nichts verzeihend.
Ach, die Stille der Sunde[1] täuscht uns nicht! Wir hören die Schreie
Aus ihren Lagern bis hierher. Sind wir doch selber
Fast wie Gerüchte von Untaten, die da entkamen
Über die Grenzen. Jeder von uns
Der mit zerrissenen Schuhn durch die Menge geht
Zeugt von der Schande, die jetzt unser Land befleckt.
Aber keiner von uns
Wird hier bleiben. Das letzte Wort
Ist noch nicht gesprochen.

1 **Sunde:** regionale Bezeichnung für Meerenge; im Ostseeraum bezeichnet das Wort Sund eine Meerenge zwischen Festland und einer vorgelagerten Insel.

M2 Die Grenze der Angst (2017) *Issam Al-Najm*

Meine Heimat,
Zwischen dir und mir gibt es eine Grenze
Die Grenze der Angst.
Ich kann nicht zurück
Du hinderst mich daran.
Ich habe nicht gelogen
Ich bin nicht einfach geflohen
Es gab viele Gründe:
Wenn meine Gedanken versuchen weit zu fliegen,
Sperrst du sie in deinen Käfig.
Wenn meine Blicke anders werden,
Machst du das Licht aus,
Damit wir nicht mehr sehen
Aber warum?
Ich war immer stolz auf dich
habe immer von dir gesprochen

Ich war wie ein Kind,
Das ein fröhliches Spiel mit dir suchte.
Jetzt ist alles weg,
Die schmerzhaften Erinnerungen
Die schönen Erinnerungen
Aber die Grenze bleibt
Ich habe Angst davor
Zurückzufahren
Ich werde sie nicht los
Meine Heimat,
Ich vermisse dich
Aber die Grenze der Angst
Treibt mich immer um.

Beispiellösung: Teilaufgabe 1

Einleitung (mit Thema)

Das von Bertolt Brecht 1937 im dänischen Exil verfasste Gedicht „Über die Bezeichnung Emigranten" weist schon im Titel auf eine gedankliche Auseinandersetzung mit dem Begriff „Emigranten" hin. Thematisch geht es um eine erzwungene Auswanderung, die das Verhältnis sowohl zum Heimatland als auch zum Exilland beeinflusst und beeinträchtigt, und um die Hoffnung auf eine baldige Rückkehr.

Das im ersten Vers auftretende lyrische Ich, das auffallende Parallelen zu Brechts Exilsituation aufweist, lässt den Leser an seinem Selbstgespräch teilhaben. Das „Ich" wandelt sich bereits im zweiten Vers in ein kollektives „Wir", das im Folgenden beibehalten wird. Das reflexive Rollengedicht spricht stellvertretend für alle im Exil lebenden Künstler.

Inhaltswiedergabe

Der Text lässt sich in inhaltlich in sechs Abschnitte einteilen (phasieren):

1. (V. 1 – 2): Zuerst geht es um die Ablehnung des Wortes „Emigranten" für Menschen, die gezwungen waren, Nazi-Deutschland aus politischen Gründen zu verlassen.
2. (V. 2 – 7): Eine Begründung erfolgt mithilfe der Sprachkritik: die Übersetzung des Wortes als „Auswanderer", die Unterscheidung zwischen freiwilliger Auswanderung und erzwungener Flucht, die Unterscheidung zwischen dem positiv als Schutzraum aufzufassenden Begriff „Heim" und demgegenüber „Exil" als lediglich vorübergehendem Aufenthaltsort, an dem „Verbannte" ein erzwungenes Leben führen.
3. (V. 8 – 12): Es folgt die Beschreibung des aktuellen Ist-Zustands im Exil: ein Leben an der Grenze zu Deutschland mit Hoffnung auf Rückkehr, das Verfolgen der Entwicklungen im Heimatland, u.a. durch Informationen der Neuankömmlinge.
4. (V. 13 – 16 Mitte): Anschließend folgt die Beschreibung der Situation in Deutschland mit Bezug auf die dortigen Gräueltaten, die weder vergessen noch vergeben werden könnten.
5. (V. 16 Mitte – 18): Zum Schluss erfolgt die Thematisierung der gegenwärtigen „Schande" Deutschlands, deren Teil jeder Exilant mitträgt.
6. (V. 19 – 21): Das Gedicht endet mit dem Wunsch, nach Deutschland zurückzukehren.

Textbeschreibung und Detailanalyse
Der Inhalt des Gedichts zeigt sowohl eine differenzierte Reflexion der gegenwärtigen politischen Situation in Deutschland als auch der eigenen, angespannten Lage im Exil sowie eine starke Verbundenheit mit der Heimat.
Auffällig ist die formale Gestaltung des Gedichts: Es besteht aus einundzwanzig unterschiedlich langen Versen, verzichtet auf Reim und Metrum, ähnelt einem Prosatext. Die formale Offenheit und scheinbar ungeordnete Struktur spiegeln möglicherweise auch die Unordnung der Zeitumstände wider. Wesentliche rhetorische Mittel sind die vielen ungewöhnlichen Enjambements, die den epischen Charakter des Textes unterstreichen. Die Fülle der Inversionen, der Aufzählungen, der Wiederholungen und syntaktisch auch der variationsreiche Wechsel von Hypotaxen und Ellipsen akzentuieren stark bestimmte Wörter und Aussagen und rücken sie damit in den Fokus des Nachdenkens.
Semantisch auffällig ist der Gebrauch zahlreicher Wörter aus dem Wortfeld Flucht und Exil wie z. B. „flohen“ (V. 6), „entkamen“ (V. 15), „Land“ (V. 4, 5, 7,18) „Grenze“ (V. 8, 10, 16), „Exil“ (V. 7), „Vertriebene“ (V. 6), „Verbannte“ (V. 6), die die Situation der Exilanten veranschaulichen. Die im zweiten Teil des Gedichts benutzen Wörter wie „Schreie“ (V. 13), „Lager[n]“ (V. 14) spielen auf Verfolgung, Internierung und ggfs. Folter durch die Nationalsozialisten an. Die Interjektion „Ach“ (V. 13) markiert eine Zäsur innerhalb des Textes sowie den Ausdruck der Verzweiflung angesichts der hoffnungslosen Situation in Deutschland. Dieses quälende Gefühl wird durch die Alliterationen in der folgenden Aussage: „die Stille der Sunde täuscht uns nicht“ (V. 13) hervorgehoben. Der Tempuswechsel vom Präteritum ins Präsens (V. 6 ff.) kontrastiert den Rückblick auf die Flucht mit der jetzigen Situation der Exilanten und Deutschlands. Auch die für Brecht typische Verwendung von im Deutschen unüblichen Partizipialkonstruktionen des Partizips Präsens findet sich in diesem Gedicht gehäuft (vgl. V. 4, 10, dreimal in V. 11, 12). Diese ungewöhnliche Verbform hat die Funktion, die Nicht-Abgeschlossenheit, die futuristisch anmutende, andauernde und gleichzeitig sich abspielende Anspannung, Konzentration der Exilanten darzustellen. Besonders deutlich wird diese kritische Haltung in dem Hyperbaton und dem Chiasmus des Teilsatzes: „Und auch verzeihend nicht, was geschah, nichts verzeihend“ (V. 12). Ebenso auffällig in der Argumentationskette sind kontrastive Strukturen, die durch adversative Adverbien wie „aber“, „sondern“ eingeleitet werden, die die Unangemessenheit von Begriffen und Fakten in Bezug auf die Erfahrung des lyrischen Ichs darstellen sollen. Die Distanzierung des lyrischen Ichs von unzureichender oder nicht zutreffender Sicht auf die Gegebenheiten wird auch durch die häufige Verwendung von Negationen wie „nichts“, „nichts“ und „kein“ ausgedrückt.
Zusammenfassend überzeugt der Text durch seine differenzierte Durchdringung des Themas und seine pointierte, engagierte Argumentation. Die verzweifelte Gefühlslage der Menschen im Exil in ihrer Heimatlosigkeit, obwohl so nahe am Heimatland, wird eindringlich dargestellt. Der reflexive Grundtenor des Textes, sich mit der titelgebenden Thematik auseinanderzusetzen und diese nachzuvollziehen, bleibt durchgehend gewahrt. Die anfangs kontrastive Gegenüberstellung von Auswandern und Einwandern (vgl. V. 3 – 5) und die sich daraus entwickelnde Definition des Begriffs Emigranten in den Augen des lyrischen Ichs überzeugt durch ihre parataktisch formulierte Kompromisslosigkeit: „Vertriebene sind wir. Verbannte. Und kein Heim, ein Exil soll das Land sein […]“

(V. 6 f.) Das Modalverb „sollen“ unterstreicht den unbedingten Willen der Flüchtenden, sich gar nicht erst im Exil einzurichten, sondern es nur als Durchlaufstation zu begreifen, was durch die Unbedingtheit des im Futur stehenden vorletzten Satz betont wird: „Aber keiner von uns wird hier bleiben“ (V. 19 f.). Die durchweg kritische Haltung gegenüber Nazi-Deutschland wird durch eindeutig negative Begriffe wie „Schreie“, „Lager“, „Untaten“ „Schande“ „beflecken“ unterstrichen. Der letzte Satz: „Das letzte Wort ist noch nicht gesprochen“ (V. 20 f.) ist sowohl als Appell zum Widerstand als auch als Drohung zu verstehen und fasst die kämpferische Attitüde des Gedichts zusammen.

Beispiellösung: Teilaufgabe 2

Überleitung (formal wie inhaltlich) zum zweiten Gedicht

Vergleichend soll nun das Gedicht „Die Grenze der Angst“ des syrischen Autors Issam Al-Najm von 2017 erschlossen werden, v. a. im Hinblick auf das Verhältnis des jeweiligen Sprechers zur Heimat. Thematisch lässt sich leicht eine Übereinstimmung beider Gedichte herstellen: Es geht auch hier um ein explizit auftretendes lyrisches Ich, das sich im Exil befindet und versucht, sein Verhältnis zu seiner Heimat sowie seine gegenwärtige Situation zu klären. Auch hier ist der reflektierende Grundgestus des Textes zu erkennen: Die Heimat wird direkt adressiert, zugleich ist diese Auseinandersetzung damit eine Ansprache an sich selbst.

Inhaltswiedergabe

Der Text beginnt mit einer einleitenden Wendung des lyrischen Ichs aus der Ferne an sein Heimatland, indem es, wie im Titel schon benannt, „Die Grenze der Angst“ (V. 3) bekundet. Eine Rückkehr ins Heimatland wird ausgeschlossen. Mehrere Gründe für die Emigration werden anschließend aufgeführt, etwa das Verlassen der Heimat aus politischen Motiven oder die Hoffnung auf ein besseres Leben im Ausland. Das Erleben der vergangenen und auch gegenwärtigen Situation wird als eingeschränkt, als beschwerlich dargestellt (vgl. V. 9 ff.) Im Rückblick wird das frühere Verhältnis zur Heimat als arglos, als vertrauensvoll und als stolz beschrieben (vgl. V. 15, V. 17 ff.) Kontrastiv dazu wird das jetzige Verhältnis zur Heimat beleuchtet und als Gefühl einer Art Vakuum dargestellt, in dem sowohl die „schmerzhaften“ (V. 20) als auch die „schönen“ (V. 21) Erinnerungen ausgelöscht wurden (vgl. V. 19), aber das Gefühl der Angst weiterhin dominiert (vgl. V. 28 f.). Abschließend wird die emotionale Ambivalenz noch einmal betont: Auf der einen Seite gibt es die Sehnsucht nach der Heimat, auf der anderen Seite die Furcht zurückzukehren.

Textbeschreibung

Auch dieses Gedicht weist eine Nähe zur Prosa auf. Die Sprache des Gedichts ist einfach und bildhaft. Der Satzbau ist variationsreich, Parallelismen und Anaphern erhöhen die Eindringlich der Darstellung. Durch die direkte Ansprache der Heimat wird eine Art Dialogsituation erzeugt, die den Eindruck der Unmittelbarkeit erweckt. Für das lyrische Ich zentrale Begriffe wie „Heimat“ (V. 1, 26), „Grenze“ (V. 2, 3, 22, 28), „Angst“ (V. 3, 23, 28) werden wiederholt. Auffallend sind weiterhin Wörter, die die bereits erwähnte innere Zerrissenheit des lyrischen Ichs ausdrücken, z. B. „stolz“ (V. 15), „Angst“ (V. 3, 23, 28), „schmerzhafte“ gegenüber „schöne Erinnerungen“ (V. 20, 21). Die Ambivalenz

wird auch durch den mehrfachen Gebrauch des adversativen Adverbs „aber“ betont. Mehrere sprachliche Bilder wie „Gedanken versuchen weit zu fliegen“ (V. 9), „sperrst du sie in einen Käfig“ (V. 10), „machst du das Licht aus“ (V. 12) sind als Erfahrungen der Unfreiheit und Begrenzung zu deuten. Die offene und vertrauensvolle Naivität des früheren lyrischen Ichs beim Betrachten der Heimat wird durch den Vergleich „Ich war wie ein Kind“ (V. 17) ausgedrückt.
Die sprachlich-formale Gestaltung des Gedichts vermittelt eine unmittelbare, sowohl emotionale als auch reflexive Auseinandersetzung mit der Thematik Heimat.

Detailanalyse hinsichtlich des gemeinsamen Motivs „Heimat“
Beide Gedichte verbindet der Aspekt der Heimat und das jeweilige Verhältnis zu ihr. Der Sprachduktus ist jedoch ein anderer: Während bei Brecht der Text als eine Art kollektiver Gesprächsbeitrag der Künstler im Exil zu lesen ist (durch das durchgehend verwendete Personalpronomen „wir“), spricht im Gedicht Al-Najms das lyrische Ich sowohl sich selbst als auch seine Heimat an. Bei Brecht handelt es sich um eine relativ sachlich gehaltene Auseinandersetzung mit dem Begriff und der Situation der Emigranten; bei Al-Najm ist die Auseinandersetzung mit der inneren Befindlichkeit eines Menschen beim Verlassen der Heimat und seiner zukünftigen Lebensperspektive sehr individuell. Während Brecht sehr deutlich eine entschlossene, politisch-kritische Position gegenüber Nazi-Deutschland bezieht, bleibt dieser Bereich bei Al-Najm sehr vage und nicht explizit auf ein bestimmtes Land bezogen, sein Blick richtet sich eher nach innen. Dem bei Brecht artikulierten Wunsch, im Exilland nicht heimisch zu werden, fehlt bei Al-Najm eine Entsprechung. Auch die Hoffnung auf baldige Veränderung der politischen Verhältnisse in der Heimat im Gedicht Brechts lässt sich im Gedicht Al-Najms nicht ausmachen. Während Brecht überzeugt davon ist, bald in die Heimat zurückkehren zu können, stellt das lyrische Ich eine baldige Rückkehr mehrfach in Frage. Brechts Gedicht schließt mit einer in die Zukunft gerichteten kämpferischen Ansage, Widerstand zu leisten, Veränderung herbeizuführen. Al-Najms lyrischer Sprecher verweist eher resignativ auf seine unaufhebbare Angst und auf das Gefühl des Gefangen-Seins in seiner aktuellen Situation, die von der Vergangenheit überschattet wird. Brechts Auseinandersetzung mit dem Thema Heimat geschieht indirekt, auf theoretisch-sachlicher Ebene, Al-Najm verwendet für die Darstellung dieser Thematik eine individuelle, emotionale Bildsprache.

Zusammenfassung
Trotz der Zeitspanne von achtzig Jahren, die beide Texte voneinander trennt, trotz ihrer historisch-kulturellen Unterschiede spiegeln sie inhaltlich die gemeinsame menschliche Grunderfahrung der Exilsituation wider, die seit der Antike in der Literatur beschrieben wird. Somit sind sie sowohl zeitlos als auch aktuell, denn sie bringen Gefühle und Haltungen von Menschen zum Ausdruck, die ihre Heimat verlassen mussten. In der formalen und sprachlichen Darstellung unterscheiden sich die Texte stark, was auf die jeweils spezifische Arbeitsweise des Autors, seine Sprache, den kulturellen und literaturhistorischen Hintergrund und seine Intention sowie den jeweiligen Adressatenkreis zurückzuführen ist.

NRW. Abiturprüfung 2022
*Deutsch, Leistungskurs**

Leistungskurs, Aufgabenart I A

Analyse eines literarischen Textes mit weiterführendem Schreibauftrag

AUFGABENSTELLUNG

1 Analysieren Sie die Kurzgeschichte „An der Brücke“ von Heinrich Böll und erschließen Sie dabei die Gestaltung der Figur des Ich-Erzählers. *(38 Punkte)*

2 Stellen Sie dar, welche Bedeutung die Beziehung zu Margot Neff für die Entwicklung von Veit Kolbe in dem Roman „Unter der Drachenwand“ von Arno Geiger hat. Vergleichen Sie vor diesem Hintergrund die literarische Gestaltung der beiden vom Krieg betroffenen Männerfiguren. Berücksichtigen Sie dabei auch die erzählerische Anlage beider Texte. *(34 Punkte)*

Materialgrundlage

Heinrich Böll: An der Brücke. In: Ders.: Werke. Kölner Ausgabe. Band 4. Hrsg. von Hans Joachim Bernhard. Köln: Kiepenheuer & Witsch 2003, S. 53 – 55

Anmerkungen zum Autor

Heinrich Böll (1917 – 1985) war im Zweiten Weltkrieg Soldat. Die Erfahrungen des Krieges und die politischen und gesellschaftlichen Entwicklungen im Nachkriegsdeutschland bilden die zentralen Themen seines literarischen Werkes, für das er 1972 mit dem Nobelpreis für Literatur ausgezeichnet wurde.

Hinweise: Bei den „Pünktchen“, die sich im Text finden, handelt es sich nicht um Auslassungspunkte, sie gehören zum Originaltext. Der Text folgt auf Wunsch der Erben des Autors nicht den aktuellen Rechtschreibreformen, sondern den Schreibweisen des Autors.

An der Brücke (1949) *Heinrich Böll*

Die haben mir meine Beine geflickt und haben mir einen Posten gegeben, wo ich sitzen kann: ich zähle die Leute, die über die neue Brücke gehen. Es macht ihnen ja Spaß, sich ihre Tüchtigkeit mit Zahlen zu belegen, sie berauschen sich an diesem sinnlosen Nichts aus ein paar Ziffern, und den ganzen Tag, den ganzen Tag, geht mein stummer Mund wie ein Uhrwerk, indem ich Nummer auf Nummer häufe, um ihnen abends den Triumph einer Zahl zu schenken.

Ihre Gesichter strahlen, wenn ich ihnen das Ergebnis meiner Schicht mitteile, je höher

* **Quelle** (ohne Lösungen): Qualitäts- und UnterstützungsAgentur – Landesinstitut für Schule, Soest 2022

die Zahl, um so mehr strahlen sie, und sie haben Grund, sich befriedigt ins Bett zu legen, denn viele Tausende gehen täglich über ihre neue Brücke ...

Aber ihre Statistik stimmt nicht. Es tut mir leid, aber sie stimmt nicht. Ich bin ein unzuverlässiger Mensch, obwohl ich es verstehe, den Eindruck von Biederkeit zu erwecken. Insgeheim macht es mir Freude, manchmal einen zu unterschlagen, und dann wieder, wenn ich Mitleid empfinde, ihnen ein paar zu schenken. Ihr Glück liegt in meiner Hand. Wenn ich wütend bin, wenn ich nichts zu rauchen habe, gebe ich nur den Durchschnitt an, manchmal unter dem Durchschnitt, und wenn mein Herz aufschlägt, wenn ich froh bin, lasse ich meine Großzügigkeit in einer fünfstelligen Zahl verströmen. Sie sind ja so glücklich! Sie reißen mir förmlich das Ergebnis jedesmal aus der Hand, und ihre Augen leuchten auf, und sie klopfen mir auf die Schulter. Sie ahnen ja nichts! Und dann fangen sie an zu multiplizieren, zu dividieren, zu prozentualisieren, ich weiß nicht, was. Sie rechnen aus, wieviel heute jede Minute über die Brücke gehen und wieviel in zehn Jahren über die Brücke gegangen sein werden. Sie lieben das zweite Futur, das zweite Futur ist ihre Spezialität – und doch, es tut mir leid, daß alles nicht stimmt ...

Wenn meine kleine Geliebte über die Brücke kommt – und sie kommt zweimal am Tage –, dann bleibt mein Herz einfach stehen. Das unermüdliche Ticken meines Herzens setzt einfach aus, bis sie in die Allee eingebogen und verschwunden ist. Und alle, die in dieser Zeit passieren, verschweige ich ihnen. Diese zwei Minuten gehören mir, mir ganz allein, und ich lasse sie mir nicht nehmen. Und auch wenn sie abends wieder zurückkommt aus ihrer Eisdiele – ich weiß inzwischen, daß sie in einer Eisdiele arbeitet –, wenn sie auf der anderen Seite des Gehsteiges meinen stummen Mund passiert, der zählen, zählen muß, dann setzt mein Herz wieder aus, und ich fange erst wieder an zu zählen, wenn sie nicht mehr zu sehen ist. Und alle, die das Glück haben, in diesen Minuten vor meinen blinden Augen zu defilieren[1], gehen nicht in die Ewigkeit der Statistik ein: Schattenmänner und Schattenfrauen, nichtige Wesen, die im zweiten Futur der Statistik nicht mitmarschieren werden ...

Es ist klar, daß ich sie liebe. Aber sie weiß nichts davon, und ich möchte auch nicht, daß sie es erfährt. Sie soll nicht ahnen, auf welche ungeheure Weise sie alle Berechnungen über den Haufen wirft, und ahnungslos und unschuldig soll sie mit ihren langen braunen Haaren und den zarten Füßen in ihre Eisdiele marschieren, und sie soll viel Trinkgeld bekommen. Ich liebe sie. Es ist ganz klar, daß ich sie liebe.

Neulich haben sie mich kontrolliert. Der Kumpel, der auf der anderen Seite sitzt und die Autos zählen muß, hat mich früh genug gewarnt, und ich habe höllisch aufgepaßt. Ich habe gezählt wie verrückt, ein Kilometerzähler kann nicht besser zählen. Der Oberstatistiker selbst hat sich drüben auf die andere Seite gestellt und hat später das Ergebnis einer Stunde mit meinem Stundenergebnis verglichen. Ich hatte nur einen weniger als er. Meine kleine Geliebte war vorbeigekommen, und niemals im Leben werde ich dieses hübsche Kind ins zweite Futur transponieren lassen, diese meine kleine Geliebte soll nicht multipliziert und dividiert und in ein prozentuales Nichts verwandelt werden. Mein Herz hat mir geblutet, daß ich zählen mußte, ohne ihr nachsehen zu können, und dem Kumpel drüben, der die Autos zählen muß, bin ich sehr dankbar gewesen. Es ging ja glatt um meine Existenz.

Der Oberstatistiker hat mir auf die Schulter geklopft und hat gesagt, daß ich gut bin, zuverlässig und treu. „Eins in der Stunde verzählt“, hat er gesagt, „macht nicht viel. Wir zählen sowieso einen gewissen prozentualen Verschleiß hinzu. Ich werde beantragen, daß Sie zu den Pferdewagen versetzt werden.“

Pferdewagen ist natürlich die Masche[2]. Pferdewagen ist ein Lenz[3] wie nie zuvor. Pferdewagen gibt es höchstens fünfundzwanzig am Tage, und alle halbe Stunde einmal in seinem Gehirn die nächste Nummer fallen zu lassen, das ist ein Lenz! Pferdewagen wäre herrlich. Zwischen vier und acht dürfen überhaupt keine Pferdewagen über die Brücke, und ich könnte spazierengehen oder in die Eisdiele, könnte sie mir lange anschauen oder sie vielleicht ein Stück nach Hause bringen, meine kleine, ungezählte Geliebte ...

1 **defilieren:** vorbeiziehen

2 **Masche:** Kniff, Schachzug, Trick

3 **Lenz:** eigentlich Frühling, hier: Zeit zum Faulenzen

Beispiellösung: Teilaufgabe 1

Einleitung

Heinrich Bölls Kurzgeschichte „An der Brücke“ ist 1949 erschienen, nur vier Jahre nach dem Ende des Zweiten Weltkriegs. Der Ich-Erzähler, ein Kriegsversehrter, ist mit der Aufgabe des Zählens von Menschen betraut, die eine Brücke täglich überqueren. Dabei denkt er an seine heimliche Geliebte und entzieht sich der stereotyp-unsinnigen Arbeit.

Inhaltswiedergabe

Ein namenloser Ich-Erzähler führt zunächst in seine Situation ein: Er ist offenbar schwer an den Beinen verletzt, ebenso namenlose „die“ (Z. 1) haben seine Beine „geflickt“ (ebd.). Ebenso führt der Ich-Erzähler schmucklos in seine Tätigkeit, „einen Posten“ (Z. 2), ein. Seine Aufgabe besteht im Zählen der Menschen, die eine neu errichtete Brücke überqueren. Die Vorgesetzten, wohl mit Brückenbau und Management betraut, „berauschen sich“ (Z. 6) an den „paar Ziffern“ (ebd.), vom Ich-Erzähler als „sinnlose[s] Nichts“ (Z. 7) vernichtend charakterisiert. Die Gesichter dieser Vorgesetzten „strahlen“ (Z. 13) bei hohen Zahlen, deren Aussagewert der Erzähler mit Hinweis auf ihm eigene Unzuverlässigkeit anzweifelt. Manipulation, ein eher willkürliches Unterschlagen von Brückennutzern oder – nach Laune – auch ein Hinzuzählen nicht vorhandener Brückengänger, erklärt der Ich-Erzähler mit heimlicher Freude, wobei ihm der „Eindruck von Biederkeit“ (Z. 22), also von Zuverlässigkeit gelinge.
Zweimal am Tag setze er ohnehin je zwei Minuten mit dem Zählen aus, wenn seine „kleine Geliebte über die Brücke kommt“ (Z. 46 f.). Von seiner Zuneigung wisse die inzwischen von ihm als Eisverkäuferin identifizierte Frau nichts. Der Ich-Erzähler benennt die Folgen für die Statistik; „nichtige Wesen, die im zweiten Futur der Statistik nicht mitmarschieren werden“ (Z. 67 ff.) nennt er die von ihm Ungezählten mit einer sarkastischen Wendung. Dank der Warnung durch einen „Kumpel“ (Z. 81) habe er bei einer Kontrolle „höllisch aufgepaßt“ (Z. 83 f.), bis auf seine heimliche Liebe niemanden ausgelassen und damit „[s]eine Existenz“ (Z. 101) gerettet. Der „Oberstatistiker“ (Z. 102) habe ihm für diese Leistung die Versetzung zum Pferdewagen-Zählen in Aussicht gestellt, was wegen der weit

geringeren Zahlen einer Art Erholungsurlaub gleichkomme. Der Ich-Erzähler erträumt sich mit dieser Aussicht Zeit, die er und „[s]eine kleine, ungezählte Geliebte" (Z. 121 f.) miteinander verbringen könnten.

Erzählerisch-sprachliche Gestaltung der Kurzgeschichte
Bölls Kurzgeschichte nennt keinen konkreten Ort, auch keine Zeit bzw. Zeitspanne. Zwar erfährt der Leser von der Kriegsverletzung und dem Posten als Zähler an einer neuen Brücke, aber nichts über deren Funktion.
Im Gegensatz zur Welt der Statistik steht der sehr privat von sich berichtende Ich-Erzähler, der seine Tätigkeit in ihrer ganzen Widersinnigkeit durchschaut und auch sabotiert und dem seine heimliche Liebe zur Eisverkäuferin eine Vorstellung von erfülltem Leben ermöglicht. Die Brücke ist offenbar in der Wertschätzung vom namenlosen „Oberstatistiker" (Z. 102) von höchstem Wert.
Dass die Vorgesetzten pauschal als „sie" oder „die" (Z. 1, Z. 6), also mit Pronomen statt mit Eigennamen benannt sind, lässt das Entmenschlichte dieser Gruppe besonders hervortreten. Gerade die Sätze zu den Vorgesetzten und ihrer Statistikgläubigkeit fallen durch Anaphern als gleichförmig auf. Damit unterstreicht die Erzählsprache das Monotone des Zählvorgangs auf. Dagegen stehen die Äußerungen des Ich-Erzählers, wenn es um seine heimliche Geliebte geht, die mit warmherzigen Attributen und Wendungen – „hübsch[.]" (Z. 92), „mit ihren langen braunen Haaren" (Z. 75 f.) oder „zarte[.] Füße[.]" (Z. 76 f.) – als Kontrast zum Zählvorgang erscheint, von dem der Ich-Erzähler sie rigoros ausnimmt, weil sie nicht entindividualisiert werden soll.
Die Vorgesetzten werden durch die Brille des Ich-Erzählers nicht bloß distanziert betrachtet, sondern ironisch oder gar sarkastisch entlarvt. „Sie sind ja so glücklich!" (Z. 33) beschreibt der Ich-Erzähler den Gefühlszustand bei fünfstelligen Brückennutzerzahlen, die er bei frohem eigenem Gemütszustand liefert. Diese Übertreibung wird in der Erzählung wieder aufgenommen, wenn vom „Glück" (Z. 64) die Rede ist, dass „Schattenmänner und Schattenfrauen" (Z. 67) erfahren, „die im zweiten Futur der Statistik nicht mitmarschieren werden" (Z. 68 f.). Das Marschieren verweist darauf, dass bloß technische Sichtweisen gerade auch in Kriegen dominieren, wo Opfer in Zahlen zu Statistikgrößen mutieren. Geradezu sarkastisch werden die Vorgesetzten eingeschätzt, wenn es von ihnen heißt, sie hätten „Grund sich befriedigt ins Bett zu legen, denn viele Tausende gehen täglich über ihre neue Brücke" (Z. 16 ff.).
Der Ich-Erzähler formuliert im Konjunktiv II seine Wünsche zu mehr Zeit für die Begegnung der von ihm verehrten „kleine[n] Geliebte[n]" (Z. 94) formuliert. Zwar erklärt der Ich-Erzähler im Indikativ, die Geliebte solle nichts von seiner Liebe wissen, aber sein Wunsch nach erleichterter Zählarbeit und damit Spaziergängen mit ihr ist mehrfach – „wäre herrlich" (Z. 116), „könnte spazierengehen" (Z. 118 f.), „könnte sie mir lange anschauen" (Z. 119 f.) – und übermächtig formuliert.
Mehrfach werden mit drei Punkten Gedankenfortsetzungen angeboten, so etwa bei der Beschreibung von Tausenden Brückennutzern. Ob damit ein Unverständnis über die Gedankenwelt der Zahlenfetischisten herausgefordert ist oder ob andere Assoziationen anklingen, muss wegen der bloßen Punktfolge offenbleiben.
Den Ich-Erzähler zeichnet gleich in den Eingangssätzen eine Haltung ohne Selbstmitleid

aus. Seine Situation stellt er zunächst sachlich dar, um dann die entfremdete Arbeit und die dahinter liegende Statistikgläubigkeit seiner Vorgesetzten ironisch kommentierend darzustellen. Trotz der entgegenstehenden Wendung vom „leid tun" (Z. 19f.) räumt er Zählfehler ein. Bei Wut, „wenn ich nichts zu rauchen habe" (Z. 28), nimmt er unterdurchschnittliche Werte an. Außerdem lehnt der Verliebte das Zählen der von ihm angehimmelten Eisverkäuferin ab, womit seine Auffassung, dass das Zählen Menschen zu Nummern degradiert, besonders deutlich wird. Der Kontrast von Verliebtheit und Kritik an der Eintönigkeit seiner Betätigung und deren Mangel an Sinn prägt die Ich-Erzählung durchgängig.
Damit wird der Ich-Erzähler zu einer Figur, die heimlich und unentdeckt die Brückenzählung sabotiert und sich in einer Art innerem Widerstand zum auferlegten Tun befindet. Die eingenommene Perspektive des Ich-Erzählers regt zur Sympathie mit dieser Haltung von Freiheit bzw. Individualismus entgegen der Aufgabe der Brückennutzerzählung an.

Zusammenfassung
Das sinnlose Zählen, die Überbetonung von Statistik gegenüber einer humanen, den einzelnen Menschen wertschätzenden Perspektive stellt eine Art Anklage gegen Entfremdung, aber auch eine Anklage gegen den massenmörderischen Krieg dar. Steht der Ich-Erzähler symbolisch für Kriegsopfer und vom Krieg gebrochene Männer, ist sein leiser Widerstand gegen die ihm verhasste, sinnlose und fremdbestimmte Arbeit ein Zeichen von kritischer Haltung. Seine Erzähler-Vision von Liebe und vom privaten Glück steht für Hoffnung.

Beispiellösung: Teilaufgabe 2

Im Folgenden werden Bezüge zwischen der Kurzgeschichte und ihrer Hauptfigur zum Protagonisten von „Unter der Drachenwand" hergestellt. Veit Kolbes Entwicklung während der unweit von Salzburg verbrachten Monate mit Blick auf die Beziehung zu Margot Neff bildet für die angestrebten vergleichenden Bezüge den Hintergrund.
Veit Kolbe ist physisch, vor allem aber psychisch schwer erkrankt, als er am Mondsee seinen Genesungsurlaub fortsetzt, weil ihm Wien bei der Familie mit dem kriegsverherrlichenden Vater nicht mehr erträglich schien. Veit Kolbes Onkel Johann leitet die örtliche Gendarmerie. Margot Neff, die mit ihrer Tochter, einem Baby, aus Darmstadt an den Mondsee gekommen ist und deren Mann an der Front ist, lernt den unter seiner Posttraumatischen Belastungsstörung (kurz: PTBS) aus grässlichen Kriegstraumata leidenden Veit Kolbe kennen und verliebt sich in ihn wie nach einiger Zeit er in sie. Mit seinen Anfällen, die auch vom Sucht- und Schmerzmittel Pervitin nur wenig gelindert werden können, wissen beide allmählich umzugehen. Zunächst gelingt es ihm auch, den Genesungsaufenthalt zu verlängern. Allerdings endet der Roman mit seiner Rückkehr in den Krieg wenige Monate vor dessen Ende. Die Liebesbeziehung zu Margot ist für Veit Kolbe Anlass für Überlebenswillen und das Bekämpfen seiner Erkrankung, weil er auf eine gemeinsame Zukunft hoffen darf und will.
Zunächst sind beide Hauptfiguren in Kurzgeschichte und Roman als vom Krieg körperlich gezeichnete Männer zu vergleichen. Ein schroffer Umgang mit ihren körperlichen Leiden ist beiden Männern eigen, wenn etwa der Ich-Erzähler von seinen Beinen als „geflickt"

(Z. 1) spricht. Die Entfaltung der Figur Veit Kolbe im Romankontext steht im Zeichen des in Deutschland 1949 zur Entstehungszeit von Bölls Geschichte so bzw. unter diesem Titel nicht bekannten Krankheitsbilds PTBS. Der Roman entfaltet typische Merkmale dieser psychischen Erkrankung in mehreren Passagen.
Beide Männer eint eine ungewisse Perspektive, verbunden mit der – in der Kurzgeschichte vagen – Hoffnung auf eine erfüllte Liebesbeziehung. Wird der Ich-Erzähler in „An der Brücke" zu einer sinnlos-monotonen Tätigkeit bestimmt, ist Veit Kolbe zur Wiederverwendung im Krieg auf Genesungsurlaub. Eine desillusionierte bzw. auch sarkastische Haltung gegenüber der jeweiligen Obrigkeit, eine individuelle Sicht auf das Geschehen in der Endphase des Krieges bzw. im aufkommenden Wirtschaftswunder-Deutschland mit mehr und mehr reparierten oder neu errichteten Brücken kann beiden Figuren zugesprochen werden. Erlebt der Ich-Erzähler bloß technisch-statistisch orientierte Vorgesetzte, immerhin aber auch einen solidarischen „Kumpel" (Z. 81), muss Veit Kolbe sich mit fanatischen NS-Anhängern oder aus Opportunismus NS-hörigen Menschen wie seinem Onkel arrangieren bzw. auseinandersetzen, wobei ihm neben der glücklichen, tiefen Beziehung zu Margot Neff und deren Baby auch die Freundschaft zum regimekritisch-eigensinnigen „Brasilianer" hilft.

Vergleich der erzählerischen Gestaltung von Kurzgeschichte und Roman
Bei dem Ich-Erzähler der Kurzgeschichte ist allein dessen Perspektive maßgebend, aber auch im Roman wird das Geschehen maßgeblich aus der Sicht des Protagonisten Veit Kolbe erzählt, wenngleich weitere erzählende Figuren auftreten. Während sich in der im Roman entfalteten Liebesgeschichte von Margot und Veit die Hoffnung auf ein besseres Leben realisiert, bleibt die Eisverkäuferin in der Kurzgeschichte nur die angebetete, aber nicht einmal angesprochene Geliebte.
Die Kurzgeschichte entfaltet den Kontext von Krieg und Nachkrieg in bloßen Andeutungen, während im Roman „Drachenwand" ein ganzes Panorama des Geschehens der späten Kriegsjahre ausgebreitet ist. Die bewusst reduzierte Form der Kurzgeschichte setzt gegenüber dem breit angelegten Roman für den Figurenvergleich Grenzen. Der zu Romanbeginn desillusionierte Kriegsversehrte Veit Kolbe entwickelt sich am Romanausgang zu einem sogar zum Erschießen des Onkels fähigen Menschen. Die Facetten von NS-Diktatur und -Barbarei sowie Kriegsgeschehen und -folgen spiegeln sich in verschiedensten Figuren. Das widerständige Handeln des Ich-Erzählers bei Böll ist demgegenüber perspektivisch begrenzt, es manifestiert sich in der Weigerung, die Geliebte zu einer Nummer unter anderen zu machen, indem er sie mitzählt.

Fazit
Fast 70 Jahre trennen die vorliegende Kurzgeschichte „An der Brücke" und den Roman „Drachenwand" in der Entstehung. Beide Texte setzen sich illusionslos mit Krieg und Kriegsfolgen erlebenden Protagonisten auseinander. Die verknappte Form der Kurzgeschichte erreicht Lesende heute vermutlich weniger als der breit angelegte Roman mit sympathischen Protagonisten sowie nachvollziehbaren Gedanken, Motiven und Handlungen. Die innerliche Flucht des Ich-Erzählers an der Brücke lädt weniger zu einer Auseinandersetzung ein als das Panorama des Romans „Drachenwand".

Beispiel für eine mündliche Prüfung (z. B. 4. Abiturfach)

1. Prüfungsteil

Inhaltliche Fokusthemen: „unterwegs sein“ – Lyrik von der Romantik bis zur Gegenwart und Georg Büchner, „Woyzeck“

AUFGABENSTELLUNG

1 Interpretieren Sie das Gedicht „Begegnung“ von Joseph von Eichendorff unter Berücksichtigung von Epochenmerkmalen.

Materialgrundlage

Joseph von Eichendorff: Begegnung. Aus: Schulz, Hartwig (Hrsg.): Sämtliche Gedichte. Versepen. Deutscher Klassiker Verlag, Frankfurt/Main 2006, S. 131

Begegnung (1837) *Joseph von Eichendorff (1788 – 1857)*

Ich wandert in der Frühlingszeit,
Fern auf den Bergen gingen
Mit Geigenspiel und Singen
Viel lust'ge Hochzeitsleut,
Das war ein Jauchzen und Klingen!
Es blühte rings in Tal und Höhn,
Ich konnt vor Lust nicht weitergehn.

Am Dorfe dann auf grüner Au[1]
Begannen sie den Reigen,
Und durch den Schall der Geigen
Lacht' laut die junge Frau,
Ihr Stimmlein klang so eigen,
Ich wusste nicht, wie mir geschehn –
Da wandt sie sich in wildem Drehn.

Es war mein Lieb! 's ist lange her,
Sie blickt‘ so ohne Scheue,
Verloren ist die Treue,
Sie kannte mich nicht mehr –
Da jauchzt und geigt's aufs Neue,
Ich aber wandt mich fort ins Feld[2],
Nun wandr ich bis ans End der Welt!

1 Au: Niederung, flaches Gelände an fließendem Wasser mit Wiesen

2 Feld: hier zu verstehen als weitläufige Landschaft

Sie haben 30 Minuten Zeit, sich auf die mündliche Prüfung vorzubereiten (vgl. S. 18).

Folgende **Stichwörter** könnten Sie notieren:

Einleitung, erste Vorstellung:
- Autor: J. v. Eichendorff
- Genre: Liebes- und Naturgedicht
- Entstehung/Veröffentlichung: 1837
- Epochenzuordnung: Romantik

knappe **Inhaltswiedergabe**:
- Situation: Wanderung im Frühling
- Ereignisse: Begegnung mit einer fröhlichen Hochzeitsgesellschaft, Tanzen der Gesellschaft am Dorfrand, Braut mit laut-enthusiastischer Freude
- Lyrisches Ich: erkennt Braut als einstige Geliebte, kein Wiedererkennen ihrerseits, verlässt den fröhlichen Ortes in einer Art (Welt-)Flucht

Lyrisches Ich:
- durchgängige Ich-Botschaften
- Perspektive des zufälligen Zuschauers, Wanderers
- Gefühlswelt zwischen Erleben von Lebensfreude und Wiedererkennen der früheren Geliebten als Braut eines anderen
- Schmerz und Weltflucht

Detailanalyse – formale **Textbeschreibung**:
- drei Strophen mit je sieben Versen (ungewöhnliche Strophenform)
- komplexes Reimschema *a b b a b c c* trotz eher volksliedhaften Anklängen
- Verse vierhebig und dreihebig, überwiegend durch Jamben geprägt
- regelmäßiger Bau mit kleineren Brechungen z. B. in V. 5, 1. Strophe
- mehr Senkungen beim Beschreiben der Hochstimmung und Ausgelassenheit der Hochzeitsgesellschaft
- Aneinanderreihung von Hauptsätzen (Fachbegriff „asyndetische Reihung“, vgl. Epochenmerkmale, S. 125 ff., und „rhetorische Mittel“, S. 208)

Detailanalyse mit Inhaltsbezügen und **Deutungen**:
- Strophe 1 mit zahlreichen positiven Beschreibungen wie „Frühlingszeit“ (V. 1), „es blühte“ (V. 6) als Aufbruch nach den kalten Wintertagen und „Jauchzen und Klingen“ (V. 5) für das Ungezwungene, Spontane der Hochzeitsgesellschaft
- Schlussvers als Selbstaussage, sich mit der Natur und den Menschen glücklich und einverständig zu fühlen – „ich konnt‘ vor Lust nicht weitergeh’n“ (V. 7)
- erste Strophe insgesamt als Feier der Natur und des Menschen als lebensfreudiger Teil in ihr
- Strophe 2 mit genauerer Betrachtung der nun in der Flussebene feiernden Gesellschaft
- Gruppentanz zur Musik von Geigen als Hinweis auf Ausgelassenheit; Herausstechen der Stimme der Braut anhand ihres lauten Lachens
- offenbar charakteristische Stimme, die das lyrische Ich deutlich berührt (V. 13: „Ich wusste nicht, wie mir gescheh’n“)

- Spannungsaufbau durch den Schlussvers, in dem das Tanzen der Braut „in wildem Dreh'n“ (V. 14) benannt, aber noch keine Auflösung bekannt wird
- zweite Strophe insgesamt als Übergang von der jubilierenden Stimmung zu Gedichtbeginn in eine Detailbetrachtung der Feiernden mit ungewissen Elementen in der Gefühlswelt des Wandernden, des lyrischen Ich
- Strophe 3 mit Aufklärung, dass die Braut eine frühere Geliebte des Wanderers ist
- kein Wiedererkennen(-Wollen) auf Seiten der Braut; lyrisches Ich merkt an: „Verloren ist die Treue“ (V. 17)
- erneutes Aufleben von Hochzeitsmusik und -gesellschaft als Signal für Abkehr, Abwendung, fast Flucht des Wanderers
- Ich-Botschaft in den beiden Schlussversen besonders prägnant – Versbeginn „Ich aber ...“ (V. 20); Abwendung von Hochzeitsgesellschaft, Lebensfreude „bis an's End der Welt!“ (V. 21)
- dritte Strophe als Erfahrung von enttäuschter Liebe, Untreue; Weltflucht und -schmerz nun dominantes Gefühl

Zusammenfassung:
- Gedicht der durchlebten, sich stark verändernden Gefühle eines Wanderers
- zunächst Lebensfreude in der Wanderung, im Naturerleben und beim Betrachten der ausgelassenen Hochzeitsgesellschaft
- schließlich aufkommendes Erkennen der Braut frühere Geliebte; damit ein die Welt Flüchtender, einsam Suchender in seinem Schmerz

INFO zur literaturgeschichtlichen Einordnung

Bei der **Romantik als Epoche** sollte eine deutliche Unterscheidung von allgemeinem Sprachgebrauch und literaturgeschichtlichem Begriff präsent sein (vgl. S. 127). Vor allem ist eine Gleichsetzung von klischeehafter Liebesschwärmerei und den differenzierteren Motivsträngen etwa in der Lyrik der Romantik zu vermeiden.

Epochenmerkmale und Gedichtbezüge/Bezug auf Interpretationsschwerpunkt:
- typische Motive der Romantik: idealisierte Natur, Naturerleben, Wanderschaft, schmerzliche, unglückliche Liebe, Melancholie des Einzelnen, Unbestimmtheit von Zeit und Ort; Züge des Märchenhaften hier eher in der überbordend-lustigen Tanz- und Hochzeitsgesellschaft
- Anklänge an das Volkslied; typische, von den Autorinnen und Autoren der Romantik gewollte Nähe zum Einfachen, Ursprünglichen, auch von den Apostrophen wie bei „wandert'“ oder „Viel' lust'ge Wandersleut'“ getragen, einer gewollt-künstlichen Schlichtheit
- dennoch komplexer und in der offenbarten Gefühlswelt mehrdeutiger als in der Romantik populäre Lieder/Volkslieder („Des Knaben Wunderhorn“; Sammlung von Volksliedtexten in der Frühromantik von Achim von Arnim und Clemens Brentano)
- vergleichbar z. B. mit dem bekannten Gedicht „Sehnsucht“ von Eichendorff (Wanderschaft, Gedanke an oder Flucht in die Fremde)

INFO

Erwartet wird in der mündlichen Abiturprüfung **Standard- bzw. Bildungssprache**, mindestens gehobene Umgangssprache. Eine häufige Verwendung der Umschreibung mit „würde" ist zwar grammatisch nicht falsch, gilt aber als stilistisch unschön.

2. Prüfungsteil

Im zweiten Teil der Prüfung ist ein **Gespräch zum gesamten Themenspektrum aus der Qualifikationsphase möglich** (vgl. S. 18, „Die mündliche Abiturprüfung").
Als Beispiel aus dem Inhaltsfeld Texte der Abiturvorgaben 2024 wird das Dramabeispiel „Woyzeck" von Georg Büchner herangezogen.

Der Verlauf des weiteren Prüfungsgesprächs könnte dann so aussehen:

Überleitung:
gedankliche Verknüpfung der beiden Prüfungsteile, z. B. anhand von Lebensdaten zur Zeitgenossenschaft von Eichendorff (1788 – 1859) und Büchner (1813 – 1837)

Frage nach der literarhistorischen Einordnung von „Woyzeck":
- Zuordnung zum Vormärz („Junges Deutschland")
- zeitweilige Parallelität der Epochen bzw. Epochenzuschreibungen Romantik und Vormärz; gegensätzliche Aspekte dieser literarischen Strömungen

Fragen zu Inhalten des Dramas „Woyzeck", z. B. Personenkonstellation:
- Woyzeck ist Soldat mit geringem Einkommen, Beziehung mit Marie, gemeinsames Kind Christian, hat „Nebenjob" als Experimentierobjekt des Doctors,
- Marie mit Beziehung zu Woyzeck, Mutter von Christian, lebt in Armut, ist durch „Glanz" beeindruckbar, beginnt Verhältnis mit Tambourmajor,
- Doctor führt Erbsenexperiment mit Woyzeck durch, erniedrigt ihn zum Versuchsobjekt,
- Hauptmann ist Vorgesetzter Woyzecks, vorgeblich Verfechter von ‚Moral', erniedrigt Woyzeck durch Verspotten,
- Tambourmajor, Aufschneider, Maries Liebhaber, erniedrigt Woyzeck als äußerlich Erfolgreicher und Verführer von Woyzecks Partnerin,
- Andres, Soldat und Zimmergenosse Woyzecks, zeigt keinerlei Verständnis.

Die Woyzeck hierarchisch vorgesetzten bzw. übergeordneten Personen sind: Hauptmann, Doctor, Tambourmajor – ohne Namen, typisiert durch ihre Berufe

Fragen nach „Woyzeck"-Stoff und dem Fragment:
vermutlich 1836 entstandenes Fragment, überliefert in mehreren Entwurfsstufen; früher Tod Büchners 1837

Frage nach historisch-sozialem Hintergrund des „Woyzeck":
Massenhafte Verelendung, u. a. Landflucht (Pauperismus) im Vormärz

Basiswissen

Grundlegende Arbeitstechniken

Arbeitsschritte zur Lösung von Klausuren/Abituraufgaben

Arbeitsschritte	Handlungen
Zeit einteilen und effektiv nutzen	– Auswahlzeit nutzen (z. B. zum genauen Verstehen der Aufgabenstellung) – Zeitkontingent für Texterschließung festhalten – Zeitkontingent für die schriftliche Bewältigung der Teilaufgaben festlegen – Zeitkontingent für die Überarbeitung einplanen
Aufgabenvorschläge lesen, verstehen und auswählen	– Aufgabenvorschläge gründlich lesen – inhaltlichen und methodischen Schwerpunkt klären – eigenes fachliches Vorwissen abrufen – Operatoren und das damit geforderte methodische Vorgehen klären – sich für einen Aufgabenvorschlag entscheiden
Text bzw. Texte mit Blick auf die Aufgabenstellung analysieren	– Lesestrategien nutzen: • 5-Schritt-Lesemethode / scannendes Lesen • Fragen an den Text stellen – Schreibstrategien verwenden – Interpretationsverfahren berücksichtigen – Textanalyse entzerren: • Vorwissen festhalten • äußere Textmerkmale kennzeichnen • Interpretationshypothese aufstellen • Inhalt erschließen • Argumentationsweg bzw. Gedankenführung herausstellen • sprachliche Mittel und ihre Funktion für die inhaltliche Aussage erarbeiten – Erschließungsergebnisse schriftlich festhalten
Klausur schreiben	– Gliederung oder Schreibplan aufstellen – einzelne Gliederungspunkte ausformulieren
Klausur überarbeiten	– Text überarbeiten in Hinsicht auf ... • die inhaltlichen Vorgaben der Aufgabenstellung • die Logik der Gedankenführung • die formale Richtigkeit (Textsorte erfasst?) • die sprachliche Korrektheit (Nachschlagewerk verwenden!)

Texte erschließen

Mit Interpretationsverfahren arbeiten

Für fiktionale Texte – seien sie lyrisch, episch oder dramatisch – gilt grundsätzlich, dass deren Analyse oder Deutung (Interpretation) keine Allgemeingültigkeit beanspruchen kann. Vielmehr ist es nötig, sich der jeweiligen Lesart des Ansatzes, der die Deutung leitet, bewusst zu sein.
Grundsätzlich unterscheidet man zwei Interpretationsansätze:
- die werkimmanente (auch textimmanente) und
- die werkübergreifende (auch textexterne) Interpretation.

Interpretationsverfahren im Überblick

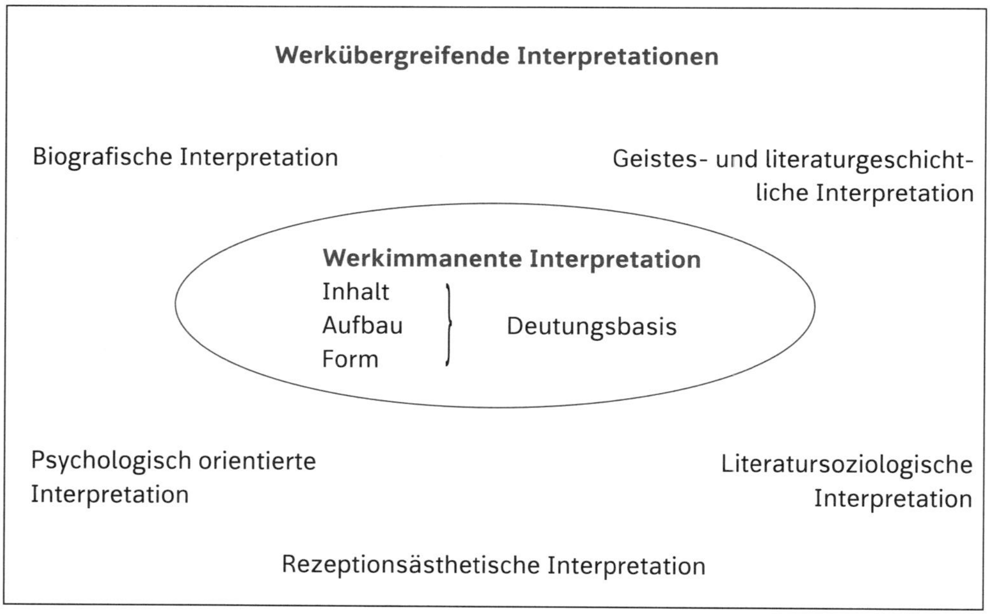

Die werkimmanente Interpretation

Die werkimmanente oder auch textimmanente Interpretation lässt alles Wissen um historische Bedingtheit, soziale Kontexte oder biografische Bezüge außer Acht und sieht den Text als Kunstwerk geradezu autonom. Ohne über den Text hinausgehende Information werden hier möglichst umfassend Inhalt und Form untersucht und interpretiert. Dabei geht es um direkte Aussagen, Verschlüsseltes, bewusst nicht Formuliertes, aber Gemeintes, um den Text in Aufbau und Gestaltung.
Der Schweizer Germanist Emil Staiger prägte diese Richtung des Interpretierens. Sie war in den fünfziger und sechziger Jahren des 20. Jahrhunderts in der Germanistik und im Deutschunterricht dominant.
Dass das Bedingungsgeflecht, in dem ein literarischer Text entstanden ist – und rezipiert wird –, bei dessen Deutung mitzudenken ist, gehört heute zum selbstverständlichen

Denken im Zusammenhang mit Interpretationen. Die **werkimmanente Betrachtung** ist daher inzwischen eher Ausgangspunkt oder **Vorarbeit für die Deutung**.

Werkübergreifende Interpretationen

- Eine *biografisch orientierte Interpretation* untersucht den Text vor allem mithilfe der Lebensgeschichte einer Autorin bzw. eines Autors und deren Selbstaussagen. Ausgangspunkt ist die These, dass sich im Kunstwerk persönliche Erfahrungen in vielfältiger Weise spiegeln.

- Leitender Aspekt einer *psychologisch orientierten Interpretation* ist die Vorstellung, dass eine Autorin/ein Autor oft auch unbewusst die Verarbeitung der eigenen psychischen Situation im Kunstwerk leistet. Modelle der Psychoanalyse, beginnend mit Sigmund Freud (1856–1939), können nach dieser Auffassung zur Entschlüsselung dienen. Wissen über die Biografie ist dafür unerlässlich.

- Eine *geistes- und literaturgeschichtliche Interpretation* versteht den Text als Produkt seiner Zeit, der Strömungen in Philosophie, Kunst, Naturwissenschaften sowie Politik und Gesellschaft. Die jeweilige literarische Epoche bzw. literarische Strömung (→ Barock, → Sturm und Drang, → Romantik etc.) wird zum Einordnungsrahmen der Untersuchung.

- Bei einer *literatursoziologisch angelegten Interpretation* steht das Verhältnis von literarischem Werk und Gesellschaft im Mittelpunkt. Die Frage, ob und wie der Text die politischen und sozialen Konflikte seiner Entstehungszeit aufgreift, ist zentral. Darüber hinaus wird nach dem Zusammenhang von Textproduktion und Textwirkung gefragt. Als dialektisch-materialistischen Ansatz bezeichnet man die literatursoziologische Interpretation, wenn bestimmte Grundannahmen des Marxismus (z. B. das Geschichtsbild: Die Geschichte als Geschichte von Klassenkämpfen) als erkenntnisleitend angenommen werden.

- Bei einer *rezeptionsästhetischen Interpretation* liegt der Schwerpunkt auf der Frage, wie der jeweilige Leser oder das Lesepublikum den Text verstanden bzw. rezipiert hat. Ausgangspunkt ist die Überlegung, dass jeder Leser den Text unterschiedlich auffasst und daher keine „gültige“ Interpretation möglich ist. Die Wirkung eines Textes auf den Leser ist abhängig von dessen Herkunft, dem Zeithintergrund, seinem Alter usw. und ermöglicht daher eine jeweils neue Sicht des Werks.

Als geeignetes Vorgehen für eine Interpretation wird heute in der Regel die **kritisch-hermeneutische Methode** angesehen, die die genannten Ansätze vereinigt und von einem sich sukzessiv entwickelnden Deutungsfortschritt ausgeht. Dabei soll sich der Erkenntnisprozess von einem ersten, noch wenig reflektierten Vorverständnis bis hin zu einer Kontexte unterschiedlichster Art einbeziehenden Interpretation entwickeln (Hermeneutischer Zirkel).

TIPP Fragen an den Text stellen

- Wer hat den vorliegenden Text wann und zu welchem Zweck verfasst (Autor/-in)?
- An wen wendet sich der Text (Leser/-innen, Adressaten)?
- Worum geht es in dem Text (Thema)?
- In welchem thematischen Zusammenhang steht der Text?
- Welches sind – bezogen auf das Thema – die zentralen Aussagen des Textes (strukturierte, phasierte Inhaltsangabe)?
- Welche Position vertritt die Autorin oder der Autor?
- Wie ist der Text gedanklich aufgebaut (Makrostruktur des Textes)?
- Mit welchen sprachlichen und formalen Mitteln wird die Aussageabsicht deutlich gemacht (Mikrostruktur des Textes)?
- Wie beurteile ich den Text vor dem Hintergrund meiner fachlichen Kenntnisse zu diesem Thema?

Es ist hilfreich, die Fragen auf einzelne Blätter zu notieren und die Antworten stichwortartig zu formulieren. Auf diese Weise erhalten Sie ein Schreibgerüst, auf dessen Basis Sie den Klausurtext verfassen können.

Ergebnisse der Texterschließung festhalten

Die Ergebnisse der Texterschließung sollten für die weitere Verarbeitung schriftlich festgehalten werden. Dazu bieten sich folgende Verfahren an:

- Stichpunkte zu den einzelnen Arbeitsschritten der gewählten Lesemethode festhalten.
- Erschließungsergebnisse in einer Mindmap zusammenstellen.
- Ein Schaubild anfertigen, das den gedanklichen Aufbau eines Textes zeigt.
- Die Erschließungsergebnisse in ein Fluss- oder Strukturdiagramm umsetzen (insbesondere für die Erschließung argumentativer Texte geeignet).
- Schlüsselwörter (Wörter, die die zentralen Textaussagen enthalten, d.h. den Text aufschließen) herausschreiben und mit Pfeilen und Symbolen logisch miteinander verbinden.

Diese unterschiedlichen Verfahren sollten im Vorfeld der Prüfung erprobt werden. So können Sie feststellen, welche Verfahren für welche Textsorten besonders geeignet sind und mit welchen Verfahren Sie selbst am besten zurechtkommen.

Typische Schwierigkeiten bei der Texterschließung

Schwierigkeit	Tipps
Ich kann die zentralen Aussagen eines Textes nicht herausarbeiten.	– inhaltlichen Schwerpunkt der Aufgabenstellung klären – Thema formulieren – Text mit Blick auf das Thema lesen – Schlüsselwörter, d. h. immer wieder auftretende Begriffe oder Wörter, die zu einem Wortfeld gehören, markieren – zu jedem Textabschnitt einen Satz formulieren
Ich habe Probleme im Umgang mit schwierigen Textstellen.	– unbekannte Wörter mithilfe eines Wörterbuchs klären – unbekannte Wörter oder schwer zu verstehende Formulierungen aus dem Kontext heraus klären – den Satzbau ändern, Nebensätze in Hauptsätze auflösen, Satzverbindungen herstellen – die Textstelle mit eigenen Worten umschreiben – Fragen an den Text stellen
Ich kann den Aufbau eines Textes nicht erkennen.	– Thema und zentrale These des Textes klären (Hinweise enthalten oft Titel, Untertitel, erster und letzter Abschnitt eines Textes) – These, Argumente, Beispiele mit unterschiedlichen Farben oder Symbolen kenntlich machen – Konnektoren (Satzverbindungen) heraussuchen wie z. B. *dennoch, trotzdem, im Unterschied dazu, obwohl* ... und Bezüge zwischen den Aussagen markieren – Überschriften für Absätze formulieren und mit entsprechenden Satzverbindungen logisch verknüpfen – Textgerüst in Form eines Schaubildes aufzeichnen
Ich gebe den Textinhalt immer nur wieder und analysiere den Text nicht.	– Texterschließung entzerren, nacheinander folgende Fragen beantworten: *Was steht im Text?* *Was bedeutet die Aussage für den gesamten Text bzw. das Thema?* – Textstellen mit eigenen Worten umschreiben, nicht nur Zitate aus dem Text aneinanderreihen
Ich kann keine eigene Position zu einem Text entwickeln.	– sich das eigene Vorwissen vor der Lektüre des Textes klarmachen (thematisches Wissen, Kenntnisse zu Textsorte oder Autor), Cluster oder Mindmap anlegen – Bezugspunkte aus dem Text notieren, auf die ich konkret eingehen will; Vortext in Ich-Form schreiben: *Der Autor schreibt ..., ich meine ...*

Texte schreiben

Schreibstrategien verwenden

Das Schreiben der schriftlichen Abiturarbeit kann durch die Berücksichtigung folgender Schreibstrategien erleichtert werden:

Die 5-Schritt-Schreibmethode

1. Schritt	**Den Schreibprozess organisieren** Vor Arbeitsbeginn wird überlegt: – Wie viel Arbeitszeit steht mir insgesamt zur Verfügung? – Wie viel Zeit setze ich für die einzelnen Arbeitsschritte an?
2. Schritt	**Den Schreibprozess vorbereiten** – Die Aufgabenstellung wird geklärt. – Der Text wird mithilfe geeigneter Lesestrategien erschlossen. – Eine Arbeitshypothese wird formuliert, z. B. *Der Text handelt von ... In dem Text geht es um ... Der Autor vertritt die Position ...* – Eigene Ideen zu Text, Thema, Unterthemen etc. werden notiert.
3. Schritt	**Arbeitsergebnisse strukturieren** – Die Ergebnisse der Texterschließung werden nach Oberthemen sortiert. – Die einzelnen Unterthemen werden in eine logische Abfolge gebracht, z. B. in Form einer linearen Gliederung bzw. einer Mindmap. – Die eigenen Ideen aus Schritt 2 werden zugeordnet.
4. Schritt	**Die Klausur schreiben** – Die Klausur wird auf der Basis der Vorarbeiten geschrieben. Dabei entspricht jeder Gliederungspunkt einem Abschnitt. – Eine Teilaufgabe der Klausur sollte in einem Zug ohne Unterbrechung verfasst werden, damit der Gedankengang nicht gestört wird.
5. Schritt	**Die Klausur überarbeiten** Die Klausur wird überarbeitet im Hinblick – auf das verwendete → Textmuster und dessen Merkmale, – den sachlogischen Aufbau, – die schlüssige Verknüpfung der einzelnen Teile, – die Korrektheit von Rechtschreibung, Zeichensetzung und Grammatik.

Typische Schwierigkeiten beim Schreiben

Schwierigkeit	Tipps
Ich weiß häufig nicht, wie ich mit der „eigentlichen“ Klausur anfangen soll.	– Einleitungssatz bzw. -sätze mit Blick auf die bekannten Textmuster vorbereiten – den möglichen Verlauf der Arbeit in einem Schaubild skizzieren (Begriffsnetz, Flussdiagramm etc.) – einen Gliederungspunkt, bei dem ich mich sicher fühle, als ersten ausformulieren
Ich gebe immer nur den Text wieder, ohne ihn zu analysieren; oft verbinde ich einfach nur Zitate miteinander.	– die Textanalyse mittels Fragen staffeln, z. B. *Was sagt der Autor?* (Informationen entnehmen) *Welche Aussageabsicht hat der Autor?* (Intentionen erkennen) *Welcher Zusammenhang besteht zwischen Inhalt und Form?* (reflektieren) *Welche Position vertrete ich?* (bewerten) – sich von der Textvorlage lösen, eigene Formulierungen finden – Zitate so knapp wie möglich halten
Meine Klausuren werden häufig sehr lang; ich werde kaum mit der Aufgabe fertig.	– das Konzept in wenigen Sätzen skelettartig entwerfen, in welchen die Grundgedanken der Klausur enthalten sind – die Sätze im Sinne von Überschriften für die einzelnen Textabschnitte nutzen – den Text im Hinblick auf Wiederholungen kontrollieren
Ich weiß manchmal gar nicht, was ich zu einem Gliederungspunkt alles schreiben soll. Häufig fällt mir nur ein Satz ein.	– zu einem Gliederungspunkt, der zu knapp ausgefallen ist, ein Cluster anlegen – die Perspektive wechseln: *Was müsste ein Adressat wissen, um meine Gedanken möglichst präzise zu verstehen?* – den Klausurtext mit Beispielen veranschaulichen
Mir fällt es schwer, meine Gedanken so miteinander zu verbinden, dass der logische Aufbau der Klausur deutlich wird.	– den Klausurtext in Sinnabschnitte gliedern – sich logische Zusammenhänge klar machen und entsprechende Satzverknüpfungen verwenden, z. B. *im Hinblick auf, darüber hinaus, im Gegensatz zu, anders als …*
Ich weiß nicht, was eine knappe Zusammenfassung sein soll.	– knapp auf Hauptthese(n) bzw. zentralen Interpretationsansatz eingehen – die eigene Position nochmals verknappt formulieren

Textmuster berücksichtigen

Grundsätzlich gilt: Die in den Klausuren geforderten Textmuster werden im **Präsens** geschrieben. Die Wiedergabe der Äußerungen anderer erfolgt in der indirekten Rede, d. h. im **Konjunktiv I**. Umgangssprachliche Formulierungen werden vermieden.

Textmuster 1: Textanalyse

Eine Textanalyse arbeitet die zentralen Aussagen eines Textes zu einem bestimmten Sachverhalt heraus, beschreibt die einzelnen Bestandteile eines Textes und zeigt deren Vernetzung auf.
Eine Textanalyse umfasst – unabhängig davon, ob ein fiktionaler Text oder ein Sachtext der Arbeit zugrunde liegt – grundsätzlich folgende Bestandteile:

Einleitung

- Die äußeren Textmerkmale werden genannt: Autor, Titel des Textes, Textsorte, Entstehungszeit und -ort, Adressaten des Textes.
- Ein Textauszug wird in einen größeren Gesamtzusammenhang eingeordnet.
- Das Thema des Textes wird formuliert.
- Der Inhalt des Textes wird knapp zusammengefasst.
- Der Text wird knapp beschrieben.

Hauptteil

- Die Untersuchungsergebnisse werden mit Bezug auf die Gliederungspunkte dargelegt. Der Zusammenhang von inhaltlichen Aussagen, Textaufbau und sprachlicher Gestaltung wird berücksichtigt.
- Die Arbeitsergebnisse werden mit Fachkenntnissen und Allgemeinwissen verknüpft.
- Die Gliederungspunkte werden durch Sinnabschnitte gekennzeichnet.
  Die Abschnitte werden durch Überleitungen miteinander verknüpft, z. B. *in diesem Zusammenhang, darüber hinaus, einschränkend, dementsprechend …*
- Zwischenergebnisse werden kenntlich gemacht, z. B. *zusammenfassend kann man sagen, hier lässt sich festhalten …*
- Die Arbeitsergebnisse werden mittels Zitaten und Textbelegen abgesichert.

Schluss

- Die zentralen Arbeitsergebnisse werden mit Blick auf den inhaltlichen Schwerpunkt der Aufgabenstellung bzw. die in der Einleitung formulierte Interpretationshypothese oder die Haupthese(n) zusammengefasst.
- Der Text bzw. die Darstellung des Themas wird in einer knappen eigenen Stellungnahme bewertet.

→ *Hinweis: Zusätzlich müssen jeweils* **textsortenspezifische Besonderheiten** *in den Blick genommen werden.*

Hinweise zum weiterführenden Schreibauftrag

- Der Untersuchungsaspekt des weiterführenden Schreibauftrags wird in der Einleitung zur Aufgabe genannt.
- Eine Verknüpfung zwischen den Ergebnissen aus Teilaufgabe 1 und den Anforderungen des weiterführenden Schreibauftrags (Teilaufgabe 2) wird hergestellt.
- Textübergreifende fachliche Kenntnisse werden dargelegt.

→ *Hinweis: Die Textanalyse ist gegenüber der weiterführenden Schreibaufgabe immer die deutlich umfangreichere Teilaufgabe.*

Textmuster 2: Stellungnahme

Bei der weiterführenden Schreibaufgabe im Anschluss an eine Textanalyse wird häufig eine Stellungnahme verlangt.
Unter einer Stellungnahme versteht man die **Bewertung** eines Sachverhalts, einer Problemstellung **auf der Grundlage fachlicher Kenntnisse**. In einer Stellungnahme sollen Sie sich dementsprechend mit einer Position, einer Fragestellung oder einem Problem argumentativ auseinandersetzen, für das Sie sich vorher entsprechende Kenntnisse erarbeit haben (vgl. Ergebnisse der Textanalyse als Teilaufgabe 1 einer Klausur). In der Stellungnahme soll so auf der Basis von Fachkenntnissen ein **in sich schlüssiges Sachurteil** gefällt werden.

Eine Stellungnahme umfasst folgende Teile:

- Die **Position**, der Gedanke, die Fragestellung, zu der man Stellung nimmt, wird einleitend erwähnt.
- Die eigene Position zum Thema wird in Form einer **These** (Behauptung) formuliert. Diese kann zustimmend, ablehnend oder relativierend sein.
- Die These wird durch **Argumente** (Begründungen) gestützt. Die Argumente werden durch **Beispiele/Belege** veranschaulicht. Argumente und Beispiele zeigen umfassende Fachkenntnisse des Schreibers zu dem angesprochenen Thema. Dabei werden die jeweiligen Argumente gewichtet.
- Mögliche **Gegenargumente** werden in die Stellungnahme einbezogen und soweit möglich **entkräftet**.
- Die eigene zustimmende oder ablehnende **Position** zum Thema wird abschließend **bekräftigt**.

Textmuster 3: Argumentative Entfaltung eines fachspezifischen Sachverhalts im Anschluss an eine Textvorlage

In einer textgebundenen Erörterung steht die sachlich fundierte Auseinandersetzung mit dem in der Textvorlage angesprochenen Thema, mit der Position des Autors und seiner Argumentation im Mittelpunkt. Entscheidend ist, dass die Argumentation in sich schlüssig ist, nicht, welche Position vertreten wird.

Einleitung
- Die übergeordnete Problemstellung wird dargelegt.
- Die äußeren Textmerkmale werden genannt: Autor, Titel des Textes, Textsorte, Entstehungszeit und -ort, Adressaten.
- Das Thema des Textes sowie die Position des Autors werden formuliert.

Hauptteil 1: Analyse des Textvorlage
- Die zentralen Gedanken des Textes werden kurz wiedergegeben und erläutert.
- Die Argumentationsstruktur wird erarbeitet.

Hauptteil 2: Auseinandersetzung mit der Argumentation des Textes
- These(n) und Argumente der Textvorlage werden überprüft, d. h. erläutert, ergänzt, infrage gestellt etc., Gegenargumente werden aufgezeigt und entsprechend gewichtet.
- Ein eigener, sachlich begründeter Standpunkt zu der im Text vertretenen Position wird entwickelt (in Form einer Pro-und-Kontra-Diskussion).
- Der gedankliche Ansatz des Sachtextes, die Position des Verfassers wird in Bezug zu anderen Positionen gesetzt. Dabei greift man auf im Unterricht zu diesem Thema erworbene Kenntnisse (z. B. andere wissenschaftliche oder populärwissenschaftliche Positionen zu der aufgeworfenen Fragestellung) sowie eigenes Hintergrundwissen zurück.

Schluss
- Die Ergebnisse der Erörterung werden in einem abschließenden Urteil zusammengefasst.
- Schlussfolgerungen, die das Thema weiterführen, werden aufgezeigt.

Textmuster 4: Textvergleich

Einem Textvergleich können
- zwei fiktionale Texte (Auszüge aus epischen oder dramatischen Texten; Gedichte),
- zwei Sachtexte oder auch
- ein Sachtext und ein fiktionaler Text

zugrunde liegen. In einer vergleichenden Analyse werden inhaltliche und sprachlich-formale Gemeinsamkeiten und Unterschiede herausgearbeitet. Dafür ist es notwendig, Vergleichspunkte zu finden. Vergleichspunkte sind übergeordnete Kategorien, auf die sich inhaltliche und formale Aspekte beider Texte beziehen lassen.

Einleitung

- Angabe der äußeren Textmerkmale beider Texte (Autoren, Textsorte, Titel, Entstehungszeit und -ort, evtl. Adressaten), z. B. *Bei den vorliegenden Gedichten/Romanauszügen ... handelt es sich um ...*
- Formulierung einer zentralen Vergleichshypothese, die im Hauptteil im Hinblick auf untergeordnete Vergleichspunkte ausdifferenziert wird, z. B. *In beiden Sachtexten geht es um das Thema ...*

Hauptteil

Grundsätzlich sind zwei Vorgehensweisen bei einem Textvergleich möglich:

Linearer Textvergleich	Aspektorientierter Textvergleich
– Textanalyse Text 1 (→ Textmuster S. 118 f.) – Textanalyse Text 2 – abschließender Textvergleich unter ausgewählten inhaltlichen und sprachlich-formalen Vergleichspunkten – zusätzliche Sachkenntnisse einbeziehen	– Vergleichspunkte mit Blick auf den zentralen Vergleichsaspekt entwickeln und als Gliederungspunkte für die Klausur nutzen – Analyseergebnisse im Hinblick auf die Vergleichspunkte **bezogen auf beide Texte** formulieren – zusätzliche Sachkenntnisse einbeziehen

Schluss

Knappe Zusammenfassung der zentralen Vergleichsergebnisse mit Blick auf die in der Einleitung formulierte Vergleichshypothese.

Sowohl bei dem linearen als auch dem aspektorientierten Textvergleich ist es wichtig, immer die Beobachtungen zur Form auch auf den Inhalt zu beziehen, also die Wirkung formaler oder sprachlicher Gestaltungsmittel darzustellen.

TIPP Formulierungshilfen für den Vergleich

- *anders als, im Unterschied zu, wohingegen, demgegenüber, dagegen ...*
- *genauso, übereinstimmend mit, ähnlich, beiden Texten gemeinsam ist ...*

Mit Zitaten und Textbelegen arbeiten

Zitate und Textbelege haben die Funktion, die eigenen Aussagen durch Verweise auf den Ausgangstext abzusichern und nachvollziehbar zu machen.

Regeln für die Arbeit mit wörtlichen Zitaten

- Eine Textstelle, d.h. eine Formulierung, ein Satz oder auch mehrere Sätze, wird wortwörtlich aus einer Vorlage übernommen; das gilt auch für Besonderheiten der Rechtschreibung und Zeichensetzung (z. B. Textvorlagen in alter Rechtschreibung).
- Zitate werden durch Anführungszeichen deutlich gemacht.
- Auslassungen in einem Zitat – unabhängig davon, ob es sich um ein einzelnes Wort, eine Formulierung oder mehrere Sätze handelt – werden durch eckige Klammern mit drei Punkten gekennzeichnet: [...]. Ein Zitat darf nicht soweit gekürzt werden, dass die Aussage verfälscht wird.
- Zitate, die man in den eigenen Text einpasst, müssen in einigen Fällen inhaltlich (z. B. durch ein erklärendes Wort) oder grammatisch (z. B. durch eine Veränderung des Kasus) dem eigenen Satzbau angepasst werden. Die Eingriffe kennzeichnet man durch die Verwendung eckiger Klammern, z. B. *„Er wirft ihm [Danton] vor, dass [...].“*
- Zitate in Zitaten kennzeichnet man mit einfachen Anführungszeichen, z. B. *„wenn Törless die besondere Wirklichkeit immer wieder mit dem Wort ‚es‘ zu fassen sucht.“*
- Zitate werden mit einem Hinweis auf den Fundort beendet. Dies geschieht in Form von Seiten-, Zeilen- oder Versangaben, z. B. *„Er [Törless] hatte jetzt einen ganz neuen Respekt vor der Mathematik“* (S. 75, Z. 3).

Regeln für die Arbeit mit sinngemäßen Zitaten

Für die *Wiedergabe von Aussagen Dritter* verwendet man:
- eine **einleitende Formulierung**, z. B. *Nach Meinung von ...*, bzw. einen entsprechenden Einleitungssatz, z. B. *Der Autor hebt hervor, dass ...* Durch die einleitende Formulierung wird auch das eigene Textverständnis deutlich.
- **indirekte Rede (Konjunktiv I)**, z. B. *Der Gebrauch von Anglizismen habe in Frankreich nicht in gleichem Ausmaß zugenommen.*

TIPP

- **Zitate** sollten **sparsam** verwendet werden.
- Jedes Zitat muss eine Funktion haben, d. h. die eigenen Aussagen absichern.

Singgemäße Zitate werden wie wörtliche Zitate mit einem Verweis auf die Textstelle in Form von Seiten-, Zeilen- oder Versangaben beendet.

Texte überarbeiten

Klausurtexte überarbeiten

Klausurtexte sollten im Hinblick auf inhaltliche und formale Anforderungen überarbeitet werden. Die Überarbeitung sollte in zwei Schritten erfolgen:

Checkliste zur inhaltlichen Überarbeitung

Habe ich die Vorgaben der Aufgabenstellung entsprechend berücksichtigt?
- inhaltliche Vorgaben: Texte, Thema, weiterführende Schreibaufgabe
- methodische Anweisungen: Operatoren (→ S. 10 f.)

Hat meine Arbeit einen roten Faden?
- klare Gliederung
- präzise Zuordnung der Ergebnisse zu den einzelnen Gliederungspunkten
- keine Ausführungen, die nicht zum Thema gehören

Ist meine Arbeit widerspruchsfrei?
- sachliche Richtigkeit
- schlüssige Argumentation

Habe ich mein fachliches Vorwissen eingebracht und logisch mit den neu gewonnenen Untersuchungsergebnissen verknüpft?
- allgemeine Kenntnisse zum Thema
- (literarische) Fachkenntnisse zu Thema, Epoche, Autor, Vergleichstexten

Checkliste zur formalen Überarbeitung

Entspricht meine Arbeit den Vorgaben der vorgegebenen Textsorte (Textanalyse, Textvergleich, Texterörterung, Stellungnahme etc.)?
- Einleitung, Hauptteil, Schluss
- Einteilung in Abschnitte, die aufeinander Bezug nehmen
- logische Verknüpfungen zwischen den einzelnen Abschnitten durch verbindende Wörter oder Formulierungen

Entspricht meine Arbeit den sprachlichen und formalen Erwartungen an eine Abiturklausur?
- präzise Wortwahl
- Verwendung von Fachvokabular
- verständlicher, abwechslungsreicher Satzbau
- Vermeidung von Umgangssprache
- korrektes Arbeiten mit Zitaten und Textbelegen
- sprachliche Korrektheit in Bezug auf Grammatik, Rechtschreibung und Zeichensetzung

Die Ausarbeitung einer persönlichen Checkliste zur Textüberarbeitung hilft Ihnen, den Blick gezielt auf Ihre individuellen Problemfelder zu lenken.

Fehlerquellen ausschalten

TIPP zum Punktesammeln

Wie im Kapitel *Informationen und Tipps zur Prüfung* erläutert (→ S. 9 ff.), wird die Darstellungsleistung in der schriftlichen Prüfung gesondert bewertet. Auf den folgenden Seiten werden Tipps und Hinweise gegeben, wie häufige Fehlerquellen ausgeschaltet werden können, um Abstriche bei der Bewertung zu vermeiden. Erfahrungsgemäß treten Fehler vor allem in diesen Bereichen auf: Schreibweise von *das* und *dass*, Zeichensetzung, indirekte Rede, Zitieren und Angeben von Textstellen.
Überprüfen Sie Ihre Klausuren der letzten Halbjahre daraufhin, ob es (diese oder andere) Fehlertypen gibt, die gehäuft vorkommen.

Schreibweise von *das* und *dass*

Bei *das* handelt es sich entweder um

- den **bestimmten Artikel** *das*: *das Haus, das Auto, das Erfolgsrezept* oder
- das **Relativpronomen** *das*. Es leitet einen Nebensatz ein: *Das Buch, das ich lese, ist spannend*. Es kann zur Probe durch *welcher, welches, welches* ersetzt werden.

Man schreibt *dass*, wenn es sich um eine **Konjunktion** handelt, die Teilsätze miteinander verbindet. Das ist sehr häufig nach Verben des Sagens, Meinens, Glaubens und Denkens der Fall: *Am Ende glaubt die Hauptfigur, dass sie richtig gehandelt hat.*
Die Nichtbeachtung dieser Regel führt zu doppelten Fehlern, weil *dass* nicht richtig geschrieben wird und das erforderliche Komma vor der Konjunktion fehlt.
Ich denke, dass das Buch, das auf dem Tisch liegt, spannend ist.
Konjunktion Artikel Relativpronomen

Zeichensetzung

Infinitivgruppen

In den folgenden drei Fällen müssen bei Infinitivgruppen Kommas gesetzt werden:

- Die Infinitivgruppe wird mit um, ohne, anstatt oder als eingeleitet:
  Der Erzähler schildert die Ereignisse, ohne sie zu kommentieren.
- Die Infinitivgruppe hängt von einem Substantiv ab:
  Karl Moor gibt den Befehl, endlich aufzubrechen.
- Die Infinitivgruppe wird durch ein hinweisendes Wort angekündigt:
  Karl Moor denkt daran, seine Geliebte noch einmal zu treffen.

Satzreihen und Satzgefüge

- Bei **Satzreihen**, die aus zwei oder mehreren Hauptsätzen bestehen und durch Konjunktionen wie *und, oder, beziehungsweise/bzw., entweder – oder, nicht – noch* oder durch *weder – noch* verbunden sind, **kann man ein Komma setzen**. Bei längeren Sätzen sollten der besseren Lesbarkeit wegen Kommas gesetzt werden.

- **Satzgefüge**, die mindestens aus einem Hauptsatz und mindestens einem Nebensatz bestehen, werden **durch Kommas abgetrennt**. Die meisten Fehler werden gemacht, wenn ein **Nebensatz** in einen Hauptsatz eingeschoben ist, da dieser dann durch zwei Kommas abgetrennt werden muss: *Der Leser, der unmittelbar ins Geschehen einbezogen wird, kann die Gefühle gut nachvollziehen.*

Indirekte Fragesätze

Häufig wird das Komma vor indirekten Fragesätzen vergessen.
Alle Anwesenden fragten sich, warum es zu dem Konflikt kommen musste.
Sie wussten nicht, wie diese Auseinandersetzung zu vermeiden war.

Indirekte Rede

Zur Kennzeichnung der Übernahme dessen, was ein anderer wörtlich gesagt hat, verwendet man die indirekte Rede: *Der Verfasser der Rezension stellt heraus, dass ihm der Film nicht gefalle, weil er von der literarischen Vorlage zu weit entfernt sei.*

- Die indirekte Rede wird mit Formen des Konjunktivs I (Präsensstamm) gebildet: *er komme, sie gehe.*
- Wenn dabei eine Übereinstimmung mit der Indikativform vorliegt, werden Formen des Konjunktivs II (Präteritumstamm) verwendet: *er käme, sie ginge.*
- Sollte es dabei immer noch zu Übereinstimmungen mit den Indikativformen kommen, ist auf die Umschreibung mit der Ersatzform „würde" auszuweichen: *er würde fragen.*

Eine häufige Verwendung der Umschreibung mit würde ist zwar grammatikalisch nicht falsch, gilt aber als stilistisch unschön und kann zu gewissen Abwertungen im Bereich der Darstellungsleistung führen.

Zitieren und Angeben von Textstellen

Ein offizielles Bewertungskriterium für die Beurteilung der Darstellungsleistung lautet: „Der Prüfling belegt Aussagen durch angemessenes und korrektes Zitieren". „Angemessenes Zitieren" bedeutet, dass nicht zu viel, aber auch nicht zu wenig zitiert wird und die ausgewählten Zitate funktional sind, d. h. die eigenen Aussagen belegen. Demgegenüber meint „korrektes Zitieren", dass allgemeingültige Regeln bei der formalen Gestaltung der Zitate beachtet werden.

Tipps zum angemessenen Zitieren

- Zitate müssen einen deutlichen Bezug zum eigenen Text haben. Vor allem erklärende, deutende bzw. beurteilende und bewertende Aussagen in den Anforderungsbereichen II und III (→ S. 11 ff.) erfordern eine gründliche Textarbeit.
- Zitate sollten nicht zu lang sein, sondern auf die wirklich notwendigen Textpassagen konzentriert werden. Das Abschreiben von längeren Textstellen stellt keine eigene Leistung dar und ist meistens funktionslos.
- Zitate sollten nicht wiederholen, was bereits mit eigenen Worten gesagt wurde. Also nicht: *Innerlich sehr erregt ruft Karl Moor, dass er der Hauptmann der Räuberbande sein will: „So wahr meine Seele lebt, ich bin euer Hauptmann!"*

Literaturgeschichte im Überblick

Was ist Literaturgeschichte?

Angesichts der Vielfalt literarisch-historischer Erscheinungen – angefangen von Daten zur Geschichte bis hin zu philosophischen Strömungen und Einflüssen oder bedeutenden Autorinnen und Autoren – kann hier nur jeweils eine Übersicht dargeboten werden. Wiederholungs- oder Nacharbeitsbedarf besteht dann, wenn Begriffe nicht inhaltlich gefüllt werden können, Fakten unbekannt erscheinen oder Zusammenhänge zwischen Elementen der Übersichten nicht hergestellt werden können.

Literarische Werke, ihre gegenseitigen Einflüsse und Vernetzungen, sind in ihrer Gesamtheit unüberschaubar. Um dieser Unübersichtlichkeit zu begegnen, wird mit Hilfe der **Epochenbegriffe** versucht, literarische Werke ein- und zuzuordnen. Mit dieser zeitlichen Unterteilung verbunden ist ein Verstehen in historischen, gerade auch geistesgeschichtlichen Zusammenhängen; ein Verständnis, das den jeweiligen Text in seinen Kontext einbettet, soll dadurch erleichtert werden. Das Verfahren der Epochengliederung hat sich als das wirkungsmächtigste Konzept erwiesen, die Literatur chronologisch zu ordnen, ihre Geschichte bis in die Gegenwart hinein als überschaubar zu erfassen.
Der Epochenbegriff bezeichnet den Raum zwischen zwei Einschnitten, die häufig an historischen Daten orientiert gewählt sind. So wird die Literatur von 1830 – 1848 „Vormärz“ genannt – mit der Julirevolution in Frankreich 1830 als einer Art Startschuss, mit der Märzrevolution 1848 in Deutschland als Abschluss.
Solche Epochenbegriffe können zwar der realen Fülle und Vielschichtigkeit der Literatur im entsprechenden Zeitraum nicht gerecht werden, sind aber als Beschreibungen üblich und in gewisser Weise notwendig. Über den Charakter als Konstruktion, also über die Notwendigkeit, Epochenbegriffe auf ihr Herkommen, ihren Gebrauch und ihre Leistung bzw. ihre Grenzen zu befragen, sollte sich der Nutzer dieser Begriffe klar sein. Beispielsweise müssen zum Thema passende Gedichte der deutsch-jüdischen Autorin Nelly Sachs zur Exilliteratur gezählt werden, auch wenn sie erst nach 1945 entstanden sind. Auch die mit jedem Epochenbegriff verbundene Schwierigkeit einer Zuordnung, ohne dass das literarische Werk „in eine Schublade“ gerät, muss sich derjenige, der einen Epochenbegriff benutzt, bewusst machen.

Grenzziehungen und Benennungen sind zwar durchaus unterschiedlich, gelegentlich kontrovers. Aber aus den üblichen Einteilungen lässt sich die auf den Folgeseiten im Überblick dargestellte Epochenübersicht entnehmen.

Übersicht über Epochen bzw. literarische Strömungen

Zeit	Epoche	Ergänzende kulturgeschichtliche Begriffe
um 750 – 1600	Alt-, Mittel-, Frühneuhochdeutsche Literatur	Renaissance, Humanismus
um 1600 – 1720	Barock	
	Von der Aufklärung bis zum Vormärz	
um 1720 – 1800	Aufklärung	
um 1740 – ca. 1785	Sturm und Drang / Empfindsamkeit	
um 1786 – 1805	Klassik	Weimarer Klassik
um 1795 – 1840	Romantik	
um 1830 – 1848	Frührealismus	Junges Deutschland / Vormärz / Biedermeier
	Vom Realismus bis zur Exilliteratur	
um 1850 – 1890	Realismus	
um 1880 – 1900	Naturalismus	
um 1880 – 1930	Literarische Moderne	Expressionismus, Symbolismus, Impressionismus, Décadence, Fin-de-Siècle, Jugendstil
um 1920 – 1933	Literatur der Weimarer Republik	Neue Sachlichkeit
1933 – 1945	Exilliteratur	
	Literatur nach 1945	
um 1945 – 1960	Nachkriegsliteratur	Kahlschlagliteratur, Literatur der Stunde null, Trümmerliteratur
ab 1960	Literatur des ausgehenden 20. Jahrhunderts	DDR-Literatur, Politisch engagierte Literatur, Konkrete Poesie, Neue Subjektivität, Postmoderne, Literatur der Wende
ab 2000	Gegenwartsliteratur	Interkulturelle Literatur, Netzliteratur, Poetry Slam etc.

Vom Barock über die Aufklärung bis zum Scheitern der bürgerlichen Revolution in Deutschland (1600 – 1848)

Die Auflösung der religiösen Einheit des Mittelalters durch die Reformation sowie sich verschärfende soziale und politische Konflikte entluden sich schließlich im **Dreißigjährigen Krieg (1618 – 1648)**. Ungefähr ein Drittel der Bevölkerung fiel ihm zum Opfer, er hinterließ verwüstete Landstriche und zerstörte Städte. Der Wiederaufbau förderte in den Fürstentümern die Entwicklung zum **Absolutismus**. Starke mentale sowie soziale Widersprüche prägen die Epoche des Barock: Auf der einen Seite finden sich aufgrund des erlittenen Leids Weltangst und Jenseitsorientierung, auf der anderen Seite Diesseitszugewandtheit, Sinnenlust und Lebensgier. Die Antithetik der Schlagworte „memento mori“ (gedenke des Todes) und „carpe diem“ (nutze den Tag) kennzeichnen das Lebensgefühl und damit auch die Literatur des ***Barock***.
Um 1800 wird das literarische Selbstverständnis von Stilrichtungen, mentalen Konzepten und philosophischen Neuausrichtungen wie → *Aufklärung,* → *Sturm und Drang,* → *Empfindsamkeit,* → *Klassik* und → *Romantik* geprägt, die sich als Reflexe auf eine Welt im beschleunigten Wandel und Umbruch deuten lassen. Zentrales Ereignis mit weitreichenden Wirkungen war die **Französische Revolution 1789** mit ihrer Leitidee der Befreiung, verbunden mit der Emanzipation der Bürger. Das gedankliche Rüstzeug für diese Bewegung ist in den Ideen der Aufklärung seit 1720 zu finden.
Der Lebensentwurf und die Weltsicht des Bürgertums setzte sich in Mitteleuropa, auch in Deutschland, zunehmend durch: Der Standesdünkel des Adels mit den durch die Herkunft ererbten Privilegien war dem Verständnis vom Bürger mit Blick auf Entfaltung der Persönlichkeit, auf Vorrang der eigenen Leistung und Tugend allein schon in moralischer Hinsicht nicht gewachsen. Ob im streng **rationalen Denken der *Aufklärung*** oder im **Geniekult des *Sturm und Drang***, ob in der allseitig **gebildeten Persönlichkeit der *Klassik*** oder im **übersteigerten Ich der *Romantik*** – in allen literarischen Strömungen sind der Einzelne und sein Wert, sein Engagement und letztlich seine Autonomie bedeutsamer als alle gesellschaftlichen Schranken.
Damit gehen unterschiedliche politische Entwicklungen einher: Ist in Frankreich gleich dreimal (1789, 1830 und 1848) eine revolutionäre Bewegung von Erfolg gekrönt, bleiben in Deutschland demokratische, auch nationale Hoffnungen nach den Befreiungskriegen 1813 – 1815 und im gesamten Zeitraum bis zur bürgerlichen Revolution 1848/49 und danach unerfüllt. Die Revolution in Deutschland fand allenfalls auf dem Papier (von Schriftstellern) statt. Die Autoren des *Vormärz* waren Opfer der restaurativ-autoritären Strukturen im von Österreich-Ungarn und Preußen geprägten Deutschland.
Das Überlappen der Epochen, die Gleichzeitigkeit stark divergierender Phänomene, ist ein Kennzeichen des Umbruchs um 1800. Lassen sich *Aufklärung* einerseits und *Sturm und Drang* bzw. *Empfindsamkeit* andererseits noch als Gegensätze und Ergänzung verstehen, sind *Klassik* und *Romantik* sowie *Romantik* und *Vormärz* kaum mehr in eine solche Beschreibung zu integrieren. Zuordnungen – etwa die Heinrich von Kleists zu *Klassik* oder *Romantik* – sind in unterschiedlicher Weise möglich; ein Autor wie Heinrich Heine zwischen *Romantik* und *Jungem Deutschland* verkörpert in seiner Person und seinem breiten literarischen Profil die Tendenzen seiner Zeit gleich mehrfach.

Barock (um 1600 – 1720)

Epochenbegriff
Zunächst als Stilbegriff für Bildende Kunst und Musik benutzt und später auf die Literatur übertragen, wird „Barock" im 20. Jahrhundert zum Epochenbegriff. Geprägt ist die Epoche von scharfen Gegensätzen und einem dualistischen Weltbild.

Geschichte und Gesellschaft
1517 Luthers Thesen an der Schlosskirche in Wittenberg, Beginn der Reformation, Folgen: zunehmende Interessenkonflikte zwischen katholischen und protestantischen Staaten (Klammer des mittelalterlichen „Heiligen Römischen Reichs deutscher Nation" wirkt nur noch formell)

1618 – 1648 Dreißigjähriger Krieg, Folgen: Verwüstung weiter Teile Mitteleuropas, Verlust von mind. einem Drittel der Bevölkerung, anschließend soziale, ökonomische und kulturelle Rückständigkeit

1643 – 1715 Frankreich: Ludwig XIV., frz. Absolutismus; in Deutschland:
- Flickenteppich deutscher Fürstentümer und Kleinstaaten, Residenzstädte sind Zentren der Künste und Wissenschaft
- Orientierung am Absolutismus, Festigung der mittelalterlichen Ständegesellschaft mit Bürger und Bauern als drittem Stand (nach Adel und Geistlichkeit)
- Merkantilismus (Frühkapitalismus) bietet Entwicklungschancen für das Gewerbe und Handel treibende Bürgertum
- Bildungsträger: Männer aus Adel und gehobenem Bürgertum, städtisches Bevölkerung zunehmend Kulturträger; keine Bildung für breite Bevölkerungsschichten

Welt- und Menschenbild
- Ordo-Gedanke des Mittelalters trägt noch: irdische Ordnung als Spiegel der göttlichen Heilsordnung (Einheit von Gott und Welt)
- scharfe Kontraste/Dualismus: Leben und Tod, Zeit und Ewigkeit, Diesseitsfreude und Jenseitssehnsucht, Weltgenuss und religiöse Ekstase
- philosophische Systeme des Rationalismus und Empirismus sowie der beginnenden Aufklärung ↔ Hang zur mystischen Innerlichkeit im religiös-philosophischen Bereich

Gattungen, Autor/-innen, Werke
Prägend: Sonett und Ode in der Lyrik,
Kennzeichen: Strenge der Form, Emblem als eigene Kunstform, Regelpoetik von Martin Opitz (1597 – 1639)
Geistliche und weltliche Sonette:
Simon Dach (1605 – 1659), Paul Fleming (1609 – 1640), Andreas Gryphius (1616 – 1664), Catharina R. von Greiffenberg (1633 – 1694), Christian Hofmann v. Hofmannswaldau (1617 – 1697), Paul Gerhardt (1607 – 1676)
Schelmenroman: H. J. C. v. Grimmelshausen (1621/22 – 1676) *Der abenteuerliche Simplicissimus*

Literarisches Leben – Themen und Motive der Literatur
- allgemein: Widersprüchlichkeit der Zeit, ihre Spannungen und Gegensätze: Lebenslust ↔ Todesangst, absolutistische Prachtentfaltung ↔ menschliches Elend, höfische Repräsentationskultur ↔ Erstarken des bürgerlichen Standesbewusstseins
- Sprachgesellschaften zur Stärkung des Deutschen als Nationalsprache
- *vanitas – memento mori – carpe diem* als Motive in der Lyrik
- Emblem (Bild) als eigene Kunstform: beliebte Zusammensetzung aus Bild und Text, (Pictura), meistens allegorisch, häufig Motiv aus Natur, Kunst oder biblischer Geschichte bzw. Mythologie; zugehöriger Titel (Inscriptio = Motto) sowie den Sinn erläuternde Unterschrift (Subscriptio), häufig als Epigramm

Aufklärung (um 1720 – 1800)

Epochenbegriff
Als besonderer Einschnitt wird aus Sicht von Zeitgenossen wie im Rückblick die Epoche der *Aufklärung* angesehen. Der Begriff – im Englischen und Französischen noch deutlicher als „age of enlightenment" bzw. „siècle de lumière" bezeichnet – steht für das Bild vom Licht, das der Gebrauch der Vernunft in die Menschheit bringe. Bei Immanuel Kant ist vom „Ausgang [des Menschen] aus seiner selbst verschuldeten Unmündigkeit" die Rede. Bürgerlich-philosophisches Aufbegehren gegen die Autorität von Adel und Kirche, Kritik am absoluten Wahrheitsanspruch der Religion und an der absoluten Monarchie spiegelten sich in der Literatur in neuen Genres wie dem bürgerlichen Trauerspiel wider.

Geschichte und Gesellschaft
1740 – 1786 Friedrich der Große
1755 Erdbeben von Lissabon
1756 – 1763 Siebenjähriger Krieg
1768 Erfindung der Dampfmaschine
1775 Letzter Hexenprozess in Deutschland
1776 USA: Unabhängigkeitserklärung
1789 Französische Revolution

- Bürgertum als ökonomisch bedeutendste Schicht (Manufakturwesen)
- Aufgeklärter Absolutismus (Fürst als erster Diener des Staates)

Welt- und Menschenbild
- Siegeszug der Naturwissenschaften und des naturwissenschaftlich geprägten Denkens
- Begründung der neuzeitlichen Philosophie durch R. Descartes (1596 – 1650): „Ich denke, also bin ich." (Rationalismus)
- Wegbereiter der Aufklärung v. a. I. Newton, F. Bacon, B. Spinoza, J. Locke (Empirismus), in Deutschland G. W. Leibniz
- Immanuel Kant (1724 – 1804) *Beantwortung der Frage: Was ist Aufklärung?*
- Fortschrittsglaube, Weisheit und Tugend als Kernbegriffe
- Menschenbild einer angeborenen Humanität, Toleranzgedanke

Literarisches Leben – Themen und Motive der Literatur
- Universallexika, z. B. *Enzyklopädie* von Diderot und d'Alembert mit 35 Bänden als Darstellung des Wissens einer Zeit
- deutlich erweitertes Lesepublikum; erheblich größerer Markt für Zeitschriften und andere Publikationen
- Aufgabe von Dichtung ist „prodesse et delectare" (nützen und erfreuen) im Gegensatz zu höfischer Dekoration
- Bürgerliches Trauerspiel in Abgrenzung von der Ständeklausel des Barock; Akzent als Familiendrama; Mitleiden des Zuschauers als Ziel

Gattungen, Autor/-innen, Werke
J. Ch. Gottsched (1700 – 1766) *Versuch einer Critischen Dichtkunst vor die Deutschen*
G. E. Lessing (1729 – 1781) *Minna von Barnhelm, Emilia Galotti, Nathan der Weise, Hamburgische Dramaturgie, Fabeln*

Ch. M. Wieland (1733 – 1813)
Die Abderiten
G. Ch. Lichtenberg (1742 – 1799)
Aphorismen
Ch. F. D. Schubart (1739 – 1791)
Deutsche Chronik
M. Claudius (1740 – 1815)
Gedichte, Kurzprosa

Sturm und Drang / Empfindsamkeit (um 1740 – 1785)

Epochenbegriff

Als eine europäische Gegenbewegung zur von der *Aufklärung* betonten Rationalität bildete sich die *Empfindsamkeit* heraus, die „Herz" und „empfindsam" zu Modewörtern werden ließ und Seele wie Sensibilität in den Mittelpunkt rückte.

Eng damit verknüpft entwickelt sich – benannt nach dem Titel eines Dramas von Friedrich Maximilian Klinger (1752 – 1831) – die literarisch-revolutionäre Bewegung des *Sturm und Drang*. Junge Literaten feiern dabei den natürlichen, unverbildeten Menschen in seiner Individualität. Besonders hervorgehoben wird das Gefühlvolle und Schöpferische, zugespitzt im Begriff des „Genies". Freiheit von Bevormundung und unbegründeter Autorität knüpfen an Gedankengut der Aufklärung an.

Geschichte und Gesellschaft

→ Aufklärung

1774 Erscheinen des *Werther* von J. W. Goethe

Literarisches Leben – Themen und Motive der Literatur

- Gefühlsintensität mit metaphorischen Wendungen wie „Meer der Empfindungen", „Sturm der Begeisterung" oder „Mutter Natur"
- Suche nach der natürlichen Form der Sprache, dem spontan Gesprochenen (z. B. Ausrufe, unvollständige Sätze im Drama)
- Vorstellung vom dichterischen Genie als Orientierung an der Bibel, Homer oder Shakespeare als idealisierte Beispiele für Weltliteratur
- „Wertherfieber": Goethes Briefroman als Schlüsseltext der Epoche mit großer gesellschaftlicher Wirkung
- Genres wie *Tagebuch*, *Autobiografie* und *Briefroman* als Träger der Gefühlskultur
- Freiheitsdrang und Aufbegehren gegen Willkür ohne direkte politische Richtung in den Dramen von Schiller und Goethe
- Abkehr von Begrenzungen und formalen Regeln

Welt- und Menschenbild

- Einfluss des *Pietismus* (lat. *pietas* Frömmigkeit); Bewegung einer Erneuerung des Protestantismus, die dem Dogmatismus einer erstarrten Kirche entgegengesetzt auf eine alternative Frömmigkeit setzte
- Kultur der Affekte, Suche nach einer volksnahen, sinnenkräftigen und bildreichen Sprache
- Dichter als Schöpfer in Anlehnung an J. J. Rousseaus Aufforderung „Zurück zur Natur"
- Dichter des *Sturm und Drang* stark geprägt vom Pantheismus, der Vorstellung eines Weltganzen, in dem Mensch, Natur und All verbunden sind

Gattungen, Autor/-innen, Werke

F. G. Klopstock (1724 – 1803) *Der Messias*

J. G. Herder (1744 – 1803) *Stimmen der Völker in Liedern*

J. M. R. Lenz (1751 – 1792) *Der Hofmeister, Die Soldaten*

J. W. Goethe (1749 – 1832) *Götz von Berlichingen, Die Leiden des jungen Werthers*, Gedichte (u. a. *Prometheus, Willkommen und Abschied, Mailied*)

F. Schiller (1759 – 1805) *Die Räuber, Kabale und Liebe*

Klassik (um 1786 – 1805)

Epochenbegriff

Ein „classicus“ (ein Bevorzugter) war bei den Römern ein Bürger erster Klasse. Davon abgeleitet meint *Klassik* einerseits die Blütezeit in der Dichtung oder in den Künsten allgemein eines Volkes oder einer Nation, anderseits bei der *deutschen Klassik* eine Orientierung am Vorbild der Antike, für die Klassiker der Inbegriff der Vollkommenheit. Während als *englische Klassik* die Zeit Shakespeares gilt, ist *Klassik in der deutschen Literatur* mit Goethe und Schiller verbunden, vor allem mit ihrem gemeinsamen Wirken in Weimar. Nach dieser Einteilung ist Schillers Todesjahr 1805 als Ende der Epoche gesetzt, in anderen Versionen Goethes Todesjahr 1832. Auch Hölderlin, Kleist und Jean Paul werden in einigen Darstellungen zu den Autoren der Klassik gezählt.

Geschichte und Gesellschaft

1793 Französische Revolutionstruppen im Rheinland, Gründung deutscher Jakobinerklubs

1799 Staatsstreich Napoleon Bonapartes

1803 Reichsdeputationshauptschluss; Neuordnung in Deutschland unter französischem Einfluss

1804 Code civil; Schaffen modernen Rechts durch Napoleon Bonaparte

Literarisches Leben – Themen und Motive der Literatur

- Freundschaft von Goethe und Schiller (1794 – 1805): *Xenien*
- Weimar als kulturelles Zentrum mit europäischer Ausstrahlung: *Weimarer Klassik*
- Ausgleich und Harmonie in der künstlerischen Gestaltung nach antikem Vorbild
- leitende Vorstellung eines organischen Wachstums, das dichterisch zu gestalten sei, verknüpft mit Vernunft, Selbstzucht und sittlicher Läuterung
- Konzept der ästhetischen Erziehung zur Veredelung des individuellen Charakters
- Monatsschrift *Die Horen*, herausgegeben von Schiller, als Programmschrift der deutschen Klassik

Welt- und Menschenbild

- Antikeverklärung als „edle Einfalt und stille Größe“ (Kunsthistoriker J. J. Winckelmann)
- Streben nach Vorbildhaftem, Normsetzendem, überzeitlich Gültigem; Empfänglichkeit für „alles Gute, Schöne, Große, Wahre“ (Goethes *Maximen und Reflexionen*)
- Ideal der Humanität in Anlehnung an Leitgedanken der Aufklärung, reflektiert durch Erfahrung mit der Französischen Revolution und der Schreckensherrschaft 1792–1794
- Abkehr vom Subjektivismus des *Sturm und Drang*

Gattungen, Autor/-innen, Werke

J. W. Goethe (1749 – 1832) *Egmont, Iphigenie auf Tauris, Hermann und Dorothea, Faust I und II*; *Wilhelm Meisters Lehrjahre, Dichtung und Wahrheit*; Gedichte

F. Schiller (1759 – 1805) *Don Carlos, Maria Stuart, Wallenstein-Trilogie, Die Jungfrau von Orleans*; Gedichte/Balladen: *Die Bürgschaft, Der Ring des Polykrates*

J. Paul (1763 – 1825) *Titan, Flegeljahre*

F. Hölderlin (1770 – 1843) *Hyperion*

H. v. Kleist (1777 – 1811) *Michael Kohlhaas*; *Prinz Friedrich von Homburg*; *Der zerbrochene Krug*

Romantik (um 1795 – 1840)

Epochenbegriff
Die Epochenbezeichnung *Romantik* lässt zwar Bezüge zum heutigen Verständnis des Begriffs erkennen, darf aber nicht mit dem Klischee von Romantik – etwa aus der Werbung – verwechselt werden. Eine Betonung des Gefühls ist durchaus Kennzeichen der *Romantik*, dabei geht es den Romantikern um Intensivierung des Lebens, um das Wunderbare und Geheimnisvolle – bis hin zum Dunklen, Geheimnisvollen und Abseitigen. Es besteht eine Sehnsucht nach Entgrenzung und unerreichbarer Ferne, auch eine Idealisierung von Vergangenem, z. B. des Mittelalters. Dabei wird die angestrebte Intensivierung durch ein Poetisieren der Welt erreicht. Statt Auseinandersetzung mit der Wirklichkeit, z. B. der beginnenden Industrialisierung, ist eine Verklärung von Natur zur Idylle kennzeichnend.

Geschichte und Gesellschaft

→ Klassik
1804 – 1814 Napoleon I.
1806 Ende des Hl. Römischen Reiches deutscher Nation
1806 Schlacht von Jena und Auerstedt: vernichtende Niederlage Preußens
1807 – 1814 Preußische Reformen
1813 „Völkerschlacht" bei Leipzig
1813 – 1815 Befreiungskriege
→ Vormärz / Junges Deutschland

Welt- und Menschenbild

- Philosophie des deutschen Idealismus, bes. geprägt von J. G. Fichte (1762 – 1814)
- intensiv gelebtes Christentum bei einigen Romantikern, auch Einbeziehen der Schriften von F. Schleiermacher (1768 – 1834) *Über die Religion, Reden an die Gebildeten unter ihren Verächtern*

Literarisches Leben – Themen und Motive der Literatur

- Interesse an Geschichte, Sprache, Poesie und Mythologie des deutschen Volkes (Mittelalter, *Nibelungenlied*)
- Lebens- und literarische Haltung mit Konzentration auf das Private (Lebensglück in der Familie) und einem Hang zum Resignativen
- Unterschiedliche Zentren: Frühromantiker um die Gebrüder Schlegel (romantische Ironie); Heidelberger Romantik um A. v. Arnim und C. Brentano; schwäbische Romantiker: G. Schwab, W. Hauff, L. Uhland
- Lyriker der Befreiungskriege, u. a. Th. Körner und E. M. Arndt, mit nationalistischen Tönen
- Vorliebe für Volkslieder (Sammlung *Des Knaben Wunderhorn* von C. Brentano und A. v. Arnim), Märchen (J. und W. Grimm) und fantastische Erzählungen

Gattungen, Autor/-innen, Werke

A. W. Schlegel (1767 – 1845) *Vorlesungen*
Rahel Varnhagen van Ense (1771 – 1833) Briefe, Tagebücher
Novalis (1772 – 1801) *Heinrich von Ofterdingen*
F. Schlegel (1772 – 1829) *Lucinde*
L. Tieck (1773 – 1853) *Der blonde Eckbert*
E. T. A. Hoffmann (1776 – 1822) *Lebensansichten des Katers Murr*
C. Brentano (1778 – 1842) Gedichte u. a. *Der Spinnerin Nachtlied*
J. v. Eichendorff (1788 – 1857) *Aus dem Leben eines Taugenichts*
H. Heine (1797 – 1856) *Das Buch der Lieder*
W. Hauff (1802 – 1827) Märchen; *Das kalte Herz*

Vormärz / Junges Deutschland (um 1830 – 1848)

Epochenbegriff

Als *Vormärz* wird die Zeit nach der Julirevolution in Frankreich 1830 bis zur Märzrevolution in Deutschland 1848 bezeichnet. Gemeint sind Autor(inn)en, die im Gegensatz zu den Romantikern – aber durchaus auch in Überschneidungen – in ihren Werken politisch Position bezogen und damit häufig das Risiko von Verhaftung oder Exil in Kauf nahmen. Einige Schriftsteller bildeten als das *Junge Deutschland* eine Oppositionsgruppe, darunter Ludwig Börne und Heinrich Heine. *Biedermeier* meint hingegen die gleichzeitig zu beobachtende literarische Strömung eines Rückzugs, einer Akzeptanz des Bestehenden in der Nachfolge der *Romantik*.

Geschichte und Gesellschaft

1814/15 Wiener Kongress, politische Restauration mit Gründung des Deutschen Bundes und der „Heiligen Allianz“
1817 Wartburgfest
1819 Karlsbader Beschlüsse, Verfolgung sog. Demagogen
1830 Julirevolution in Frankreich und revolutionäre Bewegungen in Europa
1832 Hambacher Fest
1835 Erste Eisenbahn in Deutschland
1837 Professorenprotest der „Göttinger Sieben“
1844 Schlesischer Weberaufstand
1848 „Märzrevolution“ in Berlin und Wien; erste deutsche Nationalversammlung in der Frankfurter Paulskirche
1849 Ablehnung der Verfassung durch den preußischen König; Scheitern der demokratischen Bewegung

Literarisches Leben – Themen und Motive der Literatur

- satirische Feuilletons, Flugschriften und Kampflieder von literarischem Rang; Ironie als Waffe gegen Zensur
- erste sozialkritische Dramen mit naturalistischen Zügen (G. Büchner *Woyzeck*)

Welt- und Menschenbild

- Parteinahme für demokratische, soziale Bewegungen und für die nationale Einheit Deutschlands
- Selbstverständnis als Vorreiter gesellschaftlicher Emanzipation
- Abgrenzung von Weimarer Klassik und Romantik (H. Heine: „Ende der Kunstperiode“)
- Aufwertung journalistischer Formen und journalistischer Tätigkeit von Schriftstellern

Gattungen, Autor/-innen, Werke

H. Heine (1797 – 1856) journalistische Texte, Reisebilder, Gedichte, Verserzählung: *Deutschland. Ein Wintermärchen*
G. Herwegh (1817 – 1875) Gedichte
F. Freiligrath (1810 – 1876) Gedichte
L. Börne (1786 – 1837) Politische Schriften
G. Weerth (1822 – 1856) Gedichte
G. Büchner (1813 – 1837) *Dantons Tod, Woyzeck*; *Leonce und Lena*; *Lenz*; *Der Hessische Landbote*

Biedermeier

A. v. Droste-Hülshoff (1797 – 1848) *Die Judenbuche*
E. Mörike (1804 – 1875) Gedichte
A. Stifter (1805 – 1868) *Der Nachsommer*

Vom Realismus bis zur Exilliteratur

Literarische Moderne (um 1880 – 1930/33)

Das Nebeneinander bzw. die Gleichzeitigkeit unterschiedlichster, z. T. widersprüchlichster literarischer Strömungen, Stile (Stilpluralismus), Tendenzen, Entwürfe, Programme (Polarität), basierend auf der Orientierungslosigkeit in einer durch gesellschaftliche, ideologische, normative und ästhetische Brüche gekennzeichneten Welt prägt die Zeit um 1900. Laut Thomas Mann weist dies auf den „Willensausdruck dieser sehr reich bewegten Zeit, in der viele Strömungen [...] sich überkreuzten und ineinander übergingen" hin. Man spricht auch von der **„Gleichzeitigkeit des Ungleichzeitigen"**: Der Widerspruch, z. B. zwischen dem sich als autonom verstehenden Individualkunstwerk und der entstehenden Massenkultur (Trivialliteratur), gilt als Grundmuster der „Literarischen Moderne". Die **propagierte „Modernität"** ist das gemeinsame Bindeglied dieser heterogenen und disparaten Richtungen und Stile, weshalb die Zeit vor dem Ersten Weltkrieg heute nicht als das Ende des 19. Jahrhunderts, sondern als der Beginn des 20. Jahrhunderts gesehen wird.
Den anerkannten literarischen Strömungen des **Naturalismus**, **Impressionismus** und **Expressionismus** werden andere Stilrichtungen, die aus der bildenden Kunst oder aus dem französischen Kulturraum übernommen wurden, an die Seite gestellt: *Symbolismus, Ästhetizismus, Décadence, Fin de Siècle, Neuklassik, Neuromantik, Jugendstil, Dadaismus* und v. a. m. Allen gemeinsam ist ein verändertes, z. T. **neues Verhältnis zur Sprache**, deren Leistungsfähigkeit als **Mittel der Kommunikation** als problematisch erlebt wurde (Sprachkrise als Bewusstseins- und Wahrnehmungskrise). Wichtigstes Dokument dieser Sprachskepsis ist Hugo von Hofmannthals fiktiver Brief des Lord Chandos (*Ein Brief*, 1901). Zu den bedeutendsten Autoren der Zeit zählen neben Hugo von Hofmannsthal Stefan George, Franz Kafka, Thomas und Heinrich Mann, Robert Musil und Rainer Maria Rilke.
Anhand der oben skizzierten Auffächerung der Literatur der Jahrhundertwende mit ihren unterschiedlichen Strömungen und Tendenzen, den teils aus der bildenden Kunst, aus der Architektur, der Geschichte übernommenen Bezeichnungen, lässt sich das grundsätzliche Problem der Einteilung der Literatur in Epochen, die vermeintlich streng voneinander getrennt sind, sehr gut demonstrieren. Die literarische Strömung des Expressionismus lässt sich ohne den Zusammenhang mit den Stilrichtungen des Impressionismus und des Symbolismus z. B. gar nicht erklären. Fast alle Dichter der Sammelbewegung sind junge Intellektuelle, die sich kritisch mit Problemen der modernen Zivilisation auseinandersetzen, aber auch mit erstarrten Konventionen und verlogenen Moralvorstellungen sowie Stillstand in Sprache und Form. Das Pathos des *Spätexpressionismus* bzw. dessen gefühlsbetontes, irrationales Moment ist wiederum eine wichtige Ursache für die Hinwendung einer neuen literarischen Bewegung zu eher tatsachenorientierter Literatur, die mehr an inhaltlichen als an formalen Fragen interessiert ist. Die *Neue Sachlichkeit* wird dabei stark durch die funktionale Ästhetik der Bauhausarchitektur beeinflusst.

Realismus (um 1850 – 1890)

Epochenbegriff

Man unterscheidet zwischen a) typologischem Realismusbegriff (Realismus als epochenübergreifendes Darstellungsmerkmal) und b) literaturgeschichtlichem Epochenbegriff *Realismus*. Der Epochenbegriff *Realismus* bezeichnet die europäische Literaturepoche zwischen Romantik und Naturalismus. Wirklichkeitsnähe, Lebensechtheit, Widerspiegelung der Alltagswelt sind gefordert, außerdem Beispielhaftigkeit, Verdichtung, Verklärung („poetischer Realismus") im Sinne eines poetischen Mehrwerts, der das gewöhnliche Bild der Erscheinungen übersteigt. Die Wirklichkeit soll durch Auswahl und Konzentration auf Details entstehen, die Distanzierung des Autors wird gefordert.

Geschichte und Gesellschaft

1848/49 Gescheiterte Revolution
ab 1864 Aufstieg Preußens
1870 / 71 Deutsch-französischer Krieg, Proklamation des preußischen Königs Wilhelm I. zum Deutschen Kaiser in Versailles, Einigung des Reichs, Bismarck Reichskanzler („Gründerzeit")
1878 „Sozialistengesetze": Unterdrückung sozialdemokratischer Gruppierungen
1888 – 1918 Wilhelm II. deutscher Kaiser („Wilhelminisches Zeitalter"); Beginn des deutschen Imperialismus

- zunehmende Industrialisierung; rasante Technikentwicklung, beschleunigte Lebensverhältnisse; Urbanisierung, Proletarisierung der Arbeiterschicht, soziale Probleme (Klassengegensätze)
- Tendenzen weiblicher Emanzipation: Frauen im Erwerbsleben, zunehmendes Infragestellen traditioneller Rollenbilder

Literarisches Leben – Themen und Motive der Literatur

- großer Einfluss frz. und russ. Epik auf den deutschen Roman (G. Flaubert *Madame Bovary*; L. Tolstoi *Anna Karenina, Krieg und Frieden*)
- Auseinandersetzung von Individuum und Gesellschaft
- soziale und politische Fragen der Zeit, Eheprobleme: kritische Reflexion in Bildungsromanen

Welt- und Menschenbild

- große Veränderungen, aufkommende Naturwissenschaften bewirken sowohl Fortschrittsglauben als auch Orientierungslosigkeit durch Verlust von traditionellen Werten und Normen
- materialistische, diesseits orientierte Grundhaltung, Bedeutungsverlust der Religion
- in Teilen des Bildungsbürgertums trotz wirtschaftlicher Prosperität eher resignative Grundstimmung; konservative Wertehaltung, Gebundenheit an soziale Schicht
- Adel und Offizierskorps bestimmen weitgehend das gesellschaftliche Leben, Vorbildfunktion alles Militärischen: Untertanenmentalität, Pflichterfüllung gegenüber dem Staat

Gattungen, Autor/-innen, Werke

bevorzugte Gattung: Epik
F. Hebbel (1813 – 1863) *Maria Magdalena* (Drama)
Th. Storm (1817 – 1888) *Pole Poppenspäler, Der Schimmelreiter, Immensee*
Th. Fontane (1819 – 1898) *Irrungen, Wirrungen, Frau Jenny Treibel, Effi Briest*
G. Keller (1819 – 1890) *Die Leute von Seldwyla*; *Der grüne Heinrich*
C. F. Meyer (1825 – 1889) *Das Amulett, Der Schuss von der Kanzel*
A. Stifter (1805 – 1868) *Nachsommer, Bunte Steine*
Gustav Freytag (1816 –1895) *Soll und Haben*

Naturalismus (um 1880 – 1900)

Epochenbegriff
Der Naturalismus gilt als europäische Strömung; Vorbilder für die deutsche Literatur sind die gesellschaftskritischen Romane des Franzosen É. Zola, die skandinavische Literatur von H. Ibsen, A. Strindberg, die russische von F. Dostojewski, M. Gorki. Das Programm des Realismus wird eingeengt auf a) die Darstellung des Elends von Kleinbürgertum und Proletariat, b) die Kritik an der Doppelmoral und Gleichgültigkeit des Bürgertums hinsichtlich ungelöster sozialer Probleme der Industriegesellschaft. Von Arno Holz wird die Formel *Kunst = Natur – x* entwickelt; x soll möglichst klein sein, d. h. das Kunstwerk gilt als umso vollkommener, je mehr es sich der Natur (= die sozialen Verhältnisse) annähert. Das bedeutet eine möglichst objektive Darstellung der Wirklichkeit, Absehen von der subjektiven Meinung und Deutung der Künstler. Neue Darstellungsmittel werden eingesetzt wie Dialekt und Umgangssprache, Verzicht auf gebundene Sprache (gilt als unnatürlich), *Sekundenstil* (Deckungsgleichheit von erzählter Zeit und Erzählzeit).

Geschichte und Gesellschaft
um 1890 erste Regierungsjahre Wilhelms II., letzte Regierungsjahre Bismarcks: deutschnationale Euphorie

- Hochphase des deutschen Imperialismus (Tendenz zum Militarismus)
- einseitige Entwicklung und Verteilung des Kapitals (u. a. durch Bismarcks Schutzzollpolitik)
- Zuspitzung der sozialen Lage, Verschärfung gesellschaftlicher Gegensätze

Literarisches Leben – Themen und Motive der Literatur
- sozialkritische Tendenzen, Künstler in Opposition zur gutbürgerlichen Gesellschaftsordnung
- Durchschnittsmenschen als Produkt ihres Milieus, ihrer Umgebung
- Großstadt: Arbeitermilieu, Mietskasernen, Elendsquartiere, Arbeits- und Obdachlosigkeit, Familienprobleme, soziale Verelendung, Krankheit, Alkoholismus
- von Wilhelm II. als „Rinnsteinkunst" diffamiert

Welt- und Menschenbild
- Einbeziehung neuester Erkenntnisse der Naturwissenschaften; antimetaphysischer, empirischer Positivismus
- Einfluss der deterministischen Gesellschaftstheorie des französischen Philosophen Auguste Comte
- Der Mensch wird im Bedingungsgefüge (Determinismus) von Psyche, Trieben, sozialem Milieu und Umwelt gesehen und begriffen, dadurch werden seine Verhaltensweisen determiniert
- Leugnung des freien Willens zugunsten eines kausalgesetzlichen Ablaufs der Dinge

Gattungen, Autor/-innen, Werke
Dominanz des Dramas.
Johannes Schlaf (1862 – 1941) und Arno Holz (1862 – 1941) beide vor allem als Autorenteam tätig: *Papa Hamlet, Die Familie Selicke*
G. Hauptmann (1862 – 1946) *Vor Sonnenaufgang, Der Biberpelz, Die Ratten, Die Weber*

Expressionismus (um 1905 – 1925)

Epochenbegriff

1911 wird *Expressionismus* als Begriff für eine Berliner Sammelausstellung französischer Maler verwendet, danach auf die Literatur übertragen. Der Expressionismus gilt als Ausdruck des Protests junger Künstler aus mittelständischem, z. T. großbürgerlichem Milieu (oft Doppelbegabungen) gegen das wilhelminische Bürgertum mit seinen erstarrten Konventionen sowie das kapitalistische Wirtschaftssystem. Der Zusammenschluss von Künstlergruppen spiegelt sich in einer Vielzahl von Manifesten und Programmatiken. Die Suche nach dem „Neuen Menschen" („Menschheitspathos"), nach ihm adäquaten neuen Ausdrucksformen, findet sich vor allem in Lyrik und Drama: Ablehnung des Mimesis-Gedankens der Kunst, Propagierung der „Ästhetik des Hässlichen". Oft stehen traditionelle Form (z. B. Sonett) und provozierender Inhalt als Ausdruck für katastrophale Erschütterungen der Zeit in Kontrast. Asyndetischer Reihungsstil, elliptischer Satzbau, starke Bildlichkeit und Metaphorik, Farbsymbolik, Synästhesie, Neologismen und Montage sind weitere epochentypische Mittel und Formen.

Geschichte und Gesellschaft

1908 Automobilisierung (Fließbandproduktion Ford)

1910 Halleyscher Komet: Hoffnung auf Erneuerung und Angst vor Untergang der alten Gesellschaftsordnung

1912 Untergang der *Titanic*: Erschütterung in den Fortschrittsglauben

1914 – 18 Erster Weltkrieg: Zusammenbruch der k.u.k.-Monarchie, Niederlage Deutschlands, Abdankung des Kaisers

1915 A. Einsteins Relativitätstheorie

1917 Russische Oktoberrevolution

1918 Bürgerkrieg in Berlin, Münchner Räterepublik

1918/19 Friedensvertrag von Versailles; Weimarer Republik; „Dolchstoßlegende", hohe Reparationszahlungen Deutschlands

- neue Medien: Rundfunk und Film vereinnahmen die Unterhaltungsindustrie

Welt- und Menschenbild

- kritische Auseinandersetzung mit den Errungenschaften der modernen Zivilisation
- Protestbewegungen gegen erstarrte Konventionen und verlogene Moral einer als überkommen empfundenen bürgerlichen Gesellschaft
- „Janusgesicht der Moderne": Zukunftseuphorie sowie Skepsis gegenüber Technik und Erneuerung; Kriegseuphorie sowie totale Ablehnung des Krieges, Pazifismus
- Kunst als Beitrag zur Weltveränderung

Gattungen, Autor/-innen, Werke

vorherrschende Gattung: Lyrik, später auch Drama (G. Kaiser); K. Pinthus' Anthologie *Menschheitsdämmerung*

Gottfried Benn, Paul Boldt, Jakob van Hoddis, Georg Heym, Else Lasker-Schüler, Alfred Lichtenstein, Oskar Loerke, Ernst Stadler, August Stramm, Georg Trakl

Literarisches Leben – Themen und Motive der Literatur

- Weltende, Apokalypse, Werteverfall, Gewaltfantasien: Endzeitstimmung als Bild für Zusammenbruch der abendländischen Kultur
- Großstadt mit all ihren Facetten
- kritische Auseinandersetzung mit technischem Fortschritt (Eisenbahn)
- Krieg, Tod, Sinnlosigkeit des Lebens; Orientierungslosigkeit, Dissoziation des Ich, Anonymität, Kommunikationslosigkeit
- antiidyllische Naturlyrik, Visionen von Aufbruch, Revolution

Neue Sachlichkeit – Literatur der Weimarer Republik (um 1920 – 1933)

Epochenbegriff

Neue Sachlichkeit beschreibt eine literarische Strömung als Reaktion auf den oft pathetischen, irrationalen Spätexpressionismus. Stark beeinflusst durch den funktionalen, sachlichen Stil der Architektur des *Bauhauses* kehrt sie zurück zur zeitgenössischen Gegenwart mit ihren sozialen und politischen Problemen. Das Interesse am Inhalt übersteigt das an der Form (teils noch expressionistischen Formen verhaftet): Tatsachenorientierte, oft dokumentarische Literatur analog zu den politischen Gegensätzen der Weimarer Republik entsteht mit der Folge eines kulturellen Pluralismus und der Dominanz des Politischen und Ideologischen vor der künstlerischen Gestaltung. Massenproduktion, Massenmedien, Kunst für die Massen führen zu einer zunehmenden Kluft zwischen Trivialliteratur und gehobener, elitärer Literatur.

Geschichte und Gesellschaft

1923 Hitlerputsch

ab 1924 relative Stabilität, die „Goldenen Zwanziger"; Berlin als kulturelles und wissenschaftliches Zentrum der Republik: Kinos, freie Bühnen, Blüte des Kabaretts, Vielzahl von Zeitungen und Zeitschriften

1929 Börsenkrach in New York, Weltwirtschaftskrise, hohe Arbeitslosigkeit

1933 nationalsozialistische Machtergreifung

- zu Beginn der 1920er-Jahre eine Nation ohne Konsens: gegensätzlichste politische und ideologische Richtungen und Standpunkte; dadurch bürgerkriegsähnliche Zustände
- Nachkriegswirren, Inflation, Besetzung des Ruhrgebiets

Literarisches Leben – Themen und Motive der Literatur

- zeitgenössische Großstadt
- Alltags- und Arbeitsleben von Durchschnittsmenschen
- moderne Medien und Technik
- Collage- und Montagetechnik

Welt- und Menschenbild

- „Tanz am Rande des Vulkans": ambivalentes Lebensgefühl zwischen Sicherheit und Unsicherheit
- Krise des Parteienstaates: Antagonismus der gesellschaftlichen und politischen Gruppierungen, demokratische und antidemokratische Kräfte
- zunehmende Kapitalisierung der Wirtschaft, neue Arbeitsplätze und Berufsbilder, bessere Schulbildung sowie zunehmende Berufstätigkeit und damit Emanzipation von Frauen

Gattungen, Autor/-innen, Werke

journalistische Textsorten und Kritiken (Alfred Kerr, Egon Erwin Kisch, Karl Kraus, Kurt Tucholsky)

vorherrschende Gattungen: *Reportage, Feature, Zeit- und Lehrstück, Gegenwartsroman, Gebrauchslyrik, Literaturkritik*
Bertolt Brecht, Alfred Döblin, Hans Fallada, Lion Feuchtwanger, Hermann Hesse, Ödon von Horváth, Erich Kästner, Irmgard Keun, Thomas Mann, Kurt Tucholsky, Jakob Wassermann, Stefan Zweig, Carl Zuckmayer

Exilliteratur (1933 – 1945)

Epochenbegriff

Das Exil gilt als existenzielle Grunderfahrung des Menschen seit der Antike; es ist ein zentrales Thema menschlich-literarischer Erfahrung im 20. Jahrhundert: Innerhalb der deutschen Literaturgeschichte wird die Literatur zwischen 1933 – 1945 mit den aus politischer oder sogenannten rassischen Gründen vertriebenen Autor(inn)en als Exilliteratur bezeichnet. Themen dieser Literatur sind Heimat und Heimatverlust, Entfremdungserfahrungen und ihre persönlich-literarische Verarbeitung sowie die Auseinandersetzung mit der zumeist ungewollten neuen Umgebung, die Auseinandersetzung mit den Verhältnissen im Heimatland, der Situation politischer und ethnischer Verfolgung und Unterdrückung. Die Texte sind vielfach privat oder einer nur begrenzten Öffentlichkeit (Zensur, Druckverbote) zugänglich gewesen.

Geschichte und Gesellschaft

1930 – 1933 zunehmende Destabilisierung der Weimarer Republik
1933 (30.1.) NS-Machtübernahme, Hitler Reichskanzler, Gleichschaltung; erste Konzentrationslager; Bücherverbrennung
1934 „Röhm-Putsch“; Hitler auch Reichspräsident; zunehmende Verdrängung von jüdischen Deutschen aus ihren Berufen
1938 „Anschluss“ Österreichs
1939 Beginn des Zweiten Weltkriegs
1939/40 Zwang zur Flucht vieler Exilanten aus von Deutschen besetzten Ländern
1942 / 43 Beginn der systematischen Judenverfolgung
1945 (8.5.) Kapitulation und Kriegsende

- etliche Autoren ins Exil bzw. in die innere Emigration gezwungen durch Verhaftungen und Folter, Zensur, Berufsverbote; „Säuberung“ in Bibliotheken
- deutschsprachige Exilschriftsteller: Schweiz, Frankreich, USA

Welt- und Menschenbild

- Existenzangst, Entwurzelung, tiefe Skepsis, Zweifel
- Erfahrung von Barbarei, Verfolgung, Vernichtung
- Krieg, Holocaust
- Hoffnung auf Neubeginn, Visionen, Träume

Gattungen, Autor/-innen, Werke

Lyrikerinnen: Hilde Domin, Mascha Kaléko, Else Lasker-Schüler

Th. Mann (1875 – 1955) *Dr. Faustus*
St. Zweig (1881 – 1942) *Schachnovelle*
L. Feuchtwanger (1884 – 1958) *Exil*
B. Brecht (1898 – 1956) *Leben des Galilei*
A. Seghers (1900 – 1983) *Das siebte Kreuz, Transit*
K. Mann (1906 – 1949) *Mephisto, Der Vulkan*

Literarisches Leben – Themen und Motive der Literatur

- unterschiedliche Facetten der literarischen Auseinandersetzung mit der Exilsituation: scharfsinnige politische Analyse, engagierte Literatur, räsonnierend-reflexive Texte sowie auch Resignation, bis hin zum Verstummen (Verlust der Muttersprache als vorrangiges Kommunikationsmittel)
- Heimatverlust, Entwurzelung, Kampf um Existenzsicherung, Sprachverlust, Todessehnsucht
- kabarettistische Auseinandersetzung mit der Erfahrung im Exil
- episches Theater von Bertolt Brecht

Literatur nach 1945

Nachkriegsliteratur (um 1945 – 1960)

Epochenbegriff

Im Westen etablieren sich die Begriffe *Kahlschlagliteratur* (Weyrauch), *Literatur der Stunde Null*, *Trümmerliteratur* (Böll): Sie bezeichnen Werke der Emigranten und Heimkehrer nach dem Krieg. In ihnen manifestiert sich ein Misstrauen gegenüber der unter den Nationalsozialisten zu Propagandazwecken missbrauchten Sprache und eine Suche nach neuen Ausdrucksformen und Ausdrucksmitteln der Literatur. Gründung der *Gruppe 47*.

Im Osten erfolgt die Einbürgerung der Elite der antifaschistischen Literatur. Die Literatur verpflichtet sich zum Teil dem Programm des sozialistischen Realismus: direkte Widerspiegelung der gesellschaftlichen Realität, Darstellung einer positiven Zukunftsperspektive, Parteilichkeit, Inhalt hat Vorrang vor der Form („Formalismusdebatte" in der Kunst). Man benutzt den Terminus *Ankunftsliteratur* (nach Brigitte Reimanns Roman „Ankunft im Alltag"). 1959 wird die erste Bitterfelder Konferenz abgehalten mit dem Motto: „Greif zur Feder, Kumpel": Arbeiter werden aufgefordert, ihren sozialistischen Arbeitsalltag literarisch umzusetzen, Schriftsteller gehen in die Produktion.

Geschichte und Gesellschaft

1945 – 1949 Aufteilung Deutschlands in vier Besatzungszonen, Sonderstatus Berlins
1947 Marshall-Plan zum wirtschaftlichen Aufbau Westdeutschlands und Europas
1948 Währungsreform
1948 – 1949 Blockade Berlins, zunehmend Politik des Kalten Krieges
1949 Gründung zweier deutscher Staaten: BRD und DDR
1957 Gründung der Bundeswehr; in der BRD: zunehmender Wohlstand
1961 Bau der Berliner Mauer
1963 Besuch des amerikanischen Präsidenten John F. Kennedy in Berlin
1968 Studentenrevolte in den USA, Frankreich und Westdeutschland

Welt- und Menschenbild

- Kriegserfahrung, Not, Leid, Hunger, Scham und Schuld
- Hoffnung auf politisch-gesellschaftlich-kulturellen Neuanfang
- ambivalentes Welt- und Menschenbild, Zerrissenheit zwischen Resignation und Aufbruchsmentalität

Gattungen, Autor/-innen, Werke

Dominanz der Lyrik, auch Kurzgeschichten (Orientierung an den USA)

- **BRD:** Ilse Aichinger, Alfred Andersch, Ingeborg Bachmann, Gottfried Benn, Wolfgang Borchert, Heinrich Böll, Paul Celan, Günter Eich, Marie-Luise Kaschnitz, Wolfgang Koeppen, Hans-Werner Richter
- **DDR:** Bruno Apitz, Johannes R. Becher, Bertolt Brecht, Peter Huchel, Anna Seghers

Literarisches Leben – Themen und Motive der Literatur

In der BRD: Misstrauen gegenüber Pathos und emotionalisierendem Sprachgebrauch; Suche nach neuen, adäquaten Ausdrucksmitteln: karge, schmucklose Sprache; hermetische Lyrik; Forderung nach Wahrheit und Mitmenschlichkeit; Krieg und Not, Gefangenschaft, Heimkehrerschicksale; Eintreten für Demokratie; Spannung zur offiziellen Politik der Adenauer-Zeit: Wohlstandsgesellschaft, Remilitarisierung, Spießertum; Politisierung der Literatur; Hinwendung zum Dokumentarischen

In der DDR: antifaschistisches Bündnis aller demokratischen Kräfte; Literatur als Instrument zum Aufbau des Sozialismus; auch Preislyrik auf Lenin, Stalin; polemische Abgrenzung zur BRD; kritische Auseinandersetzung mit der Nazi-Vergangenheit

Literatur des ausgehenden 20. Jahrhunderts

Beim Blick auf die Entwicklung der deutschen Literatur der letzten 60 Jahre kann keine klare Einteilung in Epochen vorgenommen werden; das bleibt künftigen Generationen vorbehalten. Es lassen sich lediglich Tendenzen bzw. literarische Strömungen der Gegenwartsliteratur aufzeigen, die sowohl durch Kontinuität als auch durch Brüche mit der Tradition charakterisiert werden können.
Bis zur Wende 1989 gibt es **zwei deutsche Literaturen**, die sich auf Grund der stark divergierenden politischen und gesellschaftlichen Rahmenbedingungen jeweils unterschiedlich entwickeln.
Wie schon in der Übersicht über die Literatur nach 1945 skizziert, ist die Literatur der DDR bis zum Ende der 1960er-Jahre eng verbunden mit dem in der Sowjetunion entwickelten Schreibkonzept des **„Sozialistischen Realismus"**, das auf den beiden **Bitterfelder Konferenzen**, 1959 und 1964, programmatisch formuliert wird. Dessen Forderungen seien hier skizziert:

- bevorzugter Gegenstand des Schreibens ist die sozialistische Produktion, im Mittelpunkt steht der positive Held als Identifikationsangebot;
- Basis der Ästhetik ist die Widerspiegelungstheorie Lenins, derzufolge die Kunst die Wirklichkeit abbildet;
- Geschlossenheit der Darstellung durch die Parteilichkeit und Volkstümlichkeit des Künstlers;
- eine typisierende Darstellung soll das Wesen/die Gesetzlichkeit des Lebens wiedergeben (das ist z. B. die Zugehörigkeit einer Figur zu einer bestimmten gesellschaftlichen Klasse, von der aus sie hinsichtlich ihrer Haltungen und Handlungen geprägt wird: Das Sein bestimmt das Bewusstsein).

Das gesellschaftspolitische Ziel dieses Schreibkonzepts ist es, die **Erziehung zur sozialistischen Persönlichkeit**, die Identifikation mit den Zielen des politischen Systems, ein positives Handeln (literarische Figuren als Vorbilder) zur Beschleunigung des politisch-ökonomischen Fortschritts zu ermöglichen. Im Mittelpunkt des Schaffens soll der „neue Mensch" stehen, der Aktivist, der Held des sozialistischen Aufbaus. Parteilichkeit und Wahrheit bilden eine untrennbare Einheit, Parteilichkeit wird zu einer ästhetischen Kategorie. Werktätige werden zum Schreiben aufgefordert, Künstler gehen in Produktionsbetriebe. Beispiele hierfür sind u. a. Christa Wolf *Der geteilte Himmel* (1963) und Erik Neutsch *Spur der Steine* (1964). Formexperimente und das Bemühen um den Anschluss an die literarische Moderne, wie sie die Literatur der BRD der 1960er-Jahre kennzeichnet, werden in der DDR als „Formalismus" oder „Subjektivismus" von der offiziellen Kulturpolitik abgelehnt. Jedoch wirken sich diese von Partei und Regierung gesetzten Vorgaben unterschiedlich auf das künstlerische Schaffen aus: Neben affirmativen Grundhaltungen (Johannes R. Becher, Hermann Kant) zeigen sich Tendenzen, Widersprüche, Risse, Brüche in der Gesellschaft, in der Auseinandersetzung des Individuums mit den gesellschaftlichen Rahmenbedingungen aufzuzeigen (u. a. Volker Braun, Stefan Heym, Günter Kunert, Reiner Kunze, Erich Loest, Ulrich Plenzdorf, Brigitte Reimann, Christa Wolf). Nach der Ablösung Walter Ulbrichts durch Erich Honecker als Staatsratsvorsit-

zenden (1971) sind **Liberalisierungstendenzen** zu bemerken. Honeckers Aussage vom „Ende aller Tabus in der Kunst" fördert eine lebhafte Diskussion um die Möglichkeiten und Grenzen der schriftstellerischen Arbeit.
Jedoch werden kritische Autoren mit Schreibverbot belegt und vom Staatssicherheitsdienst überwacht. Spektakulär bleibt die **Ausbürgerung Wolf Biermanns 1976** nach einem Konzertauftritt in Köln, die eine gemeinsam unterzeichnete Protestaktion von über 70 Kulturschaffenden nach sich zieht. Als Reaktion darauf folgen Repressalien gegen die Protestierenden in Form von Hausarresten, Verhaftungen, Publikationsverboten, Ausschlüssen aus dem Schriftstellerverband. Über 100 Künstler verlassen daraufhin freiwillig oder unfreiwillig die DDR, unter ihnen Jurek Becker, Peter Huchel, Uwe Johnson, Rainer Kunze, Günter Kunert, Erich Loest, Monika Maron, Sarah Kirsch.
In der Thematik nähern sich die beiden Literaturen ab Anfang der 1980er-Jahre einander an: wachsendes Katastrophenbewusstsein, Angst vor atomarer Bedrohung, Rückzug in die Innerlichkeit (Volker Braun, Christoph Hein, Irmtraut Morgner, Christa Wolf). Auch die neue Lyrikgeneration zeigt sich kritisch gegenüber dem Staat (Stefan Döring, Reiner Kunze, Lutz Rathenow).

Für die **westdeutsche Literatur** bilden das Jahr 1960 und die folgenden einen Einschnitt: Sie findet Anschluss an die Weltliteratur mit Autoren wie den Schweizern Friedrich Dürrenmatt und Max Frisch, der Österreicherin Ingeborg Bachmann, mit Heinrich Böll, Günter Grass, Uwe Johnson, Wolfgang Koeppen, Siegried Lenz, Martin Walser. Themen der Romane sind die Vergewisserung der eigenen Identität, kritische Distanz zu den gesellschaftspolitischen Entwicklungen in der BRD, auch Modellentwürfe einer humanistischen Gesellschaft.
Ende der **1960er-Jahre** entwickelt sich, analog zum kritischen Zeitgeist, eine engagierte **Literatur der Arbeitswelt** sowie der Alltagskultur; ebenso ist die **Politisierung der Literatur** im Zuge der Studentenrevolte von 1968 und die **Hinwendung zum Dokumentarischen** zu beobachten. Diese Literatur, Theaterstücke, Gedichte und auch Romane, arbeitet häufig mit Tatsachenmaterial wie z. B. Zeitungsmeldungen, Reportagen, Prozessakten, Protokollen, Interviews und verarbeitet diese Sachtexte z. T. in Form von Collagen und mit Hilfe der Montagetechnik. In diesem Zusammenhang seien erwähnt Günter Wallraff *Der Aufmacher, Ganz unten*, Rolf Hochhuth *Der Stellvertreter*, Heinar Kipphardt *In der Sache J. Robert Oppenheimer*, Peter Weiss *Die Ermittlung* und als Vertreter der politischen Lyrik, anknüpfend an die Tradition Bertolt Brechts, Hans Magnus Enzensberger. Der Beginn der 68er-Ära fällt mit dem Ende der „Gruppe 47" zusammen.
Für die **1970er-Jahre**, nach den Studentenunruhen und der APO-Zeit, unter der sozialliberalen Regierung Willy Brandts und Helmut Schmidts, setzt sich die **„Neue Subjektivtät"** als Sammelbegriff durch. Die Literatur, die unter diesem Begriff subsummiert wird, ist gekennzeichnet durch die Abkehr von der politischen, gesellschaftskritischen Literatur der 1960er-Jahre. Sie wendet sich wieder stärker der Verarbeitung individueller Erfahrungen und Enttäuschungen und der Auseinandersetzung mit der unmittelbaren Umgebung, mit der eigenen Lebenssituation und ihrer Krisen, mit Beziehungsproblemen zu. Häufig zu finden, entsprechend der Individualisierungstendenz, ist die **Ich-Erzählung**. In diesem Zusammenhang sei auch die Frauenbewegung genannt, die Emanzipa-

tionsprozesse provoziert und vorantreibt, Bewusstseinsänderungen anstößt und auch der Literatur neue Impulse verleiht. Erwähnt werden sollte die Gründung der Zeitschriften „Courage“ (1976) und „Emma“ (1977). Letztere durch Alice Schwarzer, die schon mit ihrem Buch *Der kleine Unterschied und seine großen Folgen* (1975) ein wirkungsvolles Beispiel für eine neue Frauenkultur und -literatur gegeben hatte. Bekannte Autorinnen sind Ingeborg Bachmann, Ulla Hahn, Elfriede Jelinek, Sarah Kirsch, Brigitte Kronauer, Angelika Mechtel, Christa Reinig, Brigitte Schwaiger, Karin Struck, Gabriele Wohmann; für die DDR Brigitte Reimann, Maxie Wander und Christa Wolf.
Die Diskussion Mitte der **1980er-Jahre** unter dem Stichwort „Multikultur“ eröffnet den Blick für eine deutschsprachige Literatur ethnischer und kultureller Minoritäten, die die Dominanz der deutschen Perspektive durchbricht zugunsten einer differenzierten Sichtweise des Eigenen durch die Konfrontation mit dem Fremden; eine eigenständige **Migrantenliteratur** gewinnt seit Ende der 1970er-Jahre zunehmend an Kontur, wird Bestandteil der deutschen Gegenwartsliteratur und thematisiert Erfahrungen der Zerrissenheit und Heimatlosigkeit, das Leben zwischen den Kulturen, Parallelwelten innerhalb der deutschen Gesellschaft sowie Auseinandersetzungen mit der deutschen Sprache, mit positiv genutzter Zweisprachigkeit sowie Sprachverlust.
Mitte der **1980er- bis heute** wird der aus der Kunsttheorie stammende und ebenfalls von der Architektur besetzte Begriff der **„Postmoderne“** populär. Im Rückgriff auf traditionelle literarische Erzähltechniken (z. B. das auktoriale Erzählen, die chronologisch aufgebaute, geschlossene Erzählung), konventionelle Themen (Entwicklungs- und Bildungsroman des 18. und 19. Jahrhunderts) und historische Themen setzt sich diese Literatur mit der literarischen Moderne (1880 – 1925) kritisch auseinander. Die **Vielzahl der Stile und Stilmischungen**, die ironische Brechung der konventionellen Erzählerfigur und Thematik kennzeichnen diese Literatur, die mit der Tradition spielt; unzählige Anspielungen auf bekannte Werke, die in Form der **Intertextualität** in den Werken wiederzufinden sind, setzen einen gut informierten Leser voraus. Als Beispiele genannt werden hier die Romane von Patrick Süskind *Das Parfum* (1983), Christoph Ransmayr *Die letzte Welt* (1988) und Robert Schneider *Schlafes Bruder* (1992).
Entscheidendes Ereignis für neue Themen innerhalb der Gegenwartsliteratur ist die **„Wende“ 1989/90** mit der Wiedervereinigung der beiden deutschen Staaten; es geht u. a. um die Auseinandersetzung mit der jeweiligen Vergangenheit, historische Erinnerungen, geistige, politische und finanzielle Probleme der Vereinigung, Berlin als neue Hauptstadt, persönlichen und kulturellen Identitätsverlust, hohe Arbeitslosigkeit, Fremdenhass.
Die **1990erJahre** werden oft als Zeit der „Spaßgesellschaft“ bezeichnet, die sich durch Illusionsverlust und Gleichgültigkeit auszeichne. Sibylle Berg zeichnet dieses Lebensgefühl in ihrem Roman „Ein paar Leute suchen das Glück und lachen sich tot“ (1997) plastisch nach. Ihre Protagonisten haben alle etwas Zeittypisches: Ihre Empfindungen und Wünsche bleiben schal und banal, ihre Sehnsüchte unerfüllt.

Gegenwartsliteratur

Ein weiterer Umbruch ist aus heutiger Sicht beim **Übergang vom 20. zum 21. Jahrhundert** zu konstatieren: Die neue Informations- und Medienkultur, Internet und Globalisierung, die Popkultur und Spaß- bzw. Eventgesellschaft, die verstärkten „turbo"kapitalistischen Tendenzen und die teilweise Abkehr von einer ausgewogenen sozialen Marktwirtschaft finden sich als Themen in der Literatur wieder. Verbunden mit diesen oben genannten Aspekten macht sich bei vielen Menschen Angst breit vor einer ungewissen Zukunft.

Exemplarisch sei hier der Autor und Journalist Benjamin von Stuckrad-Barre vorgestellt, ein Vertreter der so genannten **„Generation Golf"** (benannt nach einem Roman von Florian Illies aus dem Jahr 2000, in dem er typische Attitüden seiner Altersgenossen beschreibt, die in den 1980er-Jahren aufwuchsen). Stuckrad-Barres Debütroman „Soloalbum" (1998) erzählt in Ich-Form von einem namenlosen Protagonisten, der nach einer plötzlich beendeten Liebesbeziehung sozial verwahrlost: Er konsumiert Drogen, geht nur noch aus, um sich auf alkoholgeschwängerten Partys von seiner selbst gewählten Isolation abzulenken. Der Roman ist wie eine Schallplatte mit A- und B-Seite aufgemacht, einzelne Kapitel sind nach Songs der Band „Oasis" benannt. Die Feuilletons der deutschsprachigen Presse überschlagen sich in ihrer Begeisterung für Jungautorinnen, das **„Fräuleinwunder"** wird ausgerufen für Debütromane von Judith Herrmann, Tanja Dückers, Julia Franck, Juli Zeh, Jenny Erpenbeck, Zoe Jenny, Karen Duve etc.
Neben der Beschäftigung mit formalen Experimenten oder Alternativen des Erzählens mit Verzicht auf eine Erzählerinstanz oder lineares Erzählen rückt v. a. im multiethnischen und vielsprachigen Europa die Thematisierung von Fremdheitserfahrungen und (inter-) kulturellen Identitäten sowie Erfahrungen mit der Zweitsprache und sprachspielerischen Experimenten in der Literatur deutschschreibender Literaten anderer Herkunftskulturen in den Fokus. Diese Literatur, oft „Migrationsliteratur" bzw. **„Interkulturelle Literatur"** genannt, repräsentieren u. a. Feridun Zaimoğlu, Rafik Schami, Yōko Tawada, Wladimir Kaminer, Terezia Mora, Zsuzsa Bank, Sasa Stanisic und natürlich die deutsch-rumänische Literaturnobelpreisträgerin Herta Müller.
Zudem werden neue Gefahren wie Terrorismus, Finanzkrise, Klimawandel, Umgang mit dem Internet sowie soziale Entwicklungen innerhalb der Gesellschaft wie zerrüttete Familienverhältnisse, Mobbing, Armut durch sozialen Abstieg oder Ausgrenzung in der Literatur verhandelt. Die Autoren verarbeiten aktuelle gesellschaftspolitische, auch regionale Themen, auch in der boomenden **Kriminalliteratur**.

Das Aufgreifen der neuen technischen und gestalterischen Möglichkeiten, die das Internet bietet, verändert nicht nur die Schreibweisen innerhalb der gedruckten Literatur. Das Internet tritt als Ort der literarischen Veröffentlichung mit Weblogs, email-Romanen, der so genannten **Netzliteratur**, in Konkurrenz dazu. Sie nutzt die Technologie der Digitalisierung für literarische Verfahrensweisen, die auf diese Weise nur in diesem Medium möglich sind. Durch Interaktivität, Hypertextstrukturen/Verlinkung, Intermedialität, z. B. unter Verwendung auch visueller Reize, werden „netzförmige Texte" geschaffen, die

die konventionelle Erzählweise hinter sich lassen und nicht nur in Raum und Zeit neue Erzählräume eröffnen, sondern auch den **Leser zum Co-Autor** machen bzw. auch (teils anonyme) Autorenkollektive generieren.
Insgesamt ist die literarische Gegenwart von einer zyklischen Bewegung zum Teil gegenläufiger Tendenzen geprägt: von Politisierung über neue Subjektivität und Ästhetisierung zu experimenteller Literatur von so genannten **Hybrid-Texten durch Digitalisierung** und zunehmender Visualisierung (Stichwort: **Graphic Novel**).

Im deutschen Markt definiert man eine Distanz zwischen der „anspruchsvollen" Literatur, die mit Literaturpreisen ausgezeichnet wird, und der „leichten" Literatur, die sich gut verkauft und viel gelesen wird, z. B. Unterhaltungsromanen und Krimis. Nur wenigen Autoren gelingt es, vielen Ansprüchen gerecht zu werden, wie etwa Wolfgang Herrndorf mit seinem Jugendroman *Tschick* (2010), für den er 2011 den Deutschen Jugendliteraturpreis bekam, oder Daniel Kehlmann. Dessen Roman *Die Vermessung der Welt* (2005) stand 2006 auf Platz zwei der weltweit am meisten verkauften Bücher, wurde in 40 Sprachen übersetzt und gleichzeitig mit dem Literaturpreis der Konrad-Adenauer-Stiftung und dem Kleist-Preis ausgezeichnet. Fast genauso erfolgreich ist Kehlmanns postmoderner, collageartig angelegter Roman *Ruhm – ein Roman in neun Geschichten* (2009), für den er den Prix Cévennes für den besten europäischen Roman erhielt. Alle drei genannten Romane wurden erfolgreich verfilmt.
Typisch ist, dass viele verschiedene Stilarten, Schreibweisen, Textsorten gleichzeitig anerkannt werden. Man spricht hier von einer **„Gleichzeitigkeit des Ungleichzeitigen"** oder von der **„Demokratisierung" des Literatur- oder Kunstbegriffs**. Im Zuge dessen sind mittlerweile neue Formen des Schreibens erfolgreich, so z. B. das **„Bloggen"**, das Schreiben einer Art Tagebuch im Internet, das jeder verfassen – und das von jedem gelesen werden kann. Sehr modern sind gerade **„Poetry Slams"**, Dichterwettbewerbe, bei denen Autoren ihre Texte mündlich vortragen und es nicht allein auf die Qualität des Textes ankommt, sondern vor allem darauf, wie der Autor vorträgt („performt"), indem er auch singt, schauspielert, tanzt, den Text also künstlerisch gestaltet.

Was die **Gegenwartslyrik** betrifft, so zeigt sich hier ein genauso uneinheitliches Bild wie bei der Epik: Da es keine verbindliche oder verbindende Poetik gibt, aber eine Vielzahl von theoretischen Texten, in denen die Lyriker Auskunft geben, kann man von einer **Diversifizierung in unterschiedliche Lyrik-Szenen** sprechen, zu denen auch die Gruppe der Poetry Slammer gehört. Experimentelle Formen wie Lautgedichte, visuelle Gedicht-Konstruktionen (etwa die Wortlisten und Faux Amis von Uljana Wolff) oder intertextuelle Sprachspielereien (Ann Cotten, Dagmara Krauss) setzen zum einen die **Tradition der Konkreten Poesie** der 1960er-Jahre (u. a. Ernst Jandl) fort. Zum anderen finden sich Gedichte, die in der Auseinandersetzung mit traditionellen Formen (Sonett, Ode, Elegie) und Bildern sowie persönlichen Erfahrungen (Erlebnislyrik des 18. Jahrhunderts vs. Selbstinszenierung oder Ereignislyrik) neue poetische Ausdrucksvariationen entwickeln. Mehrsprachigkeit ist ein wichtiges Thema auch in der Lyrik und hängt sowohl mit der multikulturellen Sozialisation der Autoren als auch mit ihrer Übersetzertätigkeit, der Personalunion Lyriker/Übersetzer, zusammen. Die Gedichte experimentieren nicht nur im Umgang mit Sprache, sondern reflektieren die Möglichkeiten des eigenen Sprechens und hinterfragen analog dazu die eigenen poetischen Wirklichkeitskonstruktionen. Weiterhin geht es um konventionelle, alltägliche, aber auch gesellschaftskritische Themen wie Natur, Liebe, Stadt, Krieg, Menschenbilder und Lebensformen. Hinzu gekommen sind weitere Themenbereiche wie **Kommunikationsformen mit, durch und über Medien** sowie digitale Informationstechnologien.

Die **Gegenwartsdramatik** präsentiert sich mit einer Vielzahl von Stilen, Formen und Themen, wie es die teils als spektakulär beschriebenen Aufführungen der großen deutschsprachigen Theater in Hamburg, Berlin, München und Wien dokumentieren. In der Theaterwissenschaft wird das moderne Theater mit den Etiketten „dramatisches“ oder **„postdramatisches“ Theater** versehen; im Zentrum steht nicht mehr das theatrale Agieren, der Text selbst, sondern Theaterformen, die als einer **Performance** nahe beschrieben werden können. Elementare Aspekte des Theaters wie Raum, Bühne, Licht, Ton, Körper, Stimmen, Bewegung werden freigesetzt. Das moderne Theater gilt nicht als Lesetext, sondern existiert vor allem in der Umsetzung auf der Bühne. (z. B. das Theater von René Pollesch). Zudem experimentiert das Theater wieder viel, sowohl sprachlich als auch formal, indem z. B. der Entstehungsprozess der Texte im Vordergrund steht. Thema sind des Öfteren gestörte Familien- bzw. Freundesbeziehungen (Lutz Hübner, Yasmina Reza) sowie gestörte bzw. sich verändernde Kommunikationsformen durch soziale Netze und Internet (Igor Bauersima *norway.today*, Yasmina Reza, Dea Loher) oder Lebensentwürfe, die aufgrund von Verunsicherungen aller Art scheitern. Seit 2014 kommen zunehmend auch Dramen zur Aufführung, die politische Krisen, Krieg, Vertreibung, Flucht, Identitätsproblematik thematisieren und damit politisch motivierten und agierenden Schriftstellern und Dramaturgen sowie dem an aktuellen Zeitthemen interessiertem Publikum ein Forum bieten. Diese Stücke sind oft dokumentarische Fiktionen und das kreative Material entstammt der aktuellen Wirklichkeit.

Inhaltsfeld Sprache

Inhaltliche Schwerpunkte (Kernlehrplan)
- Spracherwerbsmodelle und -theorien
- Sprachgeschichtlicher Wandel
- Sprachvarietäten und ihre gesellschaftliche Bedeutung
- Verhältnis von Sprache, Denken und Wirklichkeit

Spracherwerbsmodelle und -theorien

Nach heutigem Stand der Forschung geht man davon aus, dass eine sehr lange Zeit der Evolution erforderlich war, damit der Mensch durch anatomische Veränderungen im Mund- und Rachenbereich überhaupt in der Lage war, eine Lautsprache zu entwickeln. Erst mit moderneren Forschungsmethoden war es möglich, dafür einen Nachweis zu erbringen, indem man die Veränderungen des knöchernen Zungenbeins beim Menschen rekonstruierte.
Die Entwicklung der Lautsprache fand zwischen 1,8 Millionen und 500 000 Jahren vor unserer Zeitrechnung statt. Dass sich der Mensch im Verlauf seiner Evolution vom Einzelgänger zu einem in Gesellschaft lebenden Homo erectus entwickelte, um im Schutz der Gemeinschaft seine Existenzprobleme besser bewältigen zu können, begünstigte im Sinne Darwins diesen Evolutionsprozess (Entwicklung der Sprechwerkzeuge).
Erst seit etwa 400 000 Jahren ermöglicht die Anatomie des menschlichen Innenohrs das Hören sprachtypischer Frequenzen. Heute geht man in der Forschung davon aus, dass sich etwa 200 000 bis 100 000 Jahre vor unserer Zeitrechnung wahrscheinlich ein Gen (das FOXP2-Gen) im Erbgut des Menschen ausbildete, das u. a. für die Entwicklung von Gehirnbereichen verantwortlich sein soll, die auch für die Sprachentwicklung (Verstehen und Artikulation) bedeutsam sind. **Vor ca. 100 000 Jahren**, als von Afrika aus die Ausbreitung des Menschen über die Welt begann, war die **vollständige Ausbildung der Sprachfähigkeit** erreicht. Diese Ausbreitung führte zur Entstehung verschiedener **Sprachfamilien**. Erst über die letzten 7 000 Jahre der menschlichen Sprachentwicklung liegen relativ gesicherte Erkenntnisse vor. Ende des 18. Jahrhunderts bildete sich in Deutschland ein besonderes Interesse an der stammesgeschichtlichen Entwicklung der Sprache heraus (Theorien zum Ursprung der Sprache).
Die Frage, wie wir Sprache erlernen, beschäftigt als Gegenstand der Forschung die Linguistik, die Entwicklungspsychologie, die Didaktik und andere wissenschaftliche Disziplinen.
Gegenüber dem Sprachenlernen, also dem Erlernen einer Sprache in der Schule, meint **Spracherwerb** den unbewussten und implizit verlaufenden Prozess, der beim Erlernen der Muttersprache in natürlicher Umgebung stattfindet. Spracherwerb findet also im alltäglichen sozialen Kontakt mit den Eltern und/oder anderen Menschen statt. Sprachenlernen ist dagegen ein bewusster und gezielt gesteuerter Prozess, der sich in dafür vorgesehenen Institutionen (Schulen, Sprachinstitute usw.) vollzieht.
Von besonderem Interesse für die Wissenschaft ist die Frage, wie es beim Spracherwerb möglich ist, dass Menschen ihre Muttersprache so schnell erlernen können.

In der **Spracherwerbsforschung** herrschen bisher zwei klassische Positionen vor:

- Die von **Noam Chomsky** (*1928) vertretene *Nativismustheorie* geht davon aus, dass jeder Mensch von Geburt an über eine sogenannte Universalgrammatik verfügt. Unter einer Universalgrammatik stellen sich Chomsky und andere Vertreter der Nativismustheorie (z. B. Jerry Fodor und Steven Pinker) ein angeborenes, abstraktes syntaktisches Wissen vor, auf dessen Grundlage Kinder die jeweilige Muttersprache schnell erlernen können.
- Im Gegensatz zur Nativismustheorie gehen *kognitivistische Theorien* im Anschluss an **Jean Piagets** Theorie der Entwicklung kindlicher Kognition davon aus, dass sich der Spracherwerb aus der Fähigkeit zu denken erklären lasse, ohne dass dazu eine Universalgrammatik notwendig sei.

Die klassische kognitivistische Theorie wird zunehmend durch einen Interaktionismus ergänzt, der bei der Erklärung des Spracherwerbs ein stärkeres Gewicht auf die sozialen Interaktionen der Menschen legt. Der Anthropologe Michael Tomasello (*1950) vertritt dabei die Position, dass Menschen über eine allgemeine kognitive Fähigkeit verfügen, die sie zu Kommunikation anregt und die sie bei der Kommunikation einsetzen.
Neurowissenschaftliche Forschungen der Gegenwart könnten Chomskys Nativismustheorie stützen, wenn es ihnen durch die Erforschung der im Gehirn stattfindenden Prozesse beim Spracherwerb und bei der Sprachproduktion gelänge nachzuweisen, dass alle Menschen über eine Art *Bioprogramm Sprache* verfügen.

INFO Positionen der Spracherwerbsforschung

- **Phylogenese** (griechisch *phyle* Stamm + *genesis* Entstehung): Der Begriff bezeichnet die stammesgeschichtliche Entwicklung der Lebewesen und gibt Auskunft über die verwandtschaftlichen Verhältnisse. Die stammesgeschichtliche Entwicklung des Menschen wird als ein Prozess zunehmender Bereicherung und Komplexität aufgefasst. Dies wird auch auf die Entwicklung der Sprache übertragen (von den Urlauten der frühen Vorfahren zu voll entwickelten sprachlichen Systemen).
- **Ontogenese** (griechisch *on* Seiendes + *genesis* Entstehung): Im Gegensatz zur Phylogenese bezeichnet die Ontogenese die Entwicklung des einzelnen Lebewesens von der befruchteten Eizelle bis zur Fortpflanzungsfähigkeit. Die Entwicklung einzelner Lebewesen folgt in den genetischen Anlagen festgelegten Strukturen (Wachstum, kontinuierliche Differenzierung bzw. metamorphische Formveränderung) und ist dabei außerdem Einflüssen der Umwelt ausgesetzt. Man geht davon aus, dass es im Verlauf der embryonalen Entwicklung der Lebewesen zu einer schnellen Wiederholung der Phylogenese kommt.

Der bisher nicht gelöste Streitpunkt besteht vor allem darin, ob Sprache eher als eine kulturelle Errungenschaft oder als ein angeborenes Bioprogramm bzw. als Ergebnis kreativer Denkprozesse des Individuums zu begreifen ist. Die Annahme, dass unsere Sprache eine kulturelle Errungenschaft ist, fasst Sprache und Spracherwerb stärker als ein Produkt der *Phylogenese* des Menschen (stammesgeschichtliche Entwicklung) auf, wodurch auch relativitätstheoretische Erklärungsansätze für den Zusammenhang von Sprache, Denken und Wirklichkeit, wie z. B. die „Relativitätshypothese", eine Bestätigung finden (→ *Verhältnis von Sprache, Denken und Wirklichkeit,* S. 154 ff.). Demgegenüber betont die Annahme, dass der Erwerb der Sprache durch ein Bioprogramm im Menschen verankert ist, stärker die Ontogenese des Menschen (Entwicklung des Einzelwesens).

Sprachgeschichtlicher Wandel

- Indoeuropäisch
  - Urgermanisch
    - Ostgermanisch → Gotisch
    - Nordgermanisch
      - Isländisch
      - Norwegisch
      - Dänisch
      - Schwedisch
    - Westgermanisch
      - Englisch
      - Deutsch
      - Friesisch
      - Niederländisch → Afrikaans

Die Grafik zeigt stark vereinfacht, wie sich die heutigen **germanischen Sprachen**, zu der auch das Deutsche gehört, seit 2500 v. Chr. aus dem **Indoeuropäischen** entwickelt haben. In Ergänzung zeigt die folgende Abbildung, in welchen zeitlichen Schritten das heutige Deutsch seit 800 n. Chr. aus dem Westgermanischen entstanden ist.

200 n. Chr.	Westgermanisch
	↓
800	Althochdeutsch
	↓
1200	Mittelhochdeutsch
	↓
1600	Frühneuhochdeutsch
↓	
Gegenwart	Deutsch

Wenn man von der deutschen Sprache, dem Hochdeutsch oder der Standardsprache Deutsch spricht, meint man ein theoretisches Konstrukt, das aus Normen besteht, die erst im 19. Jahrhundert festgelegt wurden. Es gibt also nicht die **Standardsprache** Deutsch, da die deutsche Sprache ein Geflecht von regional bestimmten **Sprachvarietäten** ist (→ *Sprachvarietäten und ihre gesellschaftliche Bedeutung*, S. 152 ff.).

Als Oberbegriff bezeichnet Sprachentwicklung einerseits den Spracherwerb von Kleinkindern, andererseits den **Sprachwandel**, also die Veränderungen in einer Sprache. Das Phänomen Sprache kann zu keinem Zeitpunkt als ein fertiges Gebilde verstanden werden. Historisch betrachtet unterliegen alle Sprachen einem kontinuierlichen Entwicklungsprozess, der im Idealfall einen Prozess der Bereicherung bei zunehmender Komplexität des Systems Sprache darstellt. Veränderungen der Sprache stehen in der Regel in einem Bezug zu gesellschaftlichen Veränderungen.
Veränderungen der Sprache vollziehen sich im Allgemeinen fließend über einen längeren Zeitraum hinweg durch die Verwendung in der Praxis. Dazu gehört u. a., dass neue Wörter sich in einer Sprache etablieren, während andere „aussterben", weil sie nicht mehr oder nur noch selten benutzt werden. Oder es verschieben sich Wortbedeutungen: Während „Weib" früher als wertneutrales Synonym für „Frau" verwendet wurde, ist die Verwendung heute eindeutig negativ konnotiert. Solche Veränderungen betreffen nicht nur die Schreibweise und den Wortbestand, sondern auch die Grammatik, wie z. B. die zunehmende Ersetzung des Genitivs durch Dativkonstruktionen („der Hut vom Mann" statt „der Hut des Mannes") oder der weitgehende Verzicht auf die Verwendung des Konjunktivs bei der indirekten Rede im alltäglichen Sprachgebrauch.

Da die Sprache sich in der Regel an der Praxis ihrer Verwendung orientiert, spricht man bei der Sprachentwicklung auch von den wirksamen Kräften der Selbstregulation. Gezielte Eingriffe in diesen Mechanismus werden als **Sprachlenkung** bezeichnet. Die Beweggründe für derartige Eingriffe sind sehr unterschiedlicher Natur:

- Im Verlauf der historischen Entwicklung hat es Versuche im Sinne der Sprachmanipulation gegeben, systemkonformes Denken durch eine offizielle Sprachregelung zu bewirken (z. B. Nationalsozialismus, DDR).
- Bemühungen von Sprachpflegern, durch Maßnahmen der Sprachregelung bewahrend auf die Sprachentwicklung einzuwirken, stellen Eingriffe in das System Sprache dar, die kontrovers diskutiert wurden und werden (→ *Sprachkritik*, S. 154 f.).
- Wenn Sprachlenkung als „Steuerung von oben" stattfindet, stimmt sie in der Regel mit systemlinguistischen Konzeptionen überein. Ein Beispiel aus heutiger Zeit sind amtliche Erlasse und Verfügungen, die vorschreiben, dass in allen öffentlichen Dokumenten sowohl die femininen als auch die maskulinen Formen zu verwenden sind (z. B. Bürgerinnen und Bürger, Schüler/-innen). Diese offizielle amtliche Regelung lief zeitlich parallel mit der sprachwissenschaftlichen Diskussion zum Geschlechtersplitting.

Die zunehmende Globalisierung und die dabei vermehrt entstehenden multikulturellen Gesellschaftsformen fordern und fördern gegenwärtig **interlinguale Entwicklungsprozesse**, da unterschiedliche Kulturen und Sprachräume enger zusammenwachsen und Sprachen sich stärker mischen und gegenseitig beeinflussen.
Sprachschützer bzw. -pfleger sahen und sehen in dem Einfluss fremder Sprachen, z. B. im zunehmenden Anteil von **Anglizismen** in der deutschen Sprache, einen Verlust der Identität. Andere begreifen die stattfindenden interlingualen Entwicklungsprozesse eher als eine Bereicherung und vertrauen auf die Kräfte der Selbstregulierung inner-

halb einer Sprache. Für sie kann die Verwendung von Wörtern aus fremden Sprachen vielmehr zu einer fruchtbaren Auseinandersetzung mit Bedeutungsverschiebungen bei der Übernahme eines Wortes führen oder zu einer vertieften Reflexion bisher unbewusster Sachverhalte beitragen.

Das Aufwachsen mit einer Zweitsprache bzw. in der **Mehrsprachigkeit**, die in fast allen Schulsystemen gezielt aufgebaut wird, verbessert nicht nur die beruflichen Chancen in einer globalisierten Welt, sondern fördert auch das Verständnis für fremde Sprachen und Kulturen. Im direkten Vergleich verschiedener Sprachen kann auch die Beschaffenheit der eigenen bewusster werden. Warum sagt man im Deutschen z. B., wenn einem etwas unverständlich ist, „Das kommt mir spanisch vor", während es im Englischen „It's Greek to me" heißt? Warum sagen wir nicht „Das kommt mir chinesisch vor"? Ist der „Walfisch" in anderen Sprachen auch ein Fisch, obwohl er eigentlich zu den Säugetieren gehört? – Solche und ähnliche Fragen können den sprachlichen Relativismus innerhalb ein und derselben Sprache deutlich werden lassen.

Beim **Übersetzen** von einer Sprache in eine andere wird deutlich, wie wichtig es ist, dass man nicht nur die entsprechenden Vokabeln gelernt, sondern sich auch mit der Kultur des jeweiligen Landes intensiv auseinandergesetzt hat. Immer wieder stößt man beim Übersetzen auf Begriffe und Redewendungen, die so in der eigenen Sprache nicht vorkommen und es stellt sich die Frage, ob die eigene Übersetzung dem Ausgangstext wirklich gerecht wird. Vor allem professionelle Übersetzer werden dabei an der Werktreue ihrer Übersetzung gemessen. Die Problematik besteht aber gerade darin, dass die Übersetzung zwei Ansprüchen genügen muss:

- Der spezifische Charakter des Originaltextes sollte im Sinne größtmöglicher Werktreue nicht verletzt werden.
- Der Originaltext muss den sprachlichen Strukturen der Zielsprache angepasst sein (Übertragung statt Übersetzung).

Sprachvarietäten und ihre gesellschaftliche Bedeutung

Der Begriff *Sprachvarietät* meint die Teilmenge einer Einzelsprache, die sie ergänzt oder modifiziert, aber nicht unabhängig von ihr existieren kann.

INFO Sprachvarietäten

geografischer Bezug	Dialekte, Regiolekte (z. B. Schwäbisch, Kölsch, Münsteraner Platt)
in Bezug auf die Gesellschaftsschicht	Jugendsprachen, Idiolekte, Frauen-/Männersprachen usw. (= Identität der Sprecher) Soziolekte, Gruppensprachen (= Zugehörigkeit zu einer Schicht oder Gruppe)
in Bezug auf die Kommunikationssituationen	z. B. Fachsprachen, Umgangssprache

Sprachgeschichte ist immer eng mit der Zeitgeschichte verbunden, da jede Generation ihren eigenen Sprachstil mit sich bringt, welcher von den bestehenden sozialen und politischen Umständen geprägt ist. Die heutige **Jugendsprache** (z. B. Kietzdeutsch) ist ein gutes Beispiel für eine Sprachvarietät, die einen besonders starken und schnellen Wandel erfährt. Noch vor zwanzig Jahren gab es in der Sprache der Jugendlichen keine Formulierungen wie „voll krass", „taschengeldmäßig" oder „chillen", dafür aber andere, die heute von der Jugend kaum noch verwendet werden (z. B. „meschugge" oder „knorke" aus den 1950er-Jahren). Die früheren Jugendsprachen gelten als deutlich konservativer und angepasster als die gegenwärtige.
Dass in der Sprache der heutigen Jugendlichen z. B. ungewöhnliche **Wortneuschöpfungen** entstehen, Verstöße gegen Regeln der Grammatik vorkommen oder gehäuft Wörter aus fremden Sprachen Verwendung finden, führt immer wieder zu Kritik an dieser Sprachvarietät. Dabei werden die Gefahren für die deutsche Sprache insgesamt sicherlich etwas überbewertet. Denn manchmal wird vergessen, dass es ähnliche Phänomene schon immer gegeben hat, ohne dass die Sprache Schaden genommen hat, und dass die Abgrenzung von der Welt der Erwachsenen (dazu gehört auch die eigene Sprache) ein entwicklungspsychologisch bedeutsamer Faktor ist.

Abgesehen von diesen kritischen Stimmen zur Jugendsprache gibt es **Sprachkritik** als Beitrag zur Sprachpflege in Deutschland schon seit dem 17. Jahrhundert. Nach den Vorbildern in den Niederlanden und in Italien entstanden im 17. Jahrhundert zahlreiche **Sprachgesellschaften**, die sich der Pflege der deutschen Sprache widmeten. Die bedeutendste und bekannteste war die „Fruchtbringende Gesellschaft" (1617–1680), die auch als „Palmenorden" bezeichnet wurde und vor allem für die radikale Tilgung lateinischer Wörter aus der deutschen Sprache eintrat.
Institutionen wie der Verein Deutsche Sprache (VDS) oder die Gesellschaft für deutsche Sprache (GfdS) bemühen sich heute um **Sprachpflege**, indem sie sich mit herrschenden Sprachnormen auseinandersetzen, um diese zu bewerten und auf unangemessenen Sprachgebrauch aufmerksam zu machen. Im Zentrum des Interesses steht dabei in erster Linie das gesprochene und geschriebene Wort in öffentlichen Institutionen (Politik, Medien usw.). Erklärtes Ziel ist es, durch das Aufzeigen von Missständen einen Beitrag zur Verbesserung der Sprachkultur zu leisten. Mit verschiedenen Aktionen, z. B. der Veröffentlichung des Anglizismenindex, der Wahl des Unwortes des Jahres (2013: „Sozialtourismus", 2014: „Lügenpresse" und 2015: „Gutmensch"), des Wortes des Jahres (2013: „GroKo", 2014: „Lichtgrenze" und 2015: „Flüchtlinge") oder des Sprachpanschers des Jahres (2013: „Duden", 2014: „Ursula von der Leyen" und 2015: „Prof. Dr. Wolfgang A. Herrmann"), wenden sich diese Organisationen gegen
- Bürokratensprache und Amtsdeutsch,
- den zunehmenden Gebrauch von Fremdwörtern (vor allem Anglizismen),
- sexistischen Sprachgebrauch,
- grammatikalisch nicht eindeutige und richtige Sprachgestaltung sowie
- die unkorrekte Schreibweise und Aussprache von Wörtern.

In seiner extremen Form bezeichnet man den Versuch, die deutsche Sprache durch Sprachreinigung zu schützen, als **Sprachpurismus** und kritisiert den darin zum Ausdruck kommenden übertriebenen Nationalstolz.
Als Beispiel wird häufig auf Frankreich verwiesen, da dort deutlich stärker auf die Bewahrung der eigenen Sprache geachtet wird. Anders als in den meisten anderen europäischen Ländern heißt z. B. der Computer nicht Computer, sondern „ordinateur", und die E-Mail „courriel".
Bemühungen um die „Reinhaltung der deutschen Sprache" werden nicht nur kritisiert, weil darin eine übertriebene „Deutschtümelei" erkannt wird, sondern weil Sprache dadurch als etwas Schutzbedürftiges aufgefasst wird. Die Kritiker der Sprachpflege gehen davon aus, dass man auf Eingriffe „von oben" verzichten kann und soll, weil Sprachen an sich nicht zerstört werden können, sondern nur einem ständigen Wandel der Zeit unterworfen sind und einen Mechanismus der Selbstregulation besitzen.

INFO Sprachkritik

- Sprachkritik im Sinne der **Sprachpflege** zielt traditionell in erster Linie auf den Schutz der eigenen Sprache vor fremden Einflüssen.
- Sprachkritik als **Textkritik** befasst sich in erster Linie mit der kritischen Reflexion öffentlicher Sprache in der Gesellschaft und der Politik. Ziel ist vor allem eine Verbesserung und Kultivierung des Sprachgebrauchs.

Im Gegensatz zu sprachpuristischen Positionen stehen **interlinguale Entwicklungsprozesse**, die sich aus dem Entstehen einer multikulturellen Gesellschaft im Zeichen der zunehmenden Globalisierung ergeben (→ *Spracherwerbsmodelle und -theorien*, S. 149 ff.). Das „Switchen" (Wechseln von einer Sprache in eine andere) findet sich z. B. bei zweisprachig aufgewachsenen Menschen bzw. in multikulturell zusammengesetzten Gruppen.
Neuere Untersuchungen stellen heraus, dass **Mehrsprachigkeit** sich positiv auf die Sprachkompetenz von Kindern auswirkt und einen intellektuellen Gewinn bedeuten kann, wenn die zweite Sprache nicht wie eine Fremdsprache, sondern in mehr oder weniger authentischen Situationen (z. B. zweisprachiges Elternhaus, bilingualer Unterricht) parallel zur Muttersprache erlernt wird. So werden dadurch frühzeitig sprachliche Bedeutungen und kulturelle Unterschiede reflektiert und weitere Sprachen können leichter gelernt werden.
Mehrsprachigkeit bei Kindern mit Migrationshintergrund führt dann zu Problemen, wenn weder die Muttersprache noch die Zweitsprache richtig erlernt wird.

Verhältnis von Sprache, Denken und Wirklichkeit

Solange das Phänomen Sprache Gegenstand einer kritischen Reflexion war, interessierte vor allem die Frage, welcher Zusammenhang zwischen Sprache und Denken besteht und inwieweit Sprache und Denken die Wirklichkeit objektiv abbilden können.

In den sprachphilosophischen Diskursen ist von besonderem Interesse, in welchem Verhältnis Sprache und Wirklichkeit stehen und welche Leistung die **Sprache als Mittel der Erkenntnis** besitzt. Im Zentrum der Reflexion steht dabei weniger die Frage, wie die Verschiedenartigkeit der Sprachen das Denken und die Vorstellung von Wirklichkeit beeinflusst, sondern vor allem die Frage, welcher Zusammenhang zwischen dem *sprachlichen Zeichen* und dem bezeichneten Gegenstand besteht.

INFO Sprachkritik

Sprachkritik im Bereich der Sprachphilosophie setzt sich vor allem mit dem Zusammenhang von Sprache, Denken und Wirklichkeit auseinander und befasst sich mit der Leistung der Sprache für die Erkenntnis.

In der **griechischen Antike** (vor allem Platon und Heraklit) ging man von einer Harmonie zwischen den Wörtern und Dingen aus. Diese Vorstellung wird mit dem Begriff *Abbildungstheorie* bezeichnet, da Wörter quasi Abbilder der Gegenstände sind bzw. Merkzeichen für bestimmte Vorstellungen, die Abbilder der Dinge sind.
Auf Ablehnung stieß die Abbildungstheorie bereits bei den Griechen selbst. In der *anomalistischen Theorie* ging man davon aus, dass die Benennungen der Dinge auf Zuordnungen beruhen, die durch Übereinkunft hergestellt werden. Daher gibt es für die Vertreter dieser Theorie keine Übereinstimmungen zwischen den Benennungen bzw. Wörtern und den Dingen, die sie bezeichnen, d. h., dass man durch das Wort nichts über die Eigenschaften des Dings selbst erfährt.

Sprache wird seit der anomalistischen Theorie durch verschiedene Philosophen (z. B. Augustinus, Bacon, Locke, Leibniz und Hegel) in Verbindung mit den Begriffen *Symbol* oder *Zeichen* gebracht. Der Zeichencharakter der Sprache wird aber erst durch den Sprachwissenschaftler Ferdinand de Saussure (1857 – 1913) vertieft. Für ihn ist ein sprachliches Zeichen die Verbindung eines *Ausdrucks*, z. B. [baum] mit einem *Inhalt* (). Saussure spricht dabei vom *Bezeichnenden* (signifiant = Ausdruck) und dem *Bezeichneten* (signifié = Inhalt). Die Beziehung zwischen dem Bezeichnenden und dem Bezeichneten ist dabei zwar willkürlich (*Arbitrarität* des sprachlichen Zeichens), aber über die jeweilige Zuordnung besteht eine stillschweigende oder ausdrückliche Übereinkunft (*Konventionalität* der Sprache).
In der Philosophie und den Sprachwissenschaften wurde Saussures Theorie des sprachlichen Zeichens kritisiert, da die Leistung der Sprache durch diesen Ansatz auf ein bloßes Zeichensystem reduziert wird. Für Hans-Georg Gadamer (1900 – 2002) leistet Sprache mehr, als nur im Sinne eines Mediums zur Verständigung über Dinge und Vorgänge der Wirklichkeit beizutragen. Sie bedingt unserer Denken. Nur in der Sprache erfasst der Mensch die Welt.

Im Anschluss an den deutschen Philosophen und Sprachforscher Wilhelm von Humboldt (1767 – 1835) betont der Philosoph Leo Weisgerber (1899 – 1985) demgegenüber eher die aktive Rolle der Sprache in Bezug auf die Vorstellung von der Wirklichkeit.

Ausgehend von Humboldt, der von einer Umprägung und Gestaltung der Wirklichkeit durch die Sprache spricht, entwickelt Weisgerber seine Theorie von der „sprachlichen Zwischenwelt“. Demnach bildet die durch die Sprache gestaltete Wirklichkeit eine Zwischenwelt, die dem Bewusstsein des Menschen eine systematisch aufgebaute eigenständige geistige Welt bietet. Die objektive Realität ist dem Menschen demnach unzugänglich und Wirklichkeit ist für ihn nur, was in dieser Zwischenwelt enthalten ist. Diese sehr verkürzte und stark vereinfachte Übersicht soll verdeutlichen, wie unterschiedlich und kontrovers die Leistung der Sprache bei der Erkenntnis der Wirklichkeit in der Philosophie gesehen und bewertet wird.

Das Verhältnis zwischen Sprache, Denken und Wirklichkeit beschäftigt schon seit Langem die an dem Phänomen Sprache Interessierten und die Sprachwissenschaftler. Der englische Philosoph John Locke (1632 – 1704) stellte gegen **Ende des 17. Jahrhunderts** fest, dass es in verschiedenen Sprachen viele Wörter gibt, die keine Entsprechung in anderen Sprachen haben. Für Locke drücken solche Wörter komplexe Gedanken und Ideen aus, die aus den Lebensbedingungen und Lebensweisen der jeweiligen Gesellschaft hervorgegangen sind.
Der deutsche Philosoph, Theologe und Dichter Johann Gottfried von Herder (1744 – 1803) begründete vor allem mit seiner Untersuchung *Über den Ursprung der Sprache* (1772) die **deutsche Sprachwissenschaft**. Herder und vor allem Wilhelm von Humboldt erweiterten die gedanklichen Ansätze John Lockes, indem sie sie auch auf die **Grammatik** einer Sprache bezogen. Für Humboldt, den wohl bedeutendsten Sprachforscher seiner Zeit, der seine sprachtheoretische Position aus seinen linguistischen Studien vieler verschiedener Sprachen (Chinesisch, Japanisch und semitische Sprachen, aber auch Sanskrit, Ungarisch oder Ägyptisch) entwickelte, war Sprache nichts Festes und Unveränderbares, sondern etwas, das sich ständig in der Auseinandersetzung mit der Realität verändert. Sprache ist nach Humboldt die sich ständig wiederholende Arbeit des Geistes, artikulierte Laute zum Ausdruck der Gedanken werden zu lassen. Die Verschiedenartigkeit der von ihm untersuchten Sprachen liegt für Humboldt darin begründet, dass jede einzelne Sprache eine eigene Form gefunden hat, um die Welt in Gedanken zu kleiden. Daraus ergibt sich für ihn eine „in jeder Sprache eigentümliche Weltansicht“.
Daraus, dass Denken und Sprechen untrennbar miteinander verbunden sind und dass jede Sprache ihre eigene Weltsicht enthält, zieht Humboldt die Konsequenz, dass keine Sprache einen völlig objektiven Zugang zur Wirklichkeit hat. Die Summe des Erkennbaren liegt für ihn in der Mitte zwischen allen Sprachen und der Mensch kann sich der objektiven Wahrheit nur subjektiv nähern.

Im **20. Jahrhundert** werden einzelne Grundgedanken Humboldts vom deutsch-amerikanischen Ethnologen und Anthropologen Franz Boas (1858 – 1942) aufgegriffen. Boas und seine Schüler untersuchten Indianersprachen, die sich grundsätzlich von europäischen Sprachen unterschieden. Boas Schüler **Edward Sapir** (1884 – 1939) stellte vor dem Hintergrund des Studiums dieser Sprachen schließlich die Hypothese auf, dass die lexikalischen und syntaktischen Strukturen einer bestimmten Sprache gewisse Arten des

Denkens zwar nahelegen, aber nicht erzwingen. Sapirs Schüler **Benjamin Lee Whorf** (1897 – 1941) erlangte mit seinen Schriften, von denen einige 1963 in einer Sammlung mit dem Titel *Sprache, Denken, Wirklichkeit* in deutscher Übersetzung veröffentlicht wurden, große Popularität nicht nur in Kreisen der Sprachwissenschaft.

Die „Sapir-Whorf-Hypothese"

Unter den geläufigen Bezeichnungen **„Sapir-Whorf-Hypothese"** bzw. **„Sprachliches Relativitätsprinzip"** wird die recht radikal formulierte These gefasst, dass die Grammatik einer bestimmten Sprache unser Denken beherrscht, sodass die jeweiligen sprachlichen Strukturen nur eine relative Vorstellung von Wirklichkeit ermöglichen.
Im Zusammenhang mit dem „sprachlichen Relativitätsprinzip" wird in der Regel auf eindrucksvolle Beispiele verwiesen: z. B. auf die Beobachtung, dass die Sprache der Hopi-Indianer im Gegensatz zum Englischen oder Deutschen eher eine „zeitlose" Sprache ist, da die Verben der Hopi-Sprache keine Tempora haben und den Unterschied zwischen Vergangenheit, Gegenwart und Zukunft anders als in den indoeuropäischen Sprachen ausdrücken. Oder dass die Sprache der Inuit über viel mehr Möglichkeiten verfügt, um Schnee- und Eisverhältnisse zu bezeichnen, als europäische Sprachen und dass Wüstenvölker ein umfangreicheres sprachliches Repertoire für das Wort Sand aufweisen.
Gegenüber der oben angedeuteten Sichtweise Humboldts zur **Verschiedenartigkeit der Sprachen** wird stark vereinfachend der Schluss gezogen, dass Menschen aufgrund ihrer Zugehörigkeit zu bestimmten Kulturkreisen zu unterschiedlichen Ansichten von Welt kämen, sodass die Wahrnehmung von Wirklichkeit nur relativ sein könne.

Schwachstellen in der Beweisführung durch die Begrenztheit des empirischen Materials und den dogmatischen Charakter der Sapir-Whorf-Hypothese führten ab Mitte des 20. Jahrhunderts bis in die Gegenwart zu einem verstärkten Aufkommen **formalistischer und universalistischer Ansätze**. Diese Ansätze haben sich den Nachweis zum Ziel gesetzt, dass alle unterschiedlichen Sprachen auf eine gemeinsame **Universalgrammatik** zurückzuführen seien. Eine solche abstrakte Universalgrammatik wäre dem Denken gegenüber eigenständig und hätte keinen Einfluss darauf. Die vor allem von Noam Chomsky vertretene *Nativismustheorie* (→ S. 149) geht von der Existenz einer solchen Universalgrammatik aus. Gestärkt wird dies durch neuere Forschungen in den Neurowissenschaften, die besagen, dass die Ausbildung des FOXP2-Gens (→ S. 148) im Erbgut des Menschen für die Sprachentwicklung verantwortlich sein soll.

Trotz vielfältiger Kritik findet die Sapir-Whorf-Hypothese in der Wissenschaft gegenwärtig wieder mehr Beachtung und wird erneut heftig diskutiert, da die amerikanischen Sprachwissenschaftler John Lucy und Penny Lee sich darum bemühen, die **Relativitätshypothese** – empirisch besser abgesichert – durch einen Vergleich des Englischen mit dem Yukatekischen Maya zu beweisen.
Mit kritischem Blick auf die Sapir-Whorf-These und das linguistische Relativitätsprinzip formuliert zum Beispiel der israelische Linguist Guy Deutscher 2010 im Anschluss an den Anthropologen Franz Boas und den russisch-amerikanischen Linguisten Roman

Jakobson einen Ansatz, den er das **Boas-Jakobson-Prinzip** nennt. Dabei zweifelt er nicht an, dass eine Muttersprache Einfluss auf das Denken nimmt, aber er geht davon aus, dass man theoretisch in jeder Sprache alles zum Ausdruck bringen kann. Der für ihn entscheidende **Unterschied zwischen den Sprachen** besteht also nicht darin, was eine Sprache dem Sprechenden auszudrücken erlaubt, sondern wozu eine Sprache den Sprechenden ‚zwingt', wenn er sich äußert. Anders als in der Sapir-Whorf-Hypothese dargestellt, ist Sprache demnach kein „Gefängnis" für das Denken und die Wahrnehmung der Wirklichkeit.

Deutlich wird, dass die Debatte um das Verhältnis zwischen Sprache, Denken und Wirklichkeit bis heute keineswegs abgeschlossen ist und in der Sprachphilosophie, den Sprachwissenschaften und anderen wissenschaftlichen Disziplinen sehr kontrovers geführt wird. Im Zusammenhang einer kritischen Auseinandersetzung mit ideologisch geprägten **Geschlechtsrollenklischees** (Thema „Gender", Frauensprache vs. Männersprache, patriarchalische Sprachstrukturen usw.) sowie durch neuere Erkenntnisse über die Funktionsweise des Gehirns (Was passiert im Gehirn, wenn wir sprechen? Wie entstehen Gedanken? usw.) in den **Neurowissenschaften** steht die Diskussion um die Beziehung zwischen Sprache und Denken auch im Interesse einer breiteren Öffentlichkeit.

INFO Positionen zum Verhältnis Sprache ↔ Denken

Unabhängig von den oben angedeuteten Unterschieden und Kontroversen gehen die Vertreter fast aller Positionen von einem sehr engen Verhältnis zwischen Sprache und Denken aus. Grundsätzlich lassen sich diese Ansichten unterscheiden:

A Sprache und Denken sind zwei getrennte Bereiche, die allerdings voneinander abhängig sind.
Dazu werden drei Varianten als Thesen formuliert:
  a) Das Denken bestimmt die Sprache, sodass sich das Sprechen aus dem Denken entwickelt.
  b) Die Sprache beeinflusst das Denken, indem es dem Denken bestimmte Bahnen vorgibt (Sapir-Whorf-Hypothese).
  c) Sprache und Denken stehen in gegenseitiger Abhängigkeit; das eine ist ohne das andere nicht möglich.

B Sprache und Denken sind identisch, das Denken ist „inneres Sprechen" (Identitätstheorie).

Inhaltsfeld Texte

Lyrische Texte

Was ist Lyrik?

Lyrik zeichnet sich durch „verdichteten“ Sprachgebrauch aus. Die sinnliche Seite der Sprache steht häufig im Mittelpunkt:
- der Klang der Wörter,
- die Folge der Wörter in einem Sprechzusammenhang (Rhythmus),
- das Verhältnis von betonten und unbetonten Silben,
- die Optik der Wörter.

Bildlichkeit trägt in vielen lyrischen Texten zu einer Bedeutungsbildung bei, die Wahrnehmungen und Gefühle in besonders strenger Form, allerdings durchaus mehrdeutig vorstellt. Individuelle, sehr persönliche Sichtweisen auf Gegenstände überwiegen. Gedichte sind vielfach „Verdichtung“, zeichnen sich durch besondere Prägnanz aus. Ein Beispiel:

Nicht müde werden (1964) *Hilde Domin (1909–2006)*

Nicht müde werden
sondern dem Wunder
leise
wie einem Vogel
die Hand hinhalten

Quelle: Hilde Domin: *Nicht müde werden.* Aus: dies., Gesammelte Gedichte. S. Fischer Verlag, Frankfurt/Main, 1987, S. 294.

Bei diesem modernen Gedicht wird mithilfe eines Vergleichs eine Art Lebensweisheit ausgedrückt. Das „Wunder“ wird mit einem flatterhaften „Vogel“ verglichen, dem man still die Hand hinhalten soll, obwohl es natürlich lange dauern kann, bis er sich auf einer ausgestreckten Hand niederlässt. Man soll die Hoffnung auf ein Wunder also nicht aufgeben, auch wenn es manchmal aussichtslos erscheint.
Dies ist zunächst eine textimmanente Erschließung. Darüber hinaus können Fragen zum biografischen oder literarhistorischen Kontext – Hilde Domin hat viele Jahre im Exil verbringen müssen – Deutungshinweise liefern (→ S. 113f.). Eine vorschnelle Interpretation der Gedichtaussage als Ausdruck biografischer Brüche und schwieriger Situationen im Leben der Autorin sollte allerdings vermieden werden (Sprecher im Gedicht, → S. 159, 163).

Ein kurzer Abriss zur Geschichte der Gattung

Lyrik gilt als diejenige poetische Gattung, die menschliche Stimmungen in stärkster Weise ausdrücken kann. Abgeleitet vom griechischen Wort *lyrikós* (zum Spiel der Lyra, der Leier gehörend) wird der Lied- und Vortragscharakter der antiken Herkunft betont. Seit dem 18. Jahrhundert wird die heute noch übliche Definition von Lyrik als eine der drei Hauptgattungen neben Epik und Drama gebraucht.
Bei dem Formenreichtum, den die Lyrik seit der Antike entwickelte, sind als Grundkonstanten Rhythmus, Metrum, Vers sowie teilweise auch Reim und Strophe zu identifizieren.

Die **germanische Stabreimkunst**, deren Gesetze nicht überliefert sind, sondern erst im 19. Jahrhundert rekonstruiert wurden, ist heute allenfalls in Wendungen wie „Haus und Hof" noch nachzuweisen, prägte aber bis zum *Hildebrandslied* (althochdeutsch, 9. Jahrhundert) eine eigenständige lyrische Tradition im nordwestlichen Europa.
Als besondere Blütezeit gilt das **Hochmittelalter** (11. – 13. Jahrhundert). Der höfische **Minnesang** ist vor allem mit Walther von der Vogelweide (um 1170 – ca. 1230) verbunden, aber auch bedeutende Versepen wie das *Nibelungenlied* kennzeichnen diese Epoche. Eine weitere im deutschsprachigen Raum entstandene Dichtkunst ist der zunftbürgerliche *Meistergesang* im 16. Jahrhundert, verbunden vor allem mit dem Namen Hans Sachs (1494 – 1576).
Als eigentlicher Beginn einer vor allem an italienischen Renaissancevorbildern geschulten und orientierten Dichtkunst in deutscher Sprache gilt das aus heutiger Sicht strenge Regeln der Form benennende *Buch von der deutschen Poeterey* (1624) von Martin Opitz (1597 – 1639). Die damit erstmals theoretisch fundierte **Barocklyrik** fand Ausprägungen vor allem im weltlichen und geistlichen Sonett, aber auch in *Kirchenliedern* oder Epigrammen sowie weiteren in dieser Epoche gepflegten lyrischen Formen.
Als ein Höhepunkt deutscher Literatur gilt (nicht nur in der Lyrik) das dichterische Schaffen von Johann Wolfgang Goethe (1749 – 1832), Friedrich Schiller (1759 – 1805) und Friedrich Hölderlin (1770 – 1843) sowie die **Lyrik der Romantik**, verbunden mit Namen wie Novalis (1772 – 1801) oder Joseph von Eichendorff (1788 – 1857).
Mit Heinrich Heine (1797 – 1856) wird eine häufig ironisch gebrochene romantische Lyrik verbunden, aber auch politisch engagierte Dichtung des Vormärz.
Während die von Goethe und Schiller geprägte Lyrik des **Sturm und Drang** und der **Klassik** als Stimmungs-, Erlebnis- oder Ausdrucksdichtung charakterisiert und als – aus heutiger Sicht – traditionell bezeichnet wird, gilt die sogenannte **Moderne** als dem Leser gegenüber bewusst sperrig.
Wenn Einfühlen und Nacherleben, auch Schönheit als nicht nur ästhetische Kategorie das Typische klassischer Lyrik umreißt, ist gerade im Verzicht auf Formbegrenzung bzw. im bloßen Spiel mit der Form die Moderne ausgewiesen, in Frankreich seit der Mitte des 19. Jh., in Deutschland eher um 1900.

Die im **Naturalismus**, **Expressionismus** oder **Dada** entwickelten sprachlichen Entgrenzungen haben im 20. Jahrhundert keine ausschließlich daran anknüpfende „Dichterschule", sondern auch Gegenbewegungen und eine von manchen als epigonal (nachahmend) betrachtete Lyrik mit gestalterischen Bezügen auf die klassischen Vorbilder hervorgebracht. Eine Tendenz zur Verrätselung und zum Experiment ist allerdings seit Anfang des 20. Jahrhunderts aus der deutschsprachigen Lyrik nicht mehr wegzudenken.

Möglichkeiten der Einordnung von Lyrik bieten – zunächst unabhängig von literarhistorischen Kontexten – thematisch und motivisch begründete Zuordnungen:

Gedichtgenre	Thema/Motiv
Alltagslyrik	Erfahrungssplitter und persönliche Impressionen aus dem Alltag sind kennzeichnend (z. B. in der Lyrik von Rolf Dieter Brinkmann).
Gedankenlyrik	Weltanschauliche und philosophische Fragen werden thematisiert (z. B. Johann Wolfgang Goethe *Grenzen der Menschheit*).
Großstadtlyrik	Thema ist das Erleben der Großstadt (vor allem im Expressionismus stark vertreten; z. B. Georg Heym *Der Gott der Stadt*).
Liebeslyrik	Wonnen und Schmerzen der Liebe gehören zu den ältesten Motiven in der Lyrik und werden häufig gefühlsbetont verarbeitet.
Naturlyrik	Naturbegegnung und Naturerleben – wie der Jahreszeitenwechsel – sind ein vorrangiges Thema (z. B. in der Romantik).
Politische Lyrik	Aussagen zu politischen Ereignissen sind als Appell/Kritik formuliert (z. B. im Vormärz/Junges Deutschland: Heinrich Heine *Die schlesischen Weber*).

Formen der Lyrik

Gedichte können nach inhaltlichen, formalen und literarhistorischen Gesichtspunkten klassifiziert werden, z. B.:

Gedichtart	Merkmale
Ballade	In Versform erzählte Geschichte mit Dialogelementen. Die Zuordnung zur Lyrik ist aber umstritten; andere Kategorisierungen betonen die epischen und dramatischen Aspekte der Ballade.
Elegie	Formstrenges Klagelied in der Antike; Trauer, Schwermut und Sehnsucht sind zentral.
Epigramm	Sinngedicht; kurz und pointiert formulierter, scharfsinniger Einfall, manchmal satirisch. Im Unterschied zum *Aphorismus* in Reimform verfasst.
Hymnus/ Hymne	Ursprünglich ein Lob- und Preisgesang in der Kirchenliturgie; bei Goethe und Schiller freier gefasst.
Lied	Oft Volkslied, einfache Verse; Höhepunkte der Lieddichtung im Mittelalter (*Minnesang*) und der Romantik um 1800.
Ode	Ursprünglich ein Chorgesang im antiken Drama; dann rhythmisch freier, mit feierlichem Inhalt.
Sonett	14-zeilige Gedichtform seit der italienischen Renaissance; im Barock besonders beliebt; besteht in der Regel aus zwei Quartetten und zwei Terzetten.

Darüber hinaus gibt es noch weitere Formen bzw. Klassifizierungen, z. B.
- **Anakreontik**, eine Stilrichtung Mitte des 18. Jh. nach antikem Muster; heitere und graziöse Verse in Anlehnung an Anakreon (ca. 580 – 490 v. Chr.);
- **experimentelle Gedichtformen**, in denen die Sprache selbst zum Inhalt und Zweck des Gedichts wird, z. B. in der *konkreten Poesie* mit Vertretern wie Eugen Gomringer (*1925) und Ernst Jandl (1925 – 2000);
- **Kleinformen** wie z. B. *Haiku*, *Elfchen* und *Limerick*.

Das Sonett

Eine besonders typische Gedichtform des Barock (1600 – 1720), auch im Expressionismus vertreten, stellt das Sonett dar. Die **14 Zeilen** werden zumeist in **zwei Quartette** (Strophe mit je vier Versen) und **zwei Terzette** (Strophe mit je drei Versen) gegliedert und realisieren sehr häufig ein typisches **Reimschema** – im Barock nach italienischem Vorbild (Francesco Petrarca 1304 – 1374) –, mit doppelten Blockreim der Quartette abba abba cdc cdc (dagegen bei Shakespeare: abab cdcd efef gg). Am französischen Vorbild orientierte sich die deutschsprachige Barockdichtung beim Versmaß durch den Gebrauch von Alexandrinern.

Der asymmetrische Aufbau des Sonetts erzeugt eine formale und inhaltliche Spannung. Themen können dadurch argumentativ entfaltet werden; der Sprecher im Gedicht kann sein Thema reflektieren.
Im Rahmen der **Poetikvorgaben des Barock** stellen die Quartette in *These* und *Antithese* Aussagen über einen bestimmten Kanon von Themen (z. B. Liebe, Tod/Vergänglichkeit, vanitas) vor, die Terzette bündeln diese Aussagen und führen sie zu einer Synthese. Das Sonett ist auf das pointierte Ende hin angelegt, zeigt damit eine Finalstruktur. Ein Beispiel:

Schlussgedicht der „Waldmonologe aus Kreuth" (1908) *Paul Heyse (1830–1914)*

Sieh das Sonett! Kannst du ein Gleichnis nicht
In seiner Strophen Viergestalt gewahren,
Das Bild von zwei verbundnen Menschenpaaren?
Voran die Eltern, Leute von Gewicht.

Was er mit seinem würd'gen Tone spricht
Bestätigt sie, bemüht, ihm zu willfahren.
So schwierig manchmal auch die Reime waren,
Sie hält sich stets an seiner Seite dicht.

Dann folgen flink den Alten auf dem Fuß
Von schlankem Wuchs leichtherzig die zwei Jungen,
die man für Liebesleutchen halten muss.

Er raunt ins Ohr ihr zarte Liebkosungen,
Und mit des letzten Reims behändem Schluss
Hat sein Terzinchen küssend er umschlungen.

Quelle: Paul Heyse: *Schlussgedicht der „Waldmonologe aus Kreuth"*. Aus: ders., Gesammelte Werke. Dritte Reihe. Bd. V. J. G. Cottasche Buchhandlung, Stuttgart/Berlin, 1924. S. 282.

Das Reimschema in Heyses Sonett weicht nur im zweiten Terzett vom Barockmuster ab. Anhand des Bildes von zwei Paaren zweier Generationen wird die Sonettform vorgestellt, in der Abweichung vom Vorbild nicht stärker variierend als schon im Barock möglich.
Nicht nur in klassisch gebauten Gedichten wie im barocken Sonett sind häufig *Gegensatzpaare* zu finden. Gegensätze, Widersprüche, widerstreitende Gefühle im Gedicht sind Möglichkeiten, um der Gedankenstruktur näher zu kommen. Auch *Steigerungen* oder *Wendungen* – etwa im abschließenden Vers oder Verspaar – bieten Hinweise.

Elemente lyrischer Texte

Motiv – Thema – Titel

Mit dem Ermitteln von Widersprüchen oder Wendungen sind erste Schritte einer Gedichtanalyse eingeleitet. Diese Analyse ähnelt gelegentlich einer Übersetzungsarbeit, denn die gedankliche Struktur erschließt sich meist nicht auf den ersten Blick. Mit Hilfe einiger Aspekte ist es möglich, sich dieser Struktur zu nähern:
Oft wird ein *zentrales Motiv* oder auch *Leitmotiv* im Gedicht verarbeitet, das Veränderungen erfährt oder zumindest Präzisierungen (z. B. unglückliche Liebe). Die Worte, die zu diesem Motiv in Beziehung stehen, zeigen die *Motiventwicklung* an. Damit eng zusammenhängend ist das *Thema* des Gedichts, auf das häufig auch der *Titel* hinweist. Dieser Titel bzw. diese Überschrift, wenn sie nicht dem Eingangsvers entspricht, hat eine Hinweisfunktion, die in der Analyse zu klären ist.

Das Gedicht als Kommunikationsangebot

Wie im Bereich der Epik kann die Autorin bzw. der Autor nicht mit dem **Sprecher** im Gedicht gleichgesetzt werden. Eine Nähe oder gar Übereinstimmung zwischen dem, der im Gedicht – ausdrücklich oder unmerklich – seine Stimme erhebt, und der Verfasserin bzw. dem Verfasser des Gedichts ist ggf. im Einzelnen nachzuweisen. Mit dem Begriff „Sprecher“ werden sowohl die identifizierbaren Sprechrollen (zumeist eine) als auch ein gestaltloses Sprechen (das Fehlen eines erkennbaren Sprechers) benannt. Gelegentlich wird der Begriff **lyrisches Ich** als Synonym für jedes Sprechen im Gedicht benutzt.

Der Sprecher im Gedicht kann in ganz unterschiedlichen Sprechweisen kommunizieren: Trotz der subjektiven Färbung und der häufig erkennbaren Selbstäußerung in vielen Gedichten ist auch ein sachliches Sprechen möglich. Hilde Domins Gedicht *Nicht müde werden* kann als Appell verstanden werden, als Aufforderung des Sprechers an sich selbst oder an andere.
Eine ironische Aussage ist im Gedicht ebenfalls möglich; die Kurzform des Epigramms gilt als geradezu prädestiniert für Ironie. Ein Beispiel:

Der Deutsche Krieg (um 1628) *Friedrich von Logau (1604–1655)*

Was hat doch bracht das deutsche Kriegen?
Dass wir nun ruhn, weil wir ja liegen.

Quelle: Friedrich von Logau: *Der Deutsche Krieg*. Aus: Heinz Ludwig Arnold (Hrsg.), Deutschland! Deutschland? Texte aus 500 Jahren von Martin Luther bis Günter Grass. S. Fischer Verlag, Frankfurt/Main, 2002, S. 73

Vers – Metrum – Reim

Eine Zeile in einem Gedicht wird als **Vers** bezeichnet. In Gedichten wird der **Zeilenumbruch**, die Anordnung der Textzeilen auf einer Druckseite, in besonderer Weise genutzt. Dieser Umbruch kann in drei Erscheinungsformen beschrieben werden:

Art des Zeilenumbruchs	Erklärung	Beispiel
Zeilenstil	Satz- und Versende fallen zusammen.	Wer reitet so spät durch Nacht und Wind? / Es ist der Vater mit seinem Kind; / Er hat den Knaben wohl in dem Arm, / Er fasst ihn sicher, er hält ihn warm. … J. W. Goethe *Erlkönig*
Enjambement	„Zeilensprung“: der Satz- und Sinnzusammenhang reicht über das Versende, ggf. auch das Strophenende, hinaus. Das Enjambement hebt vor allem Begriffe am Versende hervor.	Über allen Gipfeln / Ist Ruh … J. W. Goethe *Ein gleiches / Wandrers Nachtlied*
Hakenstil	In dieser Folge von Enjambements erscheinen die Verse durch die übergreifenden Satzbögen wie verhakt.	Danke ich brauch keine neuen / Formen ich stehe auf / festen Versesfüßen und alten / Normen Reimen zu Hand … Ulla Hahn *Ars poetica*

Die Betonungsverhältnisse im Gedicht werden, wenn sie regelmäßig sind, als **Metrum** oder **Versmaß** bezeichnet. Dabei unterscheidet man die Silbenabfolge, die sogenannten **Versfüße**, in *betonte* x̂ und *unbetonte* Silben x.
Davon unterscheidet man den Rhythmus, der zwar diese Betonungen beim Sprechen berücksichtigt, aber dem Sinn der Worte und Sätze folgt.
Die Begriffe für das Versmaß und die regelmäßigen Strophenformen stammen aus der griechischen Antike.

Die wichtigsten Fachbegriffe zur Lyrik

Begriff	Erläuterung	Beispiel
Metrum	Versmaß mit Versfüßen als kleinsten Einheiten	betonte Silbe: x̂ unbetonte Silbe: x
Hebungen	betonte Silben im Vers: Je nach Zahl der Hebungen im Vers kann etwa vom jambischen Fünf- oder Sechsheber als Versmaß gesprochen werden.	Vor grauen Jahren lebt' ein Mann in Osten ... (G. E. Lessing) x x̂ x x̂ x x̂ x x̂ x x̂ x (Blankvers: 5-hebig) Du siehst, wohin du siehst, nur Eitelkeit auf Erden (A. Gryphius) x x̂ x x̂ x x̂ x x̂ x x̂ x x̂ x (Alexandriner: 6-hebig)
Senkungen	unbetonte Silben im Vers	
Versfüße		
Jambus	zweihebiger Versfuß: unbetont – betont	Der Mond ist aufgegangen x x̂ x x̂ x x̂ x
Trochäus	zweihebiger Versfuß: betont – unbetont	Nacht ist wie ein stilles Meer x̂ x x̂ x x̂ x x̂
Daktylus	dreihebiger Versfuß: betont – unbetont – unbetont	Leidenschaft führt mir die ... x̂ x x x̂ x x
Anapäst	dreihebiger Versfuß: unbetont – unbetont – betont	Aus der Hand frisst der Herbst ... x x x̂ x x x̂
Versformen		
Hexameter	epischer Vers aus sechs Versfüßen (meist Daktylen), um eine Silbe gekürzter letzter Versfuß	Hûrtig mit Dônnergepôlter entrôllte der tûckische Mârmor (Homer)
Alexandriner	sechshebiger Vers mit 12 oder 13 Silben	s. Hebungen
Knittelvers	vierhebiger, unregelmäßiger Vers	Hâbe nun, âch! Phîlosophîe, Jûristerêi und Mêdizîn ... (J. W. Goethe)
Blankvers	fünfhebiger Jambus	s. Hebungen
Distichon	Kombination von zwei Versen: ein daktylischer Vers mit sechs bzw. fünf Versfüßen (Hexameter, Pentameter)	Wanderer, kommst du nach Sparta, verkündige dorten, du habest / uns hier liegen gesehn, wie das Gesetz es befahl. (griech. Grabinschrift – Epitaph – übersetzt von F. Schiller)

Strophenformen		
einfache Liedstrophe	vierzeilige Strophe mit häufig regelmäßigem Wechsel betonter und unbetonter Silben (alternierendes Metrum) und Endreim mindestens zweier Verse	Wie herrlich leuchtet Mir die Natur! Wie glänzt die Sonne! Wie lacht die Flur! (J. W. Goethe, *Mailied*)
Sestine	sechszeilige Strophe mit regelmäßigem Reimschema	*aabbcc* *oder auch: ababcc*
Reim	Gleichklang zweier oder mehrerer Lautgruppen	
Reimarten	– *Stabreim:* anlautende Konsonanten → Alliteration – *Endreim:* auslautende Vokale und Konsonanten – *Assonanz:* gleichlautende Vokale – *Binnenreim:* zwei oder mehr Wörter in einem Vers reimen sich	Man(n) merkt manches Strand – Sand Zug – Buch Oh Holpern und Stolpern
Reimschema/Reimstellungen	Darstellung der verschiedenen Endreimformen durch Kleinbuchstaben	– *Paarreim:* aabbcc ... – *Kreuzreim:* abab ... – *umarmender Reim:* abba
Versende		
Kadenz	Form des Versendes: – *klingende oder weibliche Kadenz:* Abschluss mit betonter und unbetonter Silbe (x̂ x) – *stumpfe oder männliche Kadenz:* Abschluss mit einer betonten Silbe (x x̂)	Fest gemauert in der Erden x̂ x x̂ x x̂ x x̂ x Steht die Form, aus Lehm gebrannt. x̂ x x̂ x x̂ x x̂ (F. Schiller, *Das Lied von der Glocke*)

Wortwahl und Satzbau

Vielen Gedichten ist eine ungewöhnliche Satzstellung eigen. Auch unvollständige Sätze oder gar Satzfetzen finden sich in moderner Lyrik häufiger. Damit kann z. B. ein pathetischer Ton verbunden sein oder Ungewohntes und damit Ungewöhnliches erzeugt werden. Ein Beispiel:

Erinnerung an die Marie A. (1924) *Bertolt Brecht (1898–1956)*

1
An jenem Tag im blauen Mond September
Still unter einem jungen Pflaumenbaum
Da hielt ich sie, die stille bleiche Liebe
In meinem Arm wie einen holden Traum.
[...]

Quelle: *„Erinnerung an die Marie A.“*, aus: Hecht, Werner (Hrsg.): Bertolt Brecht, Werke. Große kommentierte Berliner und Frankfurter Ausgabe, Bd. 11: Gedichte 1. © Bertolt-Brecht-Erben / Suhrkamp Verlag 1988, S. 92.

Mit Ellipsen, Wiederholungen (Anapher, Parallelismus) von Wörtern oder Satzteilen erzeugen Gedichte ihre je eigene Stimmung. Diese Mittel sind auch in der Rhetorik gebräuchlich (Übersicht *Rhetorische Mittel* → S. 204).

Sprachliche Bilder/Bildlichkeit

Sprachliche Bilder werden in allen mündlichen und schriftlichen Kommunikationssituationen gebraucht. Wenn ein Baby als *Sonnenschein* bezeichnet wird, ist das Alltagssprache. Das **sprachliche Bild** ist der Oberbegriff zu Metapher, Vergleich, Metonymie, Allegorie und Symbol. All diese Bilder sind auch außerhalb von Lyrik zu finden; viele werden oft unbewusst angewendet. Manche Bilder sind im Sprachgebrauch bereits so etabliert, dass sie gar nicht mehr als solche erkannt werden. (*Ich habe einen Berg von Aufgaben.*)
In der modernen Dichtung sind **Verrätselungen** in sprachlichen Bildern zu finden; man bezeichnet sie als **Chiffren**. Ursprünglich meint Chiffre ein Geheimzeichen, das nur durch Kenntnis eines „Schlüssels“ entziffert, also: dechiffriert, werden kann. In der Lyrik geht es um Worte und Wörter, die – abgelöst von ihrer ursprünglichen Bedeutung – ihren Sinn erst im vom Dichter geschaffenen Assoziationsraum gewinnen. In Paul Celans *Todesfuge* handelt es sich bei der Wendung von der „schwarzen Milch der Frühe“ um eine solche Chiffre; in der Lyrik des Expressionismus steht die Farbe „Blau“ für einen solchen neu geschaffenen Assoziationsraum.

Epische Texte / Erzähltexte

Was ist Epik?

Die Begriffe *Epik* und *episch* werden gebraucht für die Gattung der erzählenden Dichtung (lat. *prosa*) und gehen zurück auf das griechische Wort *epos* bzw. das Adjektiv *epikos*: das „Gesagte", das „Berichtete" oder die „Erzählung". Das griechische Epos, z. B. die *Odyssee* oder die *Ilias* von Homer, ist ein umfangreiches Erzählgedicht in Versform, das augenscheinlich für den öffentlichen Vortrag bestimmt war. Mit den Ritterepen des Mittelalters, z. B. dem *Nibelungenlied*, hält die Epik Einzug in die frühe deutsche Literaturgeschichte.
Ein epischer Text erzählt eine Geschichte. Dem **Erzähltext** liegt ein Erzählgegenstand zugrunde, eine **Fabel** *(story, plot)*. Die Fabel stellt die Summe der Handlungen eines Textes in ihrer logischen Verknüpfung dar. Damit ist die Fabel ein geordneter, gegliederter und in Zusammenhänge gebrachter Stoff. Sie braucht nicht vollständig oder linear erzählt zu sein: *Rückblenden* können Vergangenes, Ausgespartes ergänzen, *Vorgriffe* können auf Zukünftiges hinweisen, *Einschübe* können Gedanken und Gefühle verdeutlichen. Manches wird stillschweigend übergangen und konkretisiert sich erst in der Fantasie des Lesers (sogenannte *Leerstellen* des Textes), anderes bekommt durch die detaillierte Beschreibung besonderes Gewicht.
Das die Gattung bestimmende Element ist das Vorhandensein eines **(fiktiven) Erzählers** als Vermittler der Handlung (Achtung: Der Erzähler ist nicht der Autor!), der in unterschiedlicher Form im Text in Erscheinung tritt. Er kann selbst ein Teil des fiktiven epischen Figurenensembles sein oder das Geschehen auch als engagierter oder distanzierter Beobachter außerhalb der Handlung darbieten.
Im Verlauf der Gattungsgeschichte nimmt der Erzähler in einem epischen Text höchst unterschiedliche Rollen ein, gebunden an den jeweils historischen Kontext, dem ein Text entstammt. So weist der traditionelle *Entwicklungs- und Bildungsroman* des 18. und 19. Jahrhunderts vor allem das **auktoriale Erzählverhalten** auf, während bereits am Ende des 19. Jahrhunderts und vor allem im zwanzigsten Jahrhundert die **personale bzw. neutrale Erzählhaltung** überwiegt.
In der Literatur der siebziger Jahre und vor allem der *Gegenwartsliteratur* findet man vor allem die Erzählform des *Ich-Erzählers*, während die *Literatur der Postmoderne* (achtziger und frühe neunziger Jahre des 20. Jahrhunderts) mit den Erzählhaltungen und Erzählformen der traditionellen Epik spielt und das auktoriale Erzählverhalten in ironischer Weise bricht.

Ein kurzer Abriss zur Geschichte der Gattung

Die ersten Romane unseres Kulturkreises entstammen der hellenistischen Zeit nach Alexander dem Großen. Der Roman zählte jedoch nicht zur Dichtung, sondern galt als „Unterhaltung". Die wenigen Romane, die erhalten blieben, wie z. B. der *Alexanderroman* und der *abenteuerliche Liebesroman*, dienten als Vorlage für die **mittelalterlichen Versromane** und den Roman im Barock (H. J. Ch. von Grimmelshausen *Simpli-*

zissimus). Auch die deutsche Poetik nimmt den Roman erst seit dem 18. Jahrhundert ernst. Johann Wolfgang von Goethe schuf mit seinem **Briefroman** *Die Leiden des jungen Werther* den ersten Weltbestseller; auch seine späteren Romane *Wilhelm Meisters Lehrjahre, Wilhelm Meisters Wanderjahre* (Entwicklungs- und Bildungsroman) und *Die Wahlverwandtschaften* sowie der psychologische Roman *Anton Reiser* von Karl Philipp Moritz gelten als Vorzeigemuster ihrer Gattung. Der beliebte **Trivialroman** des 18. Jahrhunderts nimmt sich Ritter-, Räuber- und Schauergeschichten zum Thema.

Die Epoche der **Romantik** ist reich an Romanen von Autoren wie Jean Paul, Novalis, Friedrich Schlegel und E. T. A. Hoffmann und bevorzugt den **Künstlerroman**. Seit 1830 entwickelt sich der **realistische Roman** (Karl Immermann, Otto Ludwig, Friedrich Spielhagen, Wilhelm Raabe, Gottfried Keller, Adalbert Stifter, Theodor Fontane), der sich auch an den großen europäischen Vorbildern (Gustave Flaubert, Leo Tolstoi) orientiert. Im Naturalismus des ausgehenden 19. Jahrhunderts dienen ebenfalls ausländische Autoren wie Émile Zola und Fjodor Dostojewski als Modell.
Die großen Romane zu Beginn des 20. Jahrhunderts verfassen die Brüder Thomas Mann (*Buddenbrooks*) und Heinrich Mann (*Professor Unrat, Der Untertan*) sowie Hermann Hesse und Joseph Roth mit **gesellschaftskritischen Romanen**. Sie eröffnen neue Gestaltungsmöglichkeiten, die von Autoren wie Franz Werfel, aber auch expressionistischen Autoren wie Franz Kafka (*Der Prozess, Amerika*) und Alfred Döblin (*Berlin Alexanderplatz*) sowie von Robert Musil (*Der Mann ohne Eigenschaften*) weiterentwickelt werden und schließlich zu einer Formauflösung führen unter Verzicht auf einen stringenten, linearen Handlungsablauf durch **Montage** von Erlebnissen des Unbewussten (*erlebte Rede, innerer Monolog, Stream of Consciousness*).

Neue Anregungen nach 1945 erhält der deutsche Roman durch amerikanische Vorbilder (Ernest Hemingway, William Faulkner). Grundthema der **Nachkriegsliteratur** wird die Orientierung in einer veränderten Welt und die Aufarbeitung der Vergangenheit bei den Mitgliedern der *Gruppe 47*, Heinrich Böll (*Ansichten eines Clowns*), Günter Grass (*Die Blechtrommel*), Wolfgang Koeppen (*Tauben im Gras*), Alfred Andersch (*Kirschen der Freiheit*). Charakteristisch jedoch für die Zeit der späten 1950er- und frühen 1960er-Jahre ist der Moment des Aufbruchs, der sich gegen die Erstarrung der sogenannten „Wirtschaftswunder-Gesellschaft" richtet und neues politisch-gesellschaftliches Engagement zeigt und fordert (Uwe Johnson, Martin Walser, Max Frisch, Siegfried Lenz, Peter Handke).
Die **Gegenwartsliteratur** ist nicht mehr mit Nachkriegsliteratur identisch, sondern grenzt sich formal und inhaltlich von dieser ab. Sie ist so heterogen, sowohl Brüche als auch Traditionen des Erzählens manifestierend, dass es unmöglich ist, all diese unterschiedlichen Tendenzen in einem Überblick zusammenfassend darzustellen. Als Stichworte seien u. a. genannt: politisch engagierte Literatur, Arbeiterliteratur, Dokumentarliteratur, Subjektivismus und Rückzug in die Innerlichkeit, Frauenliteratur, experimenteller Roman.

Formen und Elemente von Erzähltexten

Zur Epik / erzählenden Dichtung gehören unterschiedlich lange und unterschiedlich strukturierte Textsorten wie:
- der **Roman** als epische Großform: u. a. Abenteuerroman, Bildungsroman, Entwicklungsroman, Künstlerroman, Historischer Roman, Psychologischer Roman, Zeitroman;
- **epische Kleinformen**: u. a. Anekdote, Erzählung, Fabel, Gleichnis, Parabel, Legende, Märchen, Novelle, Kurzgeschichte, Sage.

Epische Kleinformen bieten dem Leser immer nur einen Ausschnitt aus der Welt, eine pointierte Begebenheit, während der Roman in epischer Breite Anspruch auf die Darstellung eines größeren äußeren oder innerseelischen Zeitraums beansprucht. Jedoch sind weder die oben erwähnten Romanformen und Textsorten noch die dem Text vorangestellten Bezeichnungen immer eindeutig, einheitlich und trennscharf.
Im Folgenden werden aus der Gattungsgeschichte und inhaltsbezogenen Einteilungen Zugriffe auf epische Texte vorgestellt, Grundbegriffe zur Beschreibung und Analyse präsentiert sowie Tipps und Hinweise zur schriftlichen Interpretation unterbreitet.

Die wichtigsten Fachbegriffe zur Epik

Begriff	Merkmale / Erläuterungen
Erzählsituation	
Erzählverhalten	– **auktorial**: der Erzähler ist allwissend („olympisches Erzählen“), verfügt souverän über alle Momente des epischen Textes, kommentiert, reflektiert, bewertet, blickt zurück oder voraus; das Geschehen und dessen Deutung wird von ihm gelenkt; er führt den Leser durch den Text. – **personal**: aus der Sicht einer Figur, von einem Standpunkt innerhalb des Geschehens, daher eingeschränkte Sichtweise; subjektiv; Leser erhält unmittelbaren Einblick in subjektives Erleben. Um Monotonie zu entgehen und verschiedene Sichtweisen zu verdeutlichen, oft in der direkten Figurenrede die Darstellung mehrerer Figuren (Multi-/Polyperspektivität). – **neutral**: sachlich, unkommentiert, weder aus der Sicht einer Figur noch aus der eines auktorialen Erzählers; Erweckung des Anscheins von größter Objektivität.
Erzählform	– **Er/Sie-Form**: Es wird von anderen erzählt. – **Ich-Form**: Ich-Erzähler: subjektiv, eingeschränkt, authentisch anmutend. – *Erzählerbericht* als Grundform des auktorialen Erzählens. Auch in der Ich-Form kann der Erzähler auktorial als sich erinnerndes, erzählendes Ich rückblickend erzählen.

	– *Erlebte Rede* und *innerer Monolog* sind Hauptformen des personalen Erzählens. – *Sachlicher, dokumentarischer Vergangenheitsbericht* oder *szenisches Erzählen* sind Hauptformen des neutralen Erzählers, z. B. Gesprächswiedergabe ohne Zwischenkommentare.
Erzählperspektive	– **Außensicht**: Aussehen, äußerliche Informationen über Figuren, Handlungen, Beobachtungen – **Innensicht**: Gefühle und Gedanken einer Figur, ihre Überlegungen
Erzählstandort	Position des Erzählers zum Erzählten: Nähe/Distanz in räumlicher oder auch zeitlicher Hinsicht
Erzählhaltung	Einstellung des Erzählers zum Erzählten: neutral, ironisch, kritisch, (ab)wertend, ambivalent, zustimmend, euphorisch …
Figuren	
direkte Figurencharakterisierung	Charakterisierung einer Figur durch den Erzähler selbst (in der Außensicht) oder von anderen Figuren (in der Innensicht), indem z. B. ihr Äußeres näher beschrieben, ihre Beziehungen zu anderen Personen dargestellt, ihr Handeln vor dem Hintergrund bestimmter Situationen thematisiert wird.
indirekte Figurencharakterisierung	Wenn sich die Figuren durch Inhalt und Form ihrer eigenen Äußerungen (z. B. Verhalten, wörtliche Rede, Gedanken) und ihr erzähltes Verhalten selbst charakterisieren.
Figurenkonzeption	– statische, sich nicht verändernde und – dynamische, sich verändernde Figuren – (Zeit-)Typus (eine auf wenig verallgemeinerbare Züge konzentrierte Figur) – Individuum (eine Figur mit individuell ausgestaltetem Persönlichkeitsprofil)
Figurenkonstellation	Das Zusammenwirken der Figuren und ihr Verhältnis zueinander. Aus der Figurenkonstellation ergibt sich meist der zentrale Konflikt des epischen Textes. Prägung durch – die Art der Beziehung der Figuren zueinander je nach: Geschlecht, Alter, Verwandtschaft, Bildung, beruflicher Stellung, Herkunft/Milieu, sozialem Status, Werthaltung, Normorientierung, charakterlicher Einstellung und psychischem Verhalten (z. B. Interessen, Gefühle, Wünsche, Bedürfnisse, Antriebe); – die kompositorische Konstellation der Figuren: *Parallelfiguren* (Wiederholung bestimmter Figurengruppen, z. B. auf einer anderen sozialen Ebene), *Kontrastfiguren* (z. B. bei Entgegensetzung von Lebensentwürfen).

Redeformen	
Erzählerrede	abgegrenzt von der direkten oder Figurenrede: Erzählerbericht, indirekte (Figuren-)Rede, Erzählerkommentar, Beschreibung
Direkte Figurenrede	szenische Darstellung, Dialoge, in denen sich die Figuren unmittelbar mitteilen, in traditionellen Texten durch Anführungszeichen gekennzeichnet. Gibt dem Text einen dramatischen Akzent, bezieht den Leser direkt in das Geschehen mit ein. Der Erzähler tritt hinter die Figuren zurück.
Indirekte Figurenrede	oft im Konjunktiv durch den Erzähler wiedergegeben, erzeugt Distanz zum erzählten Geschehen
Erlebte Rede	Wiedergabe der Gedanken einer Figur aus der Innensicht; in der Regel im Indikativ Präteritum der 3. Pers. Singular (zu sich selbst Distanz schaffend): Mischung von direkter und indirekter Rede. Es ist oft nicht direkt zu erkennen, wo die indirekte Rede aufhört und die erlebte Rede beginnt, da diese nicht ausdrücklich gekennzeichnet wird.
Innerer Monolog	unmittelbare Wiedergabe der Gedanken einer Figur in Form eines Selbstgesprächs; völliges Zurücktreten des Erzählers; in der Regel im Präsens und in der 1. Person Singular
Stream of Consciousness/ Bewusstseinsstrom	vielschichtig verflochtene, formlose Aneinanderreihung von Bewusstseinsinhalten (Gedanken, Ideen, Wahrnehmungen, Gefühle, Wünsche, Träume usw.) einer Figur; erzähltechnisch eine Erweiterung des inneren Monologs, da im Stream of Consciousness oft auch Satz- und Wortfetzen vorkommen und Grammatik- oder Syntaxregeln nicht eingehalten werden (müssen); dennoch sind z. B. leitmotivische Wiederholungen durchaus erkennbar
Zeitstrukturen	
Erzähltempus	Im traditionellen Roman das Präteritum, weil nur erzählt werden kann, was bereits geschehen ist. Das sogenannte „historische Präsens“, eingebettet in das Erzähltempus des Präteritums, kann an besonders zentralen Stellen des Textes die Funktion des Präteritums übernehmen. Die Erzählung im Präsens besitzt größere Unmittelbarkeit. Das Präsens suggeriert, die erzählte Geschichte sei noch nicht fertig, alles sei noch möglich, jedoch bedeutet die Verwendung des Präsens auch einen Mangel an Illusion und Geschlossenheit.
historische Zeit	der historische Kontext, in den ein Text eingebettet ist, der die Handlungen der Figuren bestimmt und auf den der Text in vielfältiger Weise (Accessoires, Sprachduktus, Thematik, Topografie, Daten etc.) Bezug nimmt

Erzählzeit	zeitliche Dauer des Erzählvorgangs
erzählte Zeit	zeitliche Dauer des erzählten Geschehens Das Verhältnis beider Aspekte ist interessant: – sie können in etwa deckungsgleich sein, – die erzählte Zeit kann vielfach gerafft werden, – die erzählte Zeit kann über ihre eigentliche Zeitdauer gedehnt werden. Modernere und experimentellere Umgangsformen mit der Zeit in epischen Texten zielen z. T. auf eine Auflösung der chronologischen Struktur ab. Bei Anwendung der Montagetechnik wird die lineare Zeitstruktur aufgelöst, um Simultaneität vorzuspiegeln.
Motive und Raumgestaltung	
Motiv	Die kleinste strukturbildende und bedeutungstragende Einheit im Werk eines Autors oder in einem Text. Eine spezielle Form ist das *Leitmotiv*, z. B. Farben, Stimmungen, Symbole, Personen, Sätze, Redewendungen und vieles mehr. Ein Leitmotiv kann als sprachliches Bild eine ordnende oder verbindende Funktion innerhalb eines Textes haben oder durch seine häufige Wiederholung die Charakteristika einer Figur, eines Ortes, eines Konflikts betonen.
Raum/ Schauplatz	Der Raum spiegelt nicht immer eine reale Topografie wider. Selbst wenn das fiktive Geschehen an einem in der Realität auffindbaren und konkret benannten Ort spielt, dient dieser vor allem dazu, die Atmosphäre, das soziale Umfeld, das Lokalkolorit zu vermitteln, in denen die Figuren leben und handeln und das sie prägt. Der Text kann daher ein hohes Maß an Authentizität gewinnen sowie eine Wiedererkennungs- und Identifikationsmöglichkeit für den Leser schaffen (besonders im „Historischen Roman“ bzw. im „Zeitroman“). Die fiktive Topografie eines epischen Textes weist vielseitige gestalterische Funktionen auf, da sie immer in Bezug zum Handeln der Protagonisten entsteht und dieses z. B. beeinflussen, konterkarieren, motivieren kann. Im realistischen Zeit- und Gesellschaftsroman des 19. Jahrhunderts können topografische Besonderheiten leitmotivische Funktion innerhalb des Textes übernehmen. Die Raumgestaltung kann durchaus auch jeden realen Bezug verlieren und der Spiegelung und Vergegenständlichung innerer Zustände und Prozesse (innerseelische Topografie) dienen.

Dramatische Texte

Was ist ein Drama?

Neben der *Lyrik* und der *Epik* ist die *Dramatik* die dritte große Gattung der Literatur. Der Begriff *Drama* (griech. Handlung) bezeichnet als Oberbegriff jegliche Form von Theaterstücken. Je nach Aufbau und Ausgestaltung unterscheidet man verschiedene Formen:

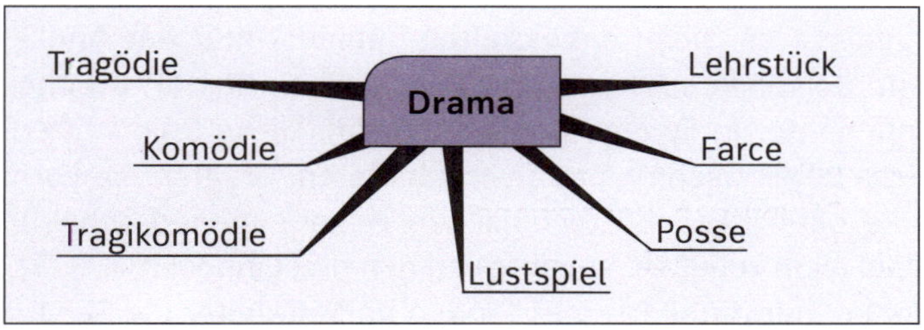

Im weiteren Sinn werden die Begriffe *Drama* und *Schauspiel* auch zur Bezeichnung von weniger streng aufgebauten Theaterstücken verwendet, die sich keiner der in der Abbildung genannten Unterkategorien zuordnen lassen. Vor dem Hintergrund historisch-gesellschaftlicher und technischer Entwicklungsprozesse haben sich von der Antike bis zur Gegenwart die Bühnentechnik sowie die formale und inhaltliche Gestaltung dramatischer Texte deutlich verändert.
Bei dramatischen Texten unterscheidet man grundsätzlich zwischen dem Haupt- und dem Nebentext. Der **Haupttext** ist der auf der Bühne gesprochene Text, zum **Nebentext** gehören die nicht gesprochenen Textteile (Titel, Untertitel, Personenverzeichnis, Sprechernamen, Regieanweisungen usw.).
Im Gegensatz zu den beiden anderen Gattungen ist für die Dramatik eine **szenische Realisierung** (Inszenierung durch einen Regisseur bzw. Dramaturgen) auf einer Bühne kennzeichnend. Eine Ausnahme stellen sogenannte **Lesedramen** dar, die meist so genannt wurden, weil zur Zeit ihrer Entstehung eine Aufführung aus unterschiedlichen Gründen (technischen, sozialen, politischen) nicht möglich war. Gegenüber den Gattungen Lyrik und Epik ist der als Rede oder Gegenrede die Handlung vorantreibende **Dialog** das wesentliche Merkmal der Dramatik (→ S. 177 f.). Eingeteilt in **Akte** (anfangs häufig 5 oder 3 Akte) und **Szenen** bzw. **Auftritte** (→ S. 180 ff.) sind den Textpassagen Figuren zugeordnet, die als psychologische Charaktere, typisierte Ideenträger oder einfache Typen ausgestaltet sein können (→ S. 184 f.). Kernstück vieler Dramen ist in der Regel der **Konflikt**, der je nach Form des Dramas im Schluss des Dramas gelöst oder bei modernen Dramen mit offenem Schluss ungelöst bleibt.
Die Interpretation bzw. die Analyse dramatischer Texte stellt besondere Ansprüche an den Leser bzw. Zuschauer, da ihn in der Regel kein vermittelnder oder kommentierender Erzähler begleitet, sodass er selbst aus den Regieanweisungen bzw. dem Bühnenbild (→ S. 176 ff.) und den Dialogen die Handlung erschließen muss. Während Aufmerksamkeit und Konzentration bei den **aristotelischen Dramen** vor allem durch die komplexen und anspruchsvollen Dialoge gefordert werden, geschieht dies in den

nichtaristotelischen Dramen durch die meist episoden- und sprunghafte Gestaltung des Handlungsgangs.

Die Entwicklung der Spielstätten

Die Anlage und die räumliche Beschaffenheit der Spielstätten sowie die technischen Möglichkeiten wirkten sich nachhaltig auf die Gestaltung der Dramen aus. Die **Amphitheater** sind frühe Zeugnisse der hoch entwickelten Theaterkultur der Antike. Bekannte und gut erhaltene Beispiele sind z. B. das griechische Theater in Ephesos (Türkei) bzw. das Amphitheater in Orange (Südfrankreich). Diese Spielstätten, die für damalige Verhältnisse bereits sehr weit entwickelt waren, prägten die Form der antiken Dramen, da die baulichen und technischen Gegebenheiten schnelle Veränderungen im Bühnenbild nicht zuließen (→ Lehre von den drei Einheiten, S. 177).
Im Gegensatz zu dieser hohen Kultur des Dramas fanden im Mittelalter die Schauspiele im Allgemeinen auf öffentlichen Plätzen statt, wobei die Dekorationselemente schlicht und mobil sein mussten. Das änderte sich erst mit Beginn der Neuzeit, da die Spielstätten zunehmend in geschlossene Säle verlegt wurden. In Anlehnung an das antike römische Theater bestanden die Bühnen aus einem Bühnenhaus im Hintergrund und einer freien Vorderbühne. Diese konnte allerdings durch Vorhänge verschlossen werden.
Die Konstruktion der **Drehbühne** erweiterte diese neuen Möglichkeiten noch einmal erheblich, da mehrere Bühnenbilder gleichzeitig vorbereitet sein konnten und Ortswechsel schnell und mehrfach wiederholt durch die Drehung der Bühne zu realisieren waren. Diese Entwicklung kennzeichnet vor dem Hintergrund gesellschaftlicher Veränderungen den Übergang vom aristotelischen zum nichtaristotelischen Drama (→ S. 177 f.).
Im Vergleich zu den antiken Theaterbühnen verfügen unsere heutigen **modernen Bühnen** über eine sehr komplexe **Bühnentechnik**. Dazu gehören z. B. der Einsatz filmischer Mittel und die Einbindung von Videoinstallationen sowie die digitale Steuerung der Licht- und Toneffekte. Moderne Theaterstücke können daher völlig anders konzipiert werden bzw. auch bewusst auf die Ausschöpfung dieser Möglichkeiten verzichten.
Parallel zu den großen Bühnen gibt es in vielen Städten kleinere **Studiobühnen**, auf denen auf begrenztem Raum und mit für heutige Verhältnisse eher schlichten technischen Mitteln experimentelle Inszenierungen dargeboten werden. Die Reduktion des technischen Aufwands und die unmittelbare Nähe zum Publikum werden dabei nicht als Manko, sondern als Herausforderung betrachtet. Dies gilt in gewisser Weise auch für die freien Theater.
Die Spielpläne unserer Theater zeigen deutlich, dass trotz der oben beschriebenen Entwicklung der Spielstätten die klassischen Dramen, die unter anderen Voraussetzungen entstanden sind, immer noch gespielt werden. Das liegt unter anderem daran, dass viele klassische Dramen eher zeitlos bedeutsame Themen behandeln bzw. dass sie Teil unserer Kultur und Allgemeinbildung sind.

Formen des Dramas

Das aristotelische Drama (geschlossene Form)

Aristotelische Dramen bzw. Dramen der geschlossenen Form orientieren sich stark an der Dramaturgie des antiken Theaters und speziell an der Poetik des griechischen Philosophen Aristoteles (384 – 322 v. Chr.), dem diese Form des Dramas auch ihren Namen verdankt. Die Art der Dramen – in erster Linie der Tragödie – wurde bis ins 19. Jahrhundert ganz wesentlich durch Beobachtungen und Aussagen des Aristoteles geprägt, die dieser in seiner Schrift *Poetik* festgehalten hatte. Seine Ausführungen zum antiken griechischen Drama besaßen vor allem in der Zeit des französischen Klassizismus und im Verlauf der Weimarer Klassik dogmatischen Charakter. Zu den Aussagen des Aristoteles, die die Konzeption der Dramen dieser aber auch noch späterer Zeiten bestimmten, gehören vor allem:
- die Lehre von den „drei Einheiten“,
- der Aufbau des (antiken) griechischen Dramas (siehe Schaubild),
- die Ständeklausel,
- die Lehre von der Katharsis.

Die Lehre von den „drei Einheiten“

Mit Bezug auf die Gegebenheiten des griechischen Amphitheaters setzte Aristoteles fest, dass eine Aufführung nur bei Tageslicht – also höchstens in der Zeit von Sonnenaufgang bis Sonnenuntergang – stattfindet und wegen der besonderen Beschaffenheit der damaligen Bühnen nur an einem Ort spielt. Daraus folgte, dass nur **einsträngige Handlungen ohne Nebenhandlungen** dargeboten wurden. Aus diesen auf die spezifische Bühnensituation zugeschnittenen Aussagen entwickelte sich viel später als Forderung für die Gestaltung von Dramen und speziell Tragödien die sogenannten „drei Einheiten“:
- Einheit der Zeit,
- Einheit des Ortes,
- Einheit der Handlung.

Der Aufbau des griechischen Dramas

Die von Aristoteles beschriebenen griechischen Dramen waren in der Regel aus **drei oder fünf Akten** aufgebaut, wobei die einzelnen Akte jeweils eine spezifische Funktion besaßen. In seiner Schrift *Die Technik des Dramas* (1863) hat Gustav Freytag entsprechende Aussagen des Aristoteles systematisiert.

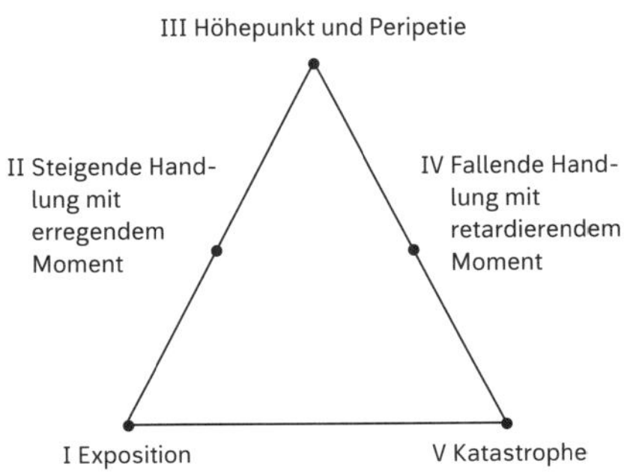

1. Akt	**Exposition**	Einführung in Ort, Zeit, Hauptfiguren und zentrale Motive
2. Akt	**Steigende Handlung**	Die Handlung spitzt sich zu durch Interessenskonflikte, Intrigen usw.
3. Akt	**Höhepunkt/ Peripetie**	Die Zuspitzung der Handlung/des Konfliktes erreicht ihren Höhepunkt, sodass es zu einem Wendepunkt (Peripetie) kommt, der zum Erfolg oder Scheitern der Hauptfigur führt.
4. Akt	**Fallende Handlung**	Auf dem Weg zum Untergang bzw. zur Rettung kommt es zu Verzögerungen (retardierenden Momenten), die der Steigerung der Spannung auf den Ausgang dienen.
5. Akt	**Katastrophe**	Häufig verbunden mit dem Tod der Hauptfigur kommt es in der Tragödie zum Untergang, der aber in der Regel einen moralischen und ideellen Sieg darstellt. In der Komödie folgt demgegenüber nach der fallenden Handlung die Rettung bzw. die Lösung des Konflikts.

Der Aufbau vor allem der älteren Dramen entspricht häufig diesem Aufbauschema. Bei Dreiaktern entfallen die Akte II und IV.

Die Ständeklausel

Für die Figuren galt bis zur Entwicklung des bürgerlichen → Trauerspiels vor allem durch Gotthold Ephraim Lessing (1729–1781) die Ständeklausel. Sie bedeutet, dass in der Tragödie nur Personen hohen oder gehobenen Standes auftreten durften, da nach Aristoteles der Gegenstand der Tragödie die **Nachahmung** einer abgeschlossenen Handlung von einer bestimmten **Fallhöhe** (bedeutendes Schicksal) darstellen muss. Das Personal der Tragödie bestand daher vor allem aus Göttern, Königen und adligen Personen.
Für die Komödie, deren Bedeutung wesentlich niedriger eingestuft wurde, galt diese Ständeklausel nicht.

Die Lehre von der Katharsis

Die Gesamtkonzeption der Dramen sollte gemäß der aristotelischen Katharsis-Lehre dazu beitragen, beim Zuschauer Mitleid und Furcht zu erregen, wovon man sich eine reinigende Wirkung durch die Identifikation mit den Dramenfiguren versprach.

Das nichtaristotelische Drama (offene Form)

Mit dem Begriff nichtaristotelisches Theater werden im Allgemeinen alle dramatischen Stücke bezeichnet, die den aristotelischen Regeln nicht bzw. nur sehr bedingt entsprechen. Die Dichter des *Sturm und Drang* z. B. haben sich ganz bewusst über das feste und statische Regelwerk der Dramen der geschlossenen Form hinweggesetzt, indem sie die Einheit des Ortes und der Handlung durch die Verwendung von *Fetzenszenen* aufgaben und **Prosa statt Versdichtung** nutzten. Sie lehnten die dem strengen Formalismus frönenden französischen Dramen inhaltlich und formal ab und nahmen sich die offene Form der Dramen von William **Shakespeare** zum Vorbild.

Entsprechende Umbrüche hat es im Verlauf der Entwicklung des Dramas immer gegeben, auch zum Beispiel während der Epoche der Klassik. Ebenfalls sind die Dramen Christian Dietrich Grabbes (1801–1836) und Georg Büchners (1813–1837) aus der Epoche des Jungen Deutschlands zu den nichtaristotelischen Stücken zu zählen. Aber erst im 20. Jahrhundert erreichte das nichtaristotelische Drama mit dem epischen Theater Bertolt Brechts und dem absurden Theater einen eigenen und maßgeblichen Stellenwert.

Das bürgerliche Trauerspiel

Für das bürgerliche Trauerspiel, das von Gotthold Ephraim Lessing in der Epoche der Aufklärung eingeführt wurde, ist wesentlich, dass es statt in Versen in Prosa verfasst ist und mit der Ständeklausel der klassischen Tragödie bewusst bricht, indem nur noch **niedriger Adel** und das **Bürgertum** zum Personal der Stücke gehören. Dementsprechend sind auch die Themen und **Konflikte** gestaltet, die in erster Linie den Bereich der Familie und der privaten Beziehungen betreffen sowie **Fragen der Moral** und des Anstands zum Gegenstand haben.
Lessing befasst sich in seinem bürgerlichen Trauerspiel *Emilia Galotti* (1772) als erster mit dem Problem adliger Willkür vor dem Hintergrund der Spannungen, die sich aus privaten Beziehungen zwischen den adligen und bürgerlichen Ständen ergeben. Dieses und andere Stücke Lessings enthalten bereits gesellschaftskritische Ansätze, die im weiteren Verlauf der Entwicklung des Dramas an Bedeutung gewinnen und zu einer **Reflexion gesellschaftlicher Verhältnisse** anregen.

Das epische Theater (B. Brecht)

Bertolt Brecht (1898–1956) wendet sich mit seiner Dramaturgie des *epischen Theaters* besonders gegen die klassischen drei Einheiten des Ortes, der Zeit und der Handlung, gegen die Einfühlung des Zuschauers und die Katharsis. Stattdessen will er durch seine Art von Theater erreichen, dass der **Zuschauer eine Distanz aufbaut** und **zur kritischen Reflexion angeregt** wird.
Um zu verhindern, dass der Zuschauer sich in das gespielte Stück hineinversetzt, sich mit den Figuren identifiziert, mit ihnen mitempfindet und mit ihnen leidet, verwendet das epische Theater verschiedene **Verfremdungseffekte**. Dazu gehören die Einbindung von Liedern und Songs in das Geschehen auf der Bühne (**Montagetechnik**), die Verwendung von Bildern, Texten und Spruchbändern auf und vor der Bühne, die teilweise direkte Ansprache der Zuschauer durch die Schauspieler sowie das Improvisieren. So entsteht beim Zuschauer keine Illusion, so wird ihm nicht die Identifikation mit den Figuren erlaubt: Es wird ihm jederzeit völlig bewusst gemacht, dass er nur ein Theaterstück sieht. Diesen Zweck soll auch die Kargheit der Bühnenausstattung unterstützen.

Elemente dramatischer Texte

Handlung

Im Gegensatz zur Epik entfalten Dramen die Handlung in der Regel weniger aus aktionsstarken Begebenheiten, sondern stärker aus inneren Konflikten der Figuren.
Die Entwicklung des Dramas und die gravierenden Veränderungen in der Bühnentechnik (→ S. 176) wirken sich deutlich auf den Aufbau und die Gestaltung der Handlung aus. Die Handlung in den meisten aristotelischen Dramen (geschlossene Form) verläuft *linear* und besteht nur aus einem Handlungsstrang (Ausschnitt des Ganzen). Bei den nichtaristotelischen Dramen (offene Form) entwickelt sich die Handlung in der Regel nichtlinear und besteht aus mehreren Handlungssträngen bzw. Einzelsegmenten (Ganzes in Ausschnitten).
Je nach Zuordnung des Dramas (Entstehungszeit) ergeben sich für die Analyse einer ausgewählten Szene also unterschiedliche Beobachtungsschwerpunkte:

Lineare Handlung – Ein Ausschnitt des Ganzen

- **Aristotelische Dramen**, bei denen es sich meistens um 3-Akter oder 5-Akter handelt, entsprechen im Allgemeinen einem *festem Aufbauplan*. In der Regel gibt es daher **nur einen Handlungsstrang** und Nebenhandlungen sind eher die Ausnahme. Die einzelnen Szenen sind fester Bestandteil der Funktion, die der jeweilige Akt im Aufbauplan des Dramas einnimmt. Die einzelne Szene ist daher der *steigenden* oder *fallenden* Handlung zuzuordnen.
- Der **Konflikt**, der in einem Widerstreit der Meinungen und Wertvorstellungen, in der Widersprüchlichkeit der Charaktere oder in dem Gegeneinander der Handlungsziele begründet sein kann, stellt das Kernstück der dramatischen Handlung dar.
- Die **Exposition** ist in den aristotelischen Dramen ein zentrales Strukturelement, deren Aufgabe es ist, den Zuschauer auf die bevorstehende Bühnenhandlung vorzubereiten. Die Exposition kann gleichermaßen vergangenheits-, gegenwarts- und zukunftsbezogen sein, indem sie den Zuschauer/Leser über die Vorgeschichte der Handlung unterrichtet, ihn mit Ort, Zeit und Personen des Stücks vertraut macht und bereits mögliche Konflikte andeutet.
- Die Übergänge von der einen zur anderen Szene werden durch die Beibehaltung des Schauplatzes, durch den Verbleib einer Figur auf der Bühne oder andere Mittel miteinander eng verklammert.
- **Neben- bzw. Parallelhandlungen** werden meist nur durch die Technik der **Mauerschau (sog. Teichoskopie**) oder des **Botenberichts** eingebunden. Das heißt, dass eine erhöht stehende Figur unmittelbar von einem Ereignis berichtet, das gerade für die anderen unsichtbar (quasi hinter einer Mauer) stattfindet bzw. dass jemand eine Botschaft überbringt, in der über eine andere Handlung berichtet wird.
- Der **Schluss** bringt die **Lösung des Konflikts**, die je nach Form des Dramas häufig mit dem Tod des Protagonisten verbunden ist (*Tragödie*) bzw. zu einem unverhofft glücklichen Ende geführt wird (*Komödie*).

Nichtlineare Handlung – Das Ganze in Ausschnitten

- Die **nichtaristotelischen Dramen** bzw. die Dramen der **offenen Form** lassen sich keinem festen Aufbauplan zuordnen, zumal sie aus einer sehr unterschiedlichen Anzahl von Akten und Szenen bestehen können. Die Handlung verläuft meist **nicht linear,** sondern sprunghaft, indem einzelne **Episoden** aus einem oder auch mehreren Handlungssträngen herausgegriffen werden.
- Das Geschehen entfaltet sich häufig im Sinne eines **analytischen Dramas**. Das heißt, dass die für den *Konflikt* entscheidenden Ereignisse von Anfang an die Voraussetzung für die Handlung darstellen und im Verlauf des Dramas nach und nach aufgedeckt werden (Exposition entfällt).
- **Neben- bzw. Parallelhandlungen** sind möglich, da die zeitliche Ausdehnung der Handlung deutlich länger als im aristotelischen Drama sein kann (keine Bindung an die Einheit der Handlung) und häufig **Zeitsprünge** und **Ortswechsel** beim Übergang von der einen zur anderen Szene vorliegen. Die Gleichzeitigkeit von Handlungen wird im Nacheinander der Szenenabfolge dargestellt.
- Der **Schluss** bleibt häufig **offen** und die Lösung des Problems wird an die Zuschauer/Leser delegiert.
- Die Handlung entfaltet sich in ihrer Gesamtheit nicht aus einer klar strukturierten Abfolge von einzelnen Szenen und Akten, sondern aus teilweise eher **isolierten Einzelszenen**, die sehr kurz und unvermittelt sein können (*Fetzenszenen*), um schlaglichtartig Aspekte der Handlung zu thematisieren.

TIPP zum Punktesammeln

Erschließungsfragen für die Analyse

- Ist die Szene Teil einer linearen bzw. nichtlinearen Handlung? Gehört sie zur Haupt-, Neben- oder Parallelhandlung?
- Wie beeinflusst die Szene den weiteren Handlungsverlauf? Welche Funktion und Bedeutung hat die Szene für die Entwicklung der Handlung? (Diese Fragen lassen sich nur bei Kenntnis des gesamten Dramas beantworten).
- Wie ist die zu interpretierende Szene mit der vorausgehenden und nachfolgenden Szene verbunden? Gibt es Zeitsprünge oder Ortswechsel im Übergang von der vorausgehenden bzw. zur nachfolgenden Szene?

Raum- und Zeitgestaltung

Die Gestaltung des Raumes und der Zeit sind an der Entfaltung der Handlung beteiligt, da es schon einen erheblichen Unterschied bedeutet, ob das gesamte Drama nur an einem oder an mehreren Schauplätzen spielt bzw. ob es nur den begrenzten Zeitraum eines Tages oder eine Zeitspanne von mehreren Wochen, Monaten oder auch Jahren umfasst. Für die Analyse einer Szene ist es also wichtig, die Raum- und Zeitgestaltung im Kontext des gesamten Stückes zu beachten.

Raumgestaltung

- Die Angaben zum Raum (synonym verwendet werden **Schauplatz** und **Handlungsort**) sind in den aristotelischen Dramen meist wenig konkret, da stärker als in den nichtaristotelischen Dramen die Handlung durch die Dialoge und nicht durch einen aktionsstarken Raum vorangetrieben wird. Der zeitliche Hintergrund, in den die Handlung einzuordnen ist, bestimmt dabei die Vorstellung des Raumes.
- Die häufigen und meist schnell aufeinander folgenden **Ortswechsel** in nichtaristotelischen Dramen bedingen, dass dort oft genauere Angaben zum Raum gegeben werden, denn der Zuschauer/Leser muss die Möglichkeit haben, die Ortswechsel gedanklich nachzuvollziehen. Hinzu kommt, dass der Raum sich wesentlich deutlicher auf das Agieren der Figuren auswirkt.
- Zu **Requisiten** und **Kostümen** werden in dramatischen Texten nur selten direkte Aussagen getroffen. Die konkrete Ausgestaltung ist Bestandteil der jeweiligen Inszenierung, die sich in der Regel aber an dem zeitlichen Hintergrund orientiert.
- Je nach dramaturgischem Konzept ergibt sich aus dem Zusammenspiel von Bühnenraum, Requisiten und Kostümen eine sehr geschlossene und realitätsnahe Ausgestaltung der Bühne oder es wird durch Reduktion bzw. Verfremdung des Bühnenbilds bewusst gemacht, dass es sich bei der Darstellung um eine **Inszenierung** handelt. Vor allem das epische Theater und zeitgenössische Theaterstücke bevorzugen die zweite Variante.

Zeitgestaltung

- Je nach Grundkonzeption und zentraler Thematik eines Dramas wird die Zeit, in der die Handlung spielt, mehr oder weniger stark präzisiert. Dramen, in denen eher grundlegende menschliche Konflikte oder Ideen und Werte im Mittelpunkt stehen, sind zeitlich nicht konkret gebunden. Dramen, die historische Ereignisse bzw. gesellschaftliche Probleme aufgreifen, müssen den **zeitgeschichtlichen Hintergrund** durch die Dialoge bzw. die Gestaltung der Bühne (Raumgestaltung) verdeutlichen. Besonders **im epischen Theater** werden die **aktuellen zeitlichen Bezüge** durch die Präsentation von Prospekten (Plakate bzw. Stellwände mit Fotos, Zeitungsartikel, Spruchbänder usw.) im unmittelbaren Umfeld der Bühne hergestellt.
- Die zeitliche Struktur eines Dramas wird geprägt durch das Verhältnis zwischen Spielzeit und gespielter Zeit. In Analogie zu den Termini → Erzählzeit und → erzählte Zeit in der Epik bezeichnet die **Spielzeit** dabei den Zeitraum, den eine Aufführung umfasst, während **gespielte Zeit** den Zeitraum angibt, den die Handlung umfasst. In aristotelischen Dramen ist dies unter Berücksichtigung der Einheit der Zeit meist ein Tag, in den nichtaristotelischen Dramen können dies Tage, Wochen oder auch Jahre sein. Aus dem im gesamten Drama vorliegenden Verhältnis zwischen Spielzeit und gespielter Zeit ergibt sich eine eher **zeitraffende** (Spielzeit ist kleiner als gespielte Zeit) oder **zeitdehnende** (Spielzeit größer als gespielte Zeit) **Handlung**. Eine Besonderheit dramatischer Texte besteht darin, dass die einzelne **Szene immer zeitdeckend** ist, da im Dialog der Figuren Spielzeit und gespielte Zeit übereinstimmen. Bei der Analyse einer dramatischen Szene ist deshalb zu berücksichtigen, wie die Szene sich in das zeitliche Kontinuum des gesamten Stücks einbettet.

- Besonders in den nichtaristotelischen Stücken mit einer längeren gespielten Zeit und folglich häufigeren **Zeitsprüngen** wird die zeitliche Zuordnung einer Szene durch Formulierungen, die Verknüpfungen herstellen oder **Anspielungen** auf vorausgehendes oder nachfolgendes Geschehen enthalten, kenntlich gemacht. Der Hinweis z. B. auf eine Aktivität, die eine Figur in Zukunft ausführen will (z. B. „um das zu klären, muss ich XY aufsuchen"), verklammert zeitlich die Szene mit einer anderen, in der dieser Plan konkretisiert wird.

TIPP zum Punktesammeln

Erschließungsfragen für die Analyse
- Gibt es direkte Hinweise zum Handlungsort und zur Ausgestaltung des Raumes im Text? Wie kann oder muss man sich den Raum vorstellen, in dem die Figuren agieren?
- Sind Anfang bzw. Ende der Szene durch einen Ortswechsel gekennzeichnet?
- Werden Bezüge dieser Szene zu anderen Szenen über die Wahl des Schauplatzes hergestellt?
- Gibt es wichtige Requisiten, die den Schauplatz näher bestimmen?
- Wie ist die Szene in die zeitliche Struktur des gesamten Dramas eingebettet?
- Liegen beim Übergang von der vorausgehenden Szene zur nachfolgenden Szene Zeitsprünge vor? Wie werden diese Zeitsprünge deutlich gemacht? Gibt es in den Formulierungen der Figuren zeitliche Verklammerungen?

Figuren und Figurenkonstellationen

Die Figuren im Drama können grundsätzlich als Charaktere bzw. Typen bezeichnet werden. Von einem **Charakter** spricht man, wenn die Figur im Drama differenzierter dargestellt wird, so dass man verschiedene Eigenschaften und Verhaltensweisen kennen lernt. Von einem **Typ oder Typus** spricht man dagegen, wenn eine Figur mehr oder weniger nur auf einen Aspekt (z. B. Geiz, Gewalttätigkeit usw.) reduziert wird.

- Die *Namen* bzw. die *Bezeichnung der Figuren* können bereits deutliches Indiz für die **Figurenzeichnung** sein, wenn z. B. *sprechende Namen* (*Oberlin, Schufterle, Grimm, Gottlieb Biedermann* ...) verwendet werden oder den Figuren nur Funktionsbezeichnungen (*Doktor, 1. Handwerksbursche* ...) zugewiesen werden. Der Anordnung der Figuren im Personenverzeichnis, eventuell ihren Namen und den vielleicht beigefügten Angaben zu ihrem Status lassen sich unter Umständen bereits Informationen darüber entnehmen, welche Rolle die Figuren im Stück spielen bzw. in welcher Beziehung sie zueinander stehen.
- Als **Protagonisten** bezeichnet man Figuren des Dramas, die die Handlung maßgeblich vorantreiben, wobei nicht unbedingt die Titelfigur des Dramas darunter sein muss. Die **Hauptfiguren** werden häufig auch mit den Begriffen **Held** oder **Anti-Held** bezeichnet, je nachdem, ob sie selbstbewusst, eigenverantwortlich und aktiv am Verlauf des eigenen Schicksals beteiligt (Held) oder eher passiv und leidend fremden Mächten und Kräften ausgesetzt sind (Anti-Held). Erst mit Aufhebung der Ständeklausel in den nichtaristotelischen Dramen werden auch Anti-Helden zu den Hauptfiguren der Dramen.

- Da in dramatischen Texten kein Erzähler die direkte **Charakterisierung** (→ S. 172) der Figuren übernehmen kann, charakterisieren sich die Figuren durch ihr Verhalten und vor allem durch das gesprochene Wort selbst bzw. werden indirekt durch die Aussagen anderer charakterisiert. Speziell im zweiten Fall ist dabei zu berücksichtigen, dass diese Art der Charakterisierung nicht objektiv ist, da sie aus der Perspektive einer anderen Figur vorgenommen wird.
- Die Figuren in einem Drama werden erst wirklich lebendig und dadurch charakterisiert, dass sie in der **Interaktion** mit anderen Figuren gezeigt werden. Jede Figur ist eingebunden in eine **Figurenkonstellation**, die z. B. bestimmt wird durch den Grad der Zuneigung, Abneigung oder Feindschaft zu einer anderen. Um Charaktereigenschaften zu verdeutlichen, werden einzelnen wichtigen Figuren **Gegenspieler** oder *Kontrastfiguren* gegenübergestellt.
- **Gestalt, Mimik, Gestik, Körperhaltung** und -bewegung sowie die **Kleidung** charakterisieren eine Figur. Allerdings finden sich dazu in den Dramentexten nur wenig konkrete Hinweise (Regieanweisungen), sodass der Leser entsprechende Vorstellungen aus der Handlung und vor allem aus dem gesprochenen Wort selbst entwickeln muss. Dem Zuschauer einer Aufführung wird durch die Inszenierung bereits eine Interpretation angeboten. Bei der Analyse einer Dramenszene muss also deutlich werden, ob es sich bei Aussagen zum äußeren Erscheinungsbild um eine eigene Interpretation oder um konkrete Vorgaben handelt, die durch Textbelege nachgewiesen werden können.

Sprache und Dialogführung

- Der Dialog ist das zentrale Merkmal dramatischer Texte, denn das Drama lebt vom gesprochenen Wort. Die Analyse einer Dramenszene muss deshalb im besonderen Maße auf die inhaltliche Aussage und die **formale Gestaltung der Dialoge** (Ausdrucksweise, Wortwahl, Satzbau usw.) eingehen.
- Das Prinzip der Ständeklausel prägt **im aristotelischen Drama** auch die Sprache, sodass der Sprachstil der Figuren getragen bzw. gehoben ist und bis hin zum Pathos reichen kann. Die **Sprache der Figuren** ist kunstvoll gestaltet, reich an Bildlichkeiten und anderen rhetorischen Mitteln. Der Text ist häufig in **Blankversen** geschrieben. Vorherrschend ist ein hypotaktischer Sprachstil.
- **In nichtaristotelischen Dramen** werden Stilebenen und die Ausdruckshaltung gemischt und es findet eher eine **Orientierung an der Alltagssprache** statt (verschiedene Soziolekte, Jargon, spontane Äußerungen, „Aneinandervorbeireden"). Anders als beim geschlossenen Drama, wo das Bewusstsein die Sprache dominiert, dominiert hier die Sprache über das Bewusstsein. Ausrufe, elliptische und parataktische Satzkonstruktionen sind Ausdruck einer lebendigen, spontanen und emotionalen Sprache, die die Figuren deutlich charakterisiert.
- Die gründliche Analyse der Dialoge muss kommunikative Strukturen mitberücksichtigen, da der Dialog immer eine Form der **Interaktion** ist. Das bedeutet, dass nicht nur inhaltlich geklärt wird, *was* genau gesagt wird, sondern auch *wie* diese Inhalte kommuniziert werden. Dazu gehört, dass man Aussagen zum Sprachstil, d. h. zur Wortwahl, zum Satzbau und zu den verwendeten rhetorischen Figuren, trifft. Qualitativ

wirksam werden entsprechende Aussagen aber erst, wenn sie nicht nur beschrieben, sondern in der Deutung funktionalisiert werden.

- **Sprechtempo, Tonfall** und **Lautstärke** werden in dramatischen Texten nur selten durch Regieanweisungen präzisiert und müssen daher aus dem dargestellten Geschehen erschlossen werden, sollten aber im direkten Zusammenhang mit der sprachlichen und kommunikationstheoretischen Analyse berücksichtigt werden.
- Um den Zuschauer an Gedanken einer Figur teilnehmen zu lassen, finden **Monologe** bzw. die **Technik des Beiseitesprechens** Anwendung. Beide Formen sind typische dramaturgische Elemente, wenn auch etwas realitätsfern, da es eher ungewöhnlich ist, dass eine Person längere Zeit laut für sich selbst spricht (Monolog) bzw. dass eine Person quasi hinter vorgehaltener Hand ihre Gedanken laut preisgibt (Beiseitesprechen), während andere anwesend sind. Das Beiseitesprechen wird in der Regel durch die Regieanweisung „beiseite“ deutlich angegeben.
- In den Dramen der offenen Form, speziell **im epischen Theater**, wird der **Zuschauer direkt angesprochen**, indem z. B. eine Figur die Rolle quasi verlässt und sich unmittelbar an das Publikum wendet. Im **Monodrama**, einem monologischen Einpersonenstück, werden diese Techniken prägendes Gestaltungsmittel, da es Dialoge im eigentlichen Sinne hier nicht mehr gibt.

TIPP zum Punktesammeln

Erschließungsfragen für die Analyse

- Handelt es sich bei den agierenden Figuren eher um Charaktere oder Typen? Kann eine der Figuren als Protagonist der Handlung bzw. als Held oder Anti-Held bezeichnet werden?
- Wie ist die einzelne Figur in die Figurenkonstellation des gesamten Stücks bzw. in die Szene eingebunden? Gibt es direkte Gegenspieler oder Kontrastfiguren?
- Wie und wodurch charakterisieren sich die Figuren selbst bzw. werden sie von anderen charakterisiert?
- Welchen Anteil hat die Sprache an der Charakterisierung der Figuren?
- Auf welchem Sprachniveau entwickelt sich das Gespräch? Handelt es sich um eine gebundene oder eher freie und emotionale Sprache?
- Welche Wirkung wird durch den Satzbau und die Wortwahl erreicht?
- Welche rhetorischen Figuren werden verwendet und welche Funktion haben sie?
- Wie müssten Sprechtempo, Tonfall und Lautstärke in einzelnen Passagen der Dialoge gestaltet sein?
- Welche kommunikativen Strukturen werden in den Dialogen deutlich? Wie groß sind die Redeanteile der Figuren? Welche Figur ergreift die Initiative im Gespräch und welche Figur beendet es?
- Gibt es Tendenzen zur Monologisierung der Dialoge?

Sachtexte

Was ist ein Sachtext?

Unter Sachtexten versteht man in der Regel alle **nichtfiktionalen Texte**. Das heißt, Sachtexte beziehen sich direkt auf **Sachverhalte aus der Wirklichkeit**. So ist für den Reisebericht der Bezugspunkt das Land, das er beschreibt, für die Gebrauchsanweisung der Gegenstand, den sie erklärt, für die Analyse eines fiktionalen Textes der Text, den sie untersucht. Damit haben Sachtexte in praktischen Handlungskontexten einen Gebrauchswert.

Sachtexte umfassen ein breites Textsortenspektrum. Dabei kann es sich um geschriebene oder gesprochene Sachtexte handeln (z. B. Nachrichten, Wissenschafts- oder Kultursendungen). Darüber hinaus unterscheidet man zwischen **kontinuierlichen Sachtexten (Fließtexten)** und **diskontinuierlichen Sachtexten (Diagramme, Schaubilder, Tabellen etc.)**.

Hilfreich ist es, bei der Klassifizierung von der (vermuteten) Intention des jeweiligen Verfassers und der damit verbundenen Funktion des jeweiligen Sachtextes auszugehen. Die meisten Textsorten umfassen sowohl informierende, argumentierende als auch appellierende Elemente. Bei jeder Textsorte steht jedoch eine Funktion im Vordergrund. Wer einen Leserbrief schreibt, will vor allem seine Haltung zu einem Sachverhalt darlegen und nicht in erster Linie sachlich informieren. Dennoch enthält ein Leserbrief selbstverständlich informierende und evtl. auch appellierende Elemente.

Welche Funktionen können Sachtexte wahrnehmen?

informieren, darstellen, instruieren	argumentieren, erörtern	appellieren	regulieren
Textsorten – Nachricht – Textanalyse – Wissenschaftliche Untersuchung (z. B. literatur- oder sprachtheoretische Texte) – Gebrauchsanweisung – ...	**Textsorten** – Kommentar – Leserbrief – Rezension – Kritiken – ...	**Textsorten** – Werbung – Flugblatt – Wahlrede – ...	**Textsorten** – Gesetzestext – ...

Elemente von Sachtexten

Sachtexte können unterschiedlichen Anliegen folgen:
- Bei **informierenden Sachtexten** werden ausgehend von einem Aufhänger, der die Aufmerksamkeit der Leser binden soll, die verschiedenen Teilbereiche eines Themas nacheinander entfaltet. Die Teilbereiche werden häufig mit Zwischenüberschriften gekennzeichnet.
- Bei **argumentierenden Sachtexten** stellt der Verfasser seine Position zu einem bestimmten Thema mittels Thesen, Argumenten und Beispielen dar. Dabei bezieht er mögliche Gegenpositionen und damit verbundene Argumente in seine Überlegungen ein und entkräftet oder relativiert sie.

Die Übergänge zwischen informierenden und argumentierenden Sachtexten sind fließend. Die Fachbegriffe dienen der Beschreibung des Aufbaus/der Struktur eines Sachtextes.

Informierende Sachtexte	**Aufbau**	**Argumentierende Sachtexte**
Information über das Thema des Textes	**Titel**	Information über das Thema des Textes
mögliche Eingrenzung des Themas auf einen Aspekt, z. B. eine spezielle Forschungsfrage	**Untertitel**	Verdeutlichung der Position, die der Autor gegenüber dem Thema einnimmt
Aspekt, der die Aufmerksamkeit der Leser binden soll, z. B. ein Zitat	**Aufhänger**	Aspekt, der die Aufmerksamkeit der Leser binden soll, z. B. ein Zitat
	Aufbau	
Abfolge des Gedankenganges, Aufeinanderfolge einzelner Aspekte (roter Faden)	**Makrostruktur**	Formulierung der These und evtl. der Antithese, Darstellung von Argumenten und Gegenargumenten nach ihrer jeweiligen Gewichtung und ihren thematischen Zusammenhängen
Detailinformationen der einzelnen Sinnabschnitte bezogen auf das Thema	**Mikrostruktur**	Detailinformationen zu einzelnen Argumenten, Veranschaulichung durch *Beispiele*
Bündelung der Ergebnisse	**Zusammenfassung**	Bekräftigung der These mit Hinweis auf die gewichtigsten Argumente
Ableitung von Folgen aus den Arbeitsergebnissen	**evtl. Schlussfolgerung**	Ableitung von Folgen aus den Arbeitsergebnissen

Die sprachliche Gestaltung von Sachtexten

Die **Aussageabsicht**, der **Adressatenkreis** und damit verbunden die Wahl der **Textsorte** (→ S. 186 f.) bestimmen die sprachlich-formale Gestaltung eines Sachtextes. Der Leitartikel einer Tages- oder Wochenzeitung, der wesentlich zur öffentlichen Meinungsbildung beitragen soll, verlangt eine andere sprachliche Gestaltung als ein populärwissenschaftlicher Artikel, der über die neueren Entwicklungen auf einem bestimmten wissenschaftlichen Gebiet informieren soll; ein literaturwissenschaftlicher Interpretationsansatz folgt anderen sprachlichen Gestaltungsnormen als eine Rezension.
Der gezielte Einsatz ausgewählter sprachlich-formaler Gestaltungsmittel verstärkt die jeweilige Aussageabsicht. Deshalb müssen die sprachlich-formalen Gestaltungsmittel immer mit Blick auf ihre Funktion beschrieben werden.

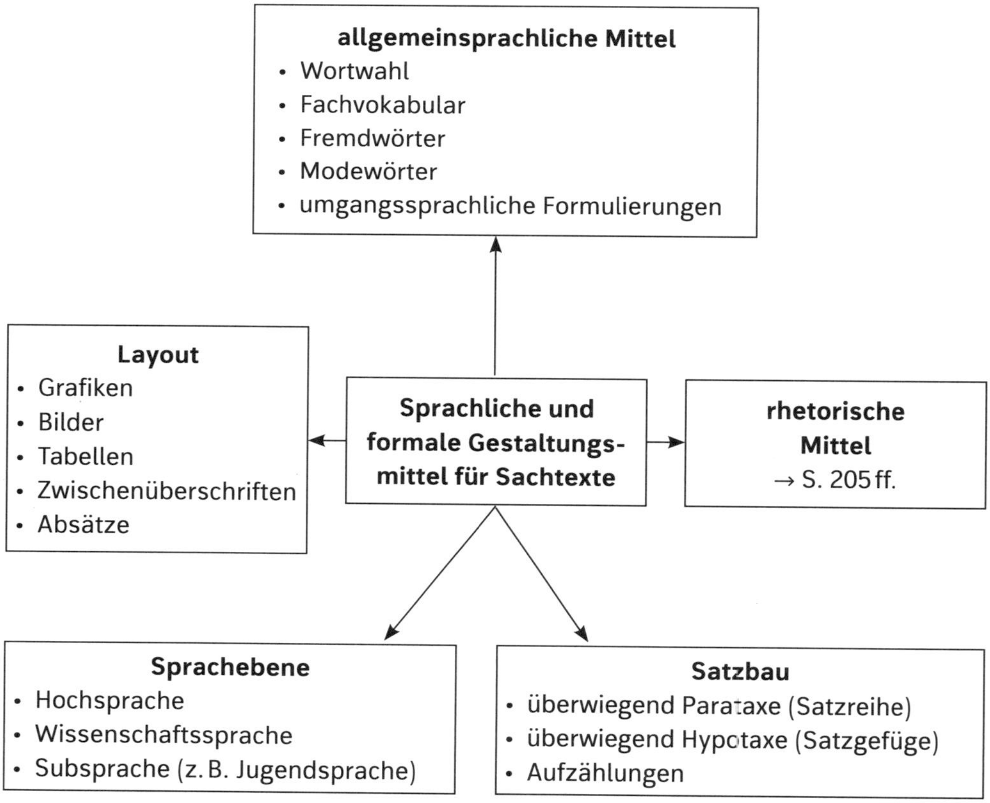

Inhaltsfeld Kommunikation

Inhaltliche Schwerpunkte (Kernlehrplan)
- Sprachliches Handeln im kommunikativen Kontext
- Rhetorisch ausgestaltete Kommunikation in funktionalen Zusammenhängen
- Autor-Rezipienten-Kommunikation

Sprachliches Handeln: Face-to-Face-Kommunikation

Der Begriff **Kommunikation** im weiteren Sinne bezeichnet den Austausch bzw. die **Übertragung von Informationen** jeglicher Art. Im engeren Sinn beschreibt der Begriff Kommunikation eine **soziale Interaktion**, bei der Informationen zwischen zwei oder mehreren Personen mithilfe eines **Kommunikationsmittels** (Kanal) ausgetauscht werden. Grundsätzlich wird dabei unterschieden zwischen der interpersonalen (face to face) und der technisch vermittelten Kommunikation (→ *Inhaltsfeld Medien,* S. 197 ff.). Voraussetzung für das Gelingen der Kommunikation ist, dass der Kanal störungsfrei funktioniert und Sender und Empfänger über denselben Code verfügen.

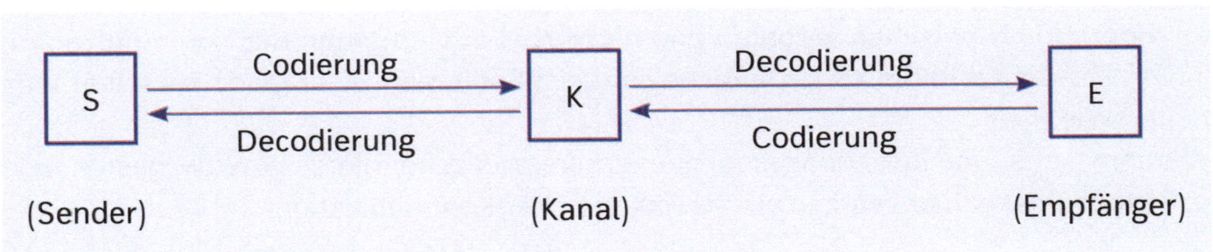

Einfaches Schema einer wechselseitigen Kommunikation

Mit seinem **Vier-Seiten-Modell** stellt der Kommunikationswissenschaftler Friedemann **Schulz von Thun** (*1944) heraus, dass jede Äußerung vier Botschaften gleichzeitig enthält, wobei diese je nach Situation unterschiedlich akzentuiert sein können:
a) die Sachinformation (worüber ich informiere),
b) die Selbstkundgabe (was ich von mir zu erkennen gebe),
c) den Beziehungshinweis (was ich von dir halte und wie ich zu dir stehe) und
d) den Appell (was ich bei dir erreichen möchte).

Das als Nachrichten- oder Kommunikationsquadrat bekannte Modell Schulz von Thuns stellt die vier Seiten einer Nachricht aufseiten des Senders heraus, während sein Vier-Ohren-Modell denselben Sachverhalt aufseiten des Empfängers darstellt.

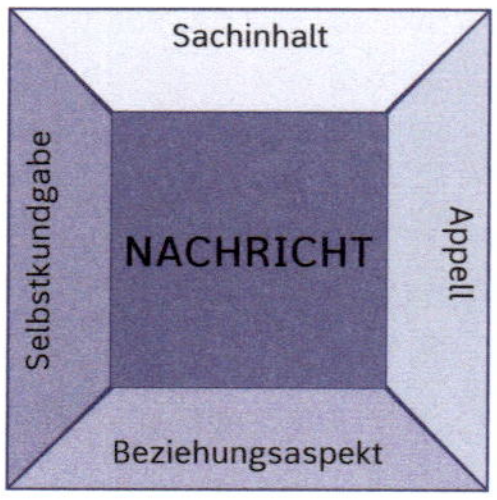

Vier-Ohren-Modell (nachSchulz von Thun)

Kommunikation als äußerst komplexer Prozess ist sehr anfällig gegen Störungen. Häufige Ursachen solcher **Kommunikationsstörungen** sind:
- Umwelteinflüsse: Lärm, Unruhe usw.
- Art des Sprechens: Modulation der Stimme (Lautstärke, Tonfall usw.)
- Unterschiedliche Codes bei Sender und Empfänger: Fremd- bzw. Fachsprachen, Dialekte, Gruppensprachen usw.
- innere Befindlichkeit beim Sender und Empfänger: Konzentration, Grundstimmung (Wut, Müdigkeit, zeitlicher Stress usw.)
- Widerspruch zwischen verbalen und nonverbalen Elementen der Kommunikation: Das Gesagte und die Körpersprache sind nicht stimmig (Diskrepanz zwischen Was und Wie).
- Interessens- und Beziehungskonflikte: Unterschiedliche Interessen bzw. bestehende Beziehungskonflikte wirken als Störfaktoren der Kommunikation.

Störungen können die Grundbedingungen der Kommunikation unterschiedlich stark beeinträchtigen (z. B. durch Lärm) oder im kommunikativen Verlauf zu Konflikten führen (z. B. bei Interessens- oder Beziehungskonflikten). Man spricht dann von einer „gestörten Kommunikation“, wobei der Grad der Störung sehr unterschiedlich sein kann (z. B. Unterbrechung oder Abbruch).

INFO Kommunikation in mündlichen Kontexten

Alltagskommunikation ist der unmittelbare Austausch von Informationen bei wechselseitiger Wahrnehmung der Kommunikationspartner (face to face). Aufgrund des Bekanntheitsgrades der Verhaltensmuster, die die Beteiligten in solchen Standardsituationen zeigen, besteht eine recht hohe Erwartungssicherheit bei den Kommunikationspartnern. Kennzeichen von Alltagskommunikation sind
- direkte Kommunikation mit den Kommunikationspartner,
- eine möglichst geringe Anzahl von Kommunikationspartnern (zwei oder drei),
- die unmittelbare und wechselseitige Wahrnehmung der Kommunikationspartner,
- den gemeinsamen Erwartungshorizont des Alltäglichen der Kommunikationspartner, der sich aus dem funktionalen Kontext (z. B. dem gemeinsamen Warten im Wartezimmer) bzw. dem situativen Kontext (z. B. beim Sport, während der Arbeit, in der Schule, mit Freunden im Kino usw.) ergibt.

Kommunikation im engeren Sinn bzw. interpersonale Kommunikation besteht im Wesentlichen aus Gesprächen unterschiedlicher Art und Form. Für die analytische Auseinandersetzung mit Gesprächen in unterschiedlichen situativen Kontexten (z. B. Alltagskommunikation, Gespräche in den Medien oder auch in literarischen Texten) ist die Kenntnis bestimmter Klassifizierungen für eine grundlegende Einordnung hilfreich.

Grundsätzlich lassen sich Gespräche einer der folgenden Gattungen zuordnen:

natürliche Gespräche	Dazu zählen alle Gespräche, die nicht zu den folgenden beiden Gattungen gehören. Unterschieden werden kann zwischen natürlich spontanen und natürlich arrangierten Gesprächen.
fiktive/fiktionale Gespräche	Fiktive Gespräche sind zu bestimmten Zwecken hergestellt (z. B. als Demonstrations- oder Schulungsmaterial). Fiktionale Gespräche sind Bestandteil einer fiktionalen Realität in der Literatur (z. B. Dialoge in Erzähl- bzw. dramatischen Texten/Theateraufführungen und Fernsehserien).
inszenierte Gespräche	Dazu zählen Gespräche, die für eine Aufführung vorbereitet sind (z. B. in Theateraufführungen). Nicht ohne kritischen Unterton werden dazu oft Gespräche gezählt, die im Fernsehen ausgestrahlt werden (z. B. Interviews, Talkshows).

Je nach Anlass und Ausgestaltung lassen sich verschiedene Gesprächstypen und Gesprächsformen unterscheiden, von denen hier nur eine Auswahl genannt wird:
- Gespräch (die Auseinandersetzung mit dem Gesprächspartner steht im Mittelpunkt)
- Rede (andere zu unterhalten oder sie von der dargestellten Sache/Meinung zu überzeugen, ist das wesentliche Ziel)
- Debatte (die Durchsetzung der eigenen Meinung ist zentrales Anliegen)
- Diskussion (die Auseinandersetzung mit der Sache steht im Zentrum)
- Interview (im Vordergrund steht die eigene Person)
- Verhandlung (es geht unmittelbar um die eigene Person und die Gesprächspartner)

Gespräche finden nicht im luftleeren Raum statt, sondern sind immer durch eine Reihe von außersprachlichen Faktoren bestimmt:
- Der **situative Kontext von Gesprächen** unterscheidet sich durch die Gruppengröße und dadurch, ob die Kommunikation zeitlich und räumlich nah (z. B. face to face) oder fern verläuft (z. B. Onlinechats).
- Der **Grad der Öffentlichkeit** eines Gesprächs kann unterschiedlich sein: privat, halböffentlich (z. B. Referat vor der Klasse) oder öffentlich (z. B. Rede des Jahrgangssprechers bei der Entlassungsfeier). Je nachdem, ob es sich eher um ein Gespräch im privaten oder eher öffentlichen Bereich handelt, können inhaltliche Akzentuierung und Ausgestaltung des Gesprächs variieren.

- Die **Konstellation der Gesprächspartner** ist ein entscheidendes Kriterium für den Verlauf des Gesprächs. Die soziale Beziehung bzw. das soziale Verhältnis der Gesprächspartner kann symmetrisch oder asymmetrisch bzw. komplementär sein. Unterschiede sind bedingt durch
  - entwicklungsbedingte Faktoren (z. B. Lebensalter, Sprachfähigkeit),
  - den sozialen Status,
  - sachliche oder fachliche Unterschiede (z. B. Vorhandensein von Fachwissen oder Kompetenzen),
  - die besondere Funktion bzw. Position von Gesprächsteilnehmern in bestimmten Gesprächsformen (z. B. der Moderator in einer Talkshow) und
  - den unterschiedlichen Bekanntheitsgrad der Gesprächspartner.
- Die dominierende **Handlungsdimension** eines Gesprächs wirkt sich auf die Gesprächsgestaltung, den Gesprächsverlauf und die Wirkung des Gesprächs aus. Narrative Gespräche (z. B. Partygespräche, Small Talk, Onlinechats) haben vor allem die Funktion, Kontakt herzustellen und zu pflegen.
  Direktive Gespräche sind auf das Geben von Anweisungen, Hinweisen und Ratschlägen ausgerichtet (z. B. zwischen Chef/Arbeitnehmer oder zwischen Arzt/Patient).
  Als diskursive Gespräche bezeichnet man Gespräche, die der kritischen Auseinandersetzung mit einer Sache im privaten oder wissenschaftlichen Bereich dienen (z. B. Streitgespräch oder Debatte).
- Die **thematische Fixierung** eines Gesprächs (z. B. durch die Vorgabe des Themas in einer Debatte oder Talkshow) kann den Gesprächsverlauf beeinflussen, je nachdem, ob die Themenvorgabe eher eng oder offener abgesteckt ist.
- Je nach **Einfluss des außersprachlichen Handelns** unterscheidet man empraktische Gespräche, die ihre Bedeutung vor allem durch den außersprachlichen Kontext erhalten (z. B. Gespräche im Klassenzimmer oder vor Gericht), von apraktischen Gesprächen, die weitgehend frei von solchen Einflüssen sind.

Anwendungsbeispiel: Zwei Schüler, die sich aus einer Sportarbeitsgemeinschaft kennen, treffen sich zufällig an der Bushaltestelle vor der Schule und überbrücken die Wartezeit mit einem Gespräch über einen Kinofilm, den beide gesehen haben. Sechs andere Personen, die ebenfalls an der Haltestelle warten, beteiligen sich nicht an ihrem Gespräch.
Aus dieser Gesprächskonstellation ergibt sich folgende Klassifizierung:
- Gesprächsgattung = natürliches Gespräch, Alltagskommunikation
- Gesprächstyp = Gespräch, Debatte
- situativer Kontext des Gesprächs = Face-to-Face-Kommunikation, Kleingruppe
- Konstellation der Gesprächspartner = symmetrisch
- Grad der Öffentlichkeit = privat
- Handlungsdimension des Gesprächs = narratives Gespräch
- thematische Fixierung = Themenvorgabe offen
- Einfluss des außersprachlichen Handelns = apraktisch

In Gesprächen jeglicher Art ergänzen sich verbale und nonverbale Kommunikation:

Nonverbale Kommunikation

1. Nonvokale nonverbale Kommunikation	2. Vokale nonverbale Kommunikation	3. Nonverbale Kommunikation im weiteren Sinne
– Gestik – Mimik – Verhalten im Raum – taktiles Verhalten – olfaktorische Formen – Blickverhalten – Körperhaltung, Körperbewegung	– sprachbegleitende Formen, z. B. Betonung, Tempo und Lautstärke – selbstständige Formen, z. B. Lachen, Seufzen, Gähnen	(Artefakte, z. B. Kleidung, Frisur)

Die **Bedeutung nonverbaler Zeichen** für das Gelingen- bzw. Nichtgelingen von Kommunikation wird häufig unterschätzt, obwohl eigentlich jeder aus Erfahrung weiß, dass z. B. die Mimik, die Körperhaltung oder der Tonfall das gesprochene Wort erheblich beeinflussen können.

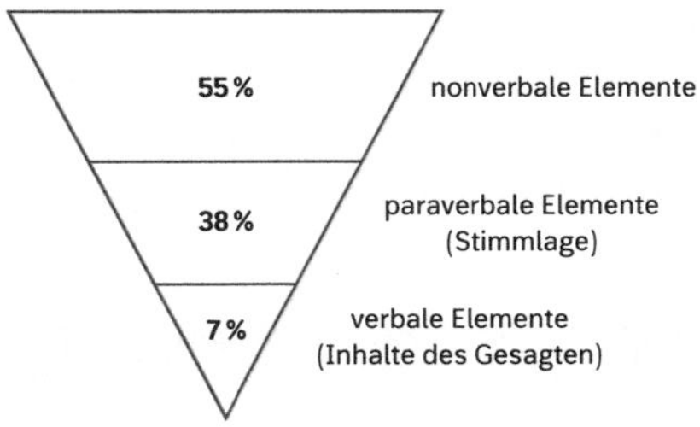

Kommunikation in funktionalen Zusammenhängen (Rhetorik)

Anders als im Alltag unterliegen Gespräche in funktionalen Zusammenhängen (z. B. Vorträge, Interviews, Reden, Debatten usw.) bestimmten Vorgaben bzw. Regeln und sind dementsprechend vorbereitet. Eine gute Vorbereitung und die bewusste Gestaltung der Gesprächssituation sind wesentliche Mittel für eine überzeugende Gesprächsführung. Wesentlich sind in rhetorisch ausgestalteten Kommunikationssituationen Strategien zur Leser- bzw. Hörerbeeinflussung:

Unerwünschte Nebenbotschaften vermeiden

Mit Blick auf das Nachrichtenquadrat bzw. das Vier-Ohren-Modell Schulz von Thuns sollte in einem eigenen Gesprächsbeitrag darauf geachtet werden, dass Botschaften, die parallel gesendet werden, nicht von der eigentlichen Mitteilung ablenken. Wer z. B. einen wichtigen Gedanken zum Ausdruck bringen will, sollte darauf achten, dass die **Sachebene im Vordergrund** steht und Mimik, Gestik sowie Körperhaltung angemessen sind. Um Parallelbotschaften angemessen kontrollieren zu können, ist es wichtig, die Beziehung zwischen Sender und Empfänger (**Adressatenbezug**) bei der Vorbereitung und während der Durchführung des Gesprächs zu berücksichtigen.

Mit Kommunikationsstörungen zurechtkommen

Kommunikationsstörungen zu vermeiden, ist gar nicht so einfach, da diese recht vielfältiger Art sein können. Zum Beispiel trägt das Sprechen bei Unruhe (Nebengespräche, Applaus usw.) dazu bei, dass Teile des Gesprächsbeitrags nicht oder nur teilweise wahrgenommen werden. Es kommt also einerseits darauf an, Störungen durch die Gestaltung des eigenen Gesprächsbeitrags zu verhindern und über Strategien zur **Reaktion auf Störungen** zu verfügen (z. B. Warten, Wiederholungen, direkte Ansprache usw.).

Rückmeldungen und Feedback nutzen

Auf Rückmeldungen der Gesprächspartner bzw. des Publikums sollte man gewissenhaft achten, um das eigene Gesprächsverhalten zu kontrollieren und gegebenenfalls zu korrigieren. So können unerwünschte Begleitbotschaften abgestellt, Störfaktoren gezielt ausgeschaltet und Missverständnisse, welche die Sachebene der eigenen Mitteilung beeinträchtigen, vermieden werden.

Längere Gesprächsbeiträge in der Öffentlichkeit dienen häufig der Herstellung eines Konsenses zwischen Sender und Empfänger über einen Sachverhalt. Es kommt darauf an, im Rahmen eines bestimmten Themas schlüssig zu argumentieren, um die Zuhörer zu überzeugen: Sachlicher Gehalt, Ausgestaltung und, bei appellativen Vorträgen, die Anordnung der Argumente entscheiden über die Qualität eines Kurzvortrags bzw. einer Rede.

INFO Argumentieren

Von einem Argument wird gesprochen, wenn eine **These/Behauptung** durch eine **Begründung** und **Beispiele** belegt wird.

In der Regel wird dialektisch argumentiert. „Dialektik“ kommt vom griechischen dialégesthai (= sich unterreden). Dialektisch argumentieren oder erörtern meint, dass Argumente und Gegenargumente aufgrund der Bewertung von Begründungen und Beispielen gegeneinander abgewogen werden (Pro und Kontra), um eine Entscheidung zu treffen, eine Position zu beurteilen bzw. zu ihr Stellung zu nehmen.

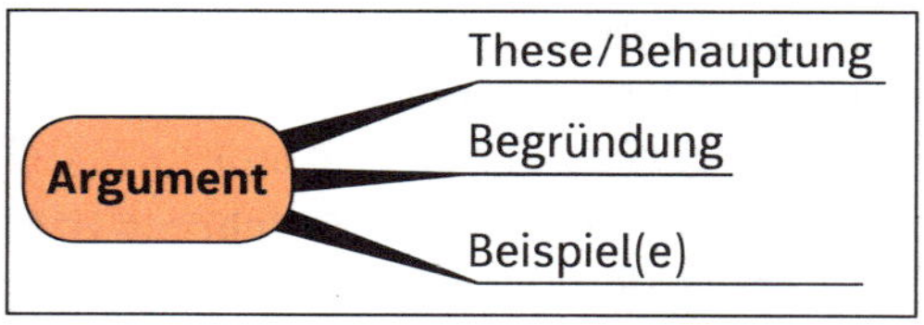

Als wesentliche Argumentationstypen gelten
- **Faktenargument:** wissenschaftliche Fakten und anerkannte Tatsachen
- **normatives Argument:** allgemein anerkannte gesellschaftliche Regeln, Werte
- **Autoritätsargument:** Berufen auf anerkannte Expertinnen und Experten
- **analogisierendes Argument:** Vergleich mit einem (ähnlichen) Bereich
- **indirektes Argument:** Aufgreifen und Widerlegen einer Position der Gegenseite
- **Plausibilitätsargument:** gut nachvollziehbare Position für Adressaten

Medial gefasste Kommunikation

Der Zusammenhang zwischen Kommunikation und Medium
Im Kontext der traditionellen **Print-Umgebung** von Publikationen, gleich welcher Art, ist die Kommunikationsrichtung meist einseitig und die wechselseitige Kommunikation zwischen Autorin bzw. Autor und Rezipienten eher die Ausnahme, gefasst z. B. als Leserbrief, Rezension o. Ä.
Im literarischen Umfeld kann man eine weitere, textimmanente Kommunikationsebene annehmen:
Der Erzähler, die „Stimme" eines Textes, kann nicht unhinterfragt mit dem Autor gleichgesetzt werden. Bei der Kommunikation der Figuren, die eine eigene Ebene bilden, handelt es sich um durch den Erzähler vermittelte Kommunikation, die durchaus wechselseitig sein kann. Dabei können die Aussagen einer Figur nicht grundsätzlich als Meinung des Autors interpretiert werden. Der fiktive Leser befindet sich mit dem Erzähler auf gleicher Ebene, da der Erzähler ihn anspricht. Der fiktive Leser kann also nicht mit dem realen Leser gleichgesetzt werden kann, da weder der reale Autor noch der von ihm gestaltete Erzähler wissen können, wer einmal realer Leser sein wird.

Die **Kommunikation mit elektronischen Medien** erfolgt vorwiegend über Internet-Dienste (z. B. E-Mail, WWW, Social Media). Unter den Bedingungen des Web 2.0 (World Wide Web mit interaktiven und kollaborativen Elementen, seit ca. 2003) bestehen vielfältige Möglichkeiten des wechselseitigen Echtzeit-Austauschs – mündlich wie schriftlich. In Webanwendungen stehen Werkzeuge für die Interaktion zur Verfügung: Man kann, menügeführt oder per Touchscreen, aktiv navigieren, Inhalte ggf. manipulieren und Wiedergabeparameter steuern. Zentrales Kennzeichen des Internets ist **Konnektivität**, Netzwerktechnik, die ein globales Netzwerk ermöglicht – technisch wie kommunikativ. Die globale Vernetztheit ist in den vergangenen Jahrzehnten auch zu einem sozio-kulturellen Phänomen geworden, das weltweit gesellschaftliche Veränderungsprozesse in Gang setzt.
Ein bekanntes Beispiel für **Kollaborativität**, also gemeinschaftliches Arbeiten mit elektronischen Medien, ist die weltweit verfügbare Onlineenzyklopädie „Wikipedia". Sie umfasst momentan ca. 37 Millionen Beiträge und rangiert 2023 auf Platz 7 der international am häufigsten besuchten Webseiten. Ein Wiki ist eine Internet-Plattform, auf der im Webbrowser Content (multimodale und multimediale Inhalte) fortlaufend bereitgestellt, bearbeitet und geändert werden kann. Der bereitgestellte Inhalt ist dynamisch, weil er ständig verändert wird – durch einen Autorenpool, ggf. nach Rückmeldungen der Rezipienten. Was fehlt, ist eine traditionelle Redaktion, also eine Instanz, die die Relevanz und Richtigkeit der Einträge sicherstellt. Das Prinzip setzt auf die sog. „Schwarmintelligenz", in der Hoffnung, dass die Intelligenz und das Wissen von vielen ein Korrektiv ist. Ein durchaus nicht unumstrittenes Konzept.
Die Sicherung von Seriosität und Qualität ist ein zentrales Problem im tendenziell offen zugänglichen Kommunikationsraum Internet. Infolgedessen erfordert dessen Nutzung eine hohe Medienkompetenz. Grundsätzlich müssen Inhalte und Quellen kritisch geprüft werden, z. B. mittels Rechercheplattformen wie correctiv.org.

Politisch-gesellschaftliche Kommunikation – sprachliche und strategische Merkmale
Nicht zuletzt die durch Messengerdienste und Social-Media-Plattformen erleichterte, meist ungefilterte Kommunikation sehr vieler Teilnehmer bewirkt teils extrem polarisierende Diskurse im öffentlichen Raum. Durch schiere Frequenz können Einzelne eine hohe Aufmerksamkeit erzeugen. Und im Gegenzug werden ggf. sehr viel mehr Individuen erreicht, als durch klassische Printmedien oder Sendeanstalten. Dieser Prozess birgt Sprengkraft für Politik und Gesellschaft. Das Internet befeuert den Kampf um Begriffe bzw. Deutungshoheit. Die dabei angewandten Kommunikationsstrategien lassen sich mit einigen Schlagworten fassen:
„Framing“ (Einrahmen), positives oder negatives Aufladen von Begriffen: z. B. vermitteln „Flüchtlingswelle“ oder „-krise“ negative Assoziationen, das „Gute-Kita-Gesetz“ hingegen Erfreuliches. Framing beinhaltet Manipulation, abhängig von kulturellen Einflüssen. Der US-Linguist George Lakoff hat in diesem Zusammenhang auf die Macht von Metaphern für menschliches Denken und Handeln verwiesen. Ein Tee mit Namen „Tropical Feeling“ wirkt weit eher als erfrischend als dasselbe Produkt, aber mit dem Label „Unter dem Kamin“. Framing arbeitet in der Regel mit bildhafter Sprache, die die Absicht schnell und plakativ vermittelt.
„Agenda setting“ beschreibt das Setzen von Themen in (Massen-)Medien. Was dort diskutiert wird, löst häufig oft breite öffentliche Debatten aus, die nicht selten in die Politik wirken. Zu beobachten ist, dass diese Debatten sich selten auf der Sachebene bewegen. Wer einem politischen Gegner negative Zuschreibungen anheften und diese besonders intensiv in die Öffentlichkeit bringen kann, ist mit im Sinne von oft auch böswilligem „negative campaigning“ (Hetzkampagnen) erfolgreich.
„Narrativ“ (im Marketing „Storytelling“): Es werden sinnstiftend Zusammenhänge hergestellt, indem man Fakten in einen Erzählkontext einbettet, dessen Ausgestaltung den eigenen Absichten folgt, z. B. könnten zugewanderte Menschen ‚den Fachkräftemangel beheben‘ oder aber ‚einen großen Bevölkerungsaustausch‘ vorantreiben. Ein Narrativ vermittelt Emotionen und Werthaltungen, in der politischen Kommunikation verbunden mit einem Identifikationsangebot für Wählerinnen und Wähler. Im schlimmsten Fall muss man von Propaganda sprechen.
„Political Correctness“/„Cancel Culture“: Darstellungen und Sprache sollen bestimmte Vorstellungen von einer besseren Welt vermitteln, mit z. B. Gleichbehandlung von Menschen (Beispiel: Gendern) und dem Schutz von Minderheiten, z. B. gegen Rassismus. Über Begriffe werden weltanschauliche Kontroversen ausgetragen. Was dem eigenen Weltbild widerspricht, muss „gecancelt“, also aus der Öffentlichkeit entfernt werden. Rechtpopulisten erzielen mit dem Vorwurf der „Cancel Culture“ regelmäßig mediale Aufmerksamkeit.
„Hate Speech“/„Shitstorm“: Der ungefilterte Zugang zur Internetkommunikation ermöglicht leider auch unangemessene, beleidigende oder verletzende Äußerungen, denen sich oft in kurzer Zeit sehr viele Nutzer anschließen.
Während es in einer Demokratie grundsätzlich wünschenswert ist, dass sich so viele Stimmen wie nur möglich am Prozess des Aushandelns von Interessen beteiligen können, so ist doch zu prüfen, wie der **Respekt vor der Meinung anderer** zu gewährleisten ist (vgl. Jürgen Habermas: Theorie des kommunikativen Handelns).

Inhaltsfeld Medien

Inhaltliche Schwerpunkte (Kernlehrplan)
- Information und Informationsdarbietung in verschiedenen Medien
- Filmische Umsetzung einer Textvorlage bzw. filmisches Erzählen
- Bühneninszenierung eines dramatischen Textes
- Kontroverse Positionen der Medientheorie

Informationsdarbietung in verschiedenen Medien

Seit Mitte des letzten Jahrhunderts gewinnen Massenmedien zunehmend an Einfluss und Bedeutung. Da der Umfang und die Geschwindigkeit der Verbreitung von Informationen durch die Medien in den letzten Jahrzehnten erheblich gesteigert wurde (z. B. Anzahl der Fernsehprogramme, Onlinemedien und Streamingdienste) und die Art der Informationsdarbietung sich damit deutlich verändert hat, sprechen wir heute vom „Informationszeitalter".
Besonders die rasante Ausbreitung des World Wide Web und die intensive Nutzung mediengestützter Kommunikationsformen (Smartphones, Tablets usw.) prägen die moderne Medienlandschaft. Die schnelle Entwicklung der Technologien (z. B. Leistungsfähigkeit der Hard- und Software, Geschwindigkeit des Internetzugriffs, Leistungsfähigkeit und Funktionalitätsumfang von Smartphones usw.) bringt Vorteile mit sich, wie den schnellen und **globalen Austausch von Informationen** sowie die **Vielfalt von Kommunikationsmöglichkeiten** mit anderen (z. B. soziale Netzwerke). Mit diesen Vorteilen können allerdings unerwünschte Nebenwirkungen und Gefahren verbunden sein, z. B. unterschiedliche Formen der Internetkriminalität, möglicher Verlust der Privatsphäre sowie negative Auswirkungen auf das Sozialverhalten.

Zu klären ist stetig neu, welchen Einfluss das mediale Umfeld auf Sprachverwendungszusammenhänge und auch die Sprache selbst haben. Das Internet und die vielfältigen mediengestützten Kommunikationsmöglichkeiten besitzen eigene, sehr spezifische Strukturen: Online-Publikationen, Blogs, Internetforen, Chats, E-Mail, SMS, Messengerdienste usw. Die Sprache, die in diesen Medien verwendet wird, weist in einigen Nutzungskontexten Spezifika auf:
- Veränderungen im Wortschatz durch die gehäufte Verwendung von Wörtern aus anderen Sprachen, in erster Linie Anglizismen (z. B. „Backup", „Chat", „Account")
- Verwendung von Emoticons (z. B. Smileys), Aktionswörtern (z. B. „freu" oder „grins"), Abkürzungen und Akronymen (z. B. „LOL" für „**L**aughing **O**ut **L**oud" bzw. „**L**ots **O**f **L**uck" oder „MOTD" für „**M**essage **O**f **T**he **D**ay")
- stärkere Orientierung an der gesprochenen Umgangssprache

Die Diskussion, welche Auswirkungen diese Besonderheiten der Netzsprache auf die Sprachverwendung haben, wird kontrovers geführt (→ *Kontroverse Positionen der Medientheorie,* S. 203). Grundsätzlich lassen sich drei Positionen unterscheiden, die durch folgende Kernaussagen charakterisiert werden können:

1. Im Internet und bei der Kommunikation über z. B. Messengerdienste wird häufig eine spezifische Sprache verwendet, die sich von der Standardsprache erheblich unterscheidet und sich möglicherweise negativ auf die mündliche und die schriftliche Sprachverwendung Jugendlicher im Alltag auswirken kann.
2. Ein grundsätzlich negativer Einfluss des Internets und der Kommunikation per Kurznachricht auf die Qualität der Sprachverwendung Jugendlicher wird zurückgewiesen, da eine spezifische „Netzsprache" nur im Freizeitbereich verwendet werde, in anderen Nutzungskontexten (z. B. Onlineforen, informellen Webseiten und vielen Chats) aber kaum eine Rolle spiele.
3. Die „Netzsprache" wird als eigenständiges Sprachmedium aufgefasst, das eigene und neue Funktionen besitze und diese mit spezifischen Strukturen umsetze. Beobachtbare Spezifika in der Sprachverwendung (siehe unten) werden eher als Bereicherung denn als Gefahr aufgefasst.

Sprachkritische Ansätze **(Position 1)** warnen, im Sinne der Sprachpflege (→ S. 151 f.), vor einer Überfremdung der Sprache durch die gehäufte Verwendung von Anglizismen. Zudem befürchten sie langfristig eine Schwächung der mündlichen und schriftlichen Sprachkompetenz durch einen an der Umgangssprache orientierten Sprachstil und die Auflösung syntaktischer Strukturen durch die Verwendung von Aktionswörtern, Abkürzungen und Akronymen.

Autoren der **Position 2** bemerken zur beobachtbaren Häufung von Anglizismen, dass diese durchaus verständlich sei, weil Englisch mit fast 60 % aller Internetseiten die Sprache des Netzes sei und die Entstehung des World Wide Web von Amerika ausging. Allerdings weisen sie gleichzeitig auf neuere Statistiken hin, die belegen, dass heute Webseiten in deutscher Sprache – noch vor Französisch und Spanisch – mit ca. 8 % des Gesamtanteils bereits Platz 2 einnehmen. Die Kritik an der Verwendung von Emoticons, Aktionswörtern, Abkürzungen und Akronymen halten sie für überzogen, da es sich um Sprachspielereien handele, die fast ausschließlich die private Nutzung betreffe. Grundsätzlich geben sie zu bedenken, dass noch nicht wirklich geklärt sei, welchen Einfluss die Sprachverwendung in elektronischen Medien auf die Sprech- und Schreibkompetenzen Jugendlicher hat. Sie verweisen diesbezüglich auf neuere Untersuchungen, die zeigen, dass die heutigen Jugendlichen sehr wohl in der Lage seien, normgerecht zu kommunizieren und zu schreiben.

Diejenigen, die eher der **Position 3** zuzuordnen sind, fordern in der Diskussion zu mehr Gelassenheit auf und bewerten die intensive Mediennutzung der „Netzgeneration" als unproblematisch. Im Gegensatz zu den Kritikern heben sie die Vorzüge hervor: die Orientierung in einem bedeutsamen Medium, die Förderung des Denkens durch kritische Auswahl, die Intensität der Kommunikation sowie breite Möglichkeiten zur Recherche.

Die Spezifika der Netzsprache interpretieren sie als konzeptionelle Mündlichkeit. Demnach beweisen typische Merkmale der mündlichen Kommunikation, wie umgangssprachliche Wendungen (z. B. „Tach" statt „Guten Tag"), Verkürzungen (z. B. „nich" statt

„nicht“) oder die Verwendung von Aktionswörtern (z. B. „stöhn“, „würg“) keinen Verlust an Sprachkompetenz, sondern sind Ausdruck eines bewusst gewählten Konzeptes. Dessen Ziel sei es, besonders in Messengerdiensten und Chats Nähe zum Adressaten herzustellen.

Obwohl man heute natürlich nicht wissen kann, wie die Medienlandschaft der Zukunft aussehen wird, ist schon jetzt klar, dass mediengestützte Kommunikationsformen im Internet allen Printmedien erhebliche Konkurrenz machen. Die eingangs formulierte Frage nach dem Einfluss der Medien auf die Sprache muss vor diesem Hintergrund sicherlich stetig aufs Neue untersucht werden.

TIPP zum Punktesammeln

Vor dem Hintergrund der oben angedeuteten Kontroverse muss man bei der Analyse von Sachtexten, die sich mit dem Thema „Einfluss der Medien auf die Sprache“ befassen, davon ausgehen, dass je nach Position eine gewisse Einseitigkeit in der Argumentation vorhanden sein kann. Bei der Analyse der Texte sollte man deshalb zeigen, dass man das gesamte Spektrum der Diskussion kennt und in der Lage ist, kritisch reflektierend einen eigenen Standpunkt dazu einzunehmen.

Filmisches Erzählen

Grundsätzlich bezieht sich jede analytische Auseinandersetzung mit dem Medium Film auf drei Ebenen:

Erzählebenen	Darstellungsmittel
visuelle Ebene	Bildausschnitt, Bildformat, Kameraperspektive, Kamerabewegung, Einstellungsgrößen der Kamera, Farbe, Beleuchtung, Bildschärfe, Bildaufbau
auditive Ebene	On- und Offton, Sprache (Figurenrede, Dialoge), Erzählerstimme, Geräusche, Filmmusik
narrative Ebene	Erzähler, Story, Plot, Figuren(konstellation), Erzählzeit / erzählte Zeit, Montage (Schnitt, Auf- und Abblendung), erzählende Mittel der Montage (Schuss/Gegenschuss, Parallelmontage, Crosscutting, Flashback und Flashforward)

Die **filmischen Gestaltungsmittel** sind für das Gelingen der Kommunikation zwischen Film und Zuschauer, auch wenn diese Kommunikation nicht wie bei Bühneninszenierungen (→ S. 201 f.) direkt, sondern nur mittelbar stattfindet. Sie lenken den Blick und arbeiten mit spezifischen filmischen Codes, die die Zuschauer entschlüsseln müssen. Im Zentrum der Analyse stehen Kameraeinstellung und -bewegung sowie Schnitt bzw. Montage. Hinzu kommen die Tonspur (Sprache, Musik, Geräusche) sowie Effekte der

Digitaltechnik. Alle diese Elemente können **als Zeichen verstanden** und beschrieben werden.
Eine entsprechende Analyse setzt die Kenntnis zentraler Gestaltungsmittel des Films voraus. Übersichten dazu sind im Internet leicht verfügbar.

Da ein Film erst durch die Kommunikation zwischen Film und Zuschauer mithilfe der persönlichen Fantasie des Zuschauers entsteht, besitzen symbolhafte Andeutungen durch visuelle Zeichen, Musik, Licht und Farbe sowie Aussparungen und Auslassungen eine besondere Bedeutung hinsichtlich der Wirkung.

TIPP zum Punktesammeln

Die analytische Beschäftigung mit der filmischen Umsetzung einer Textvorlage erfordert eine intensive Auseinandersetzung mit der Textvorlage und mit der **zu analysierenden Filmsequenz**. Zur Vorbereitung der Filmanalyse ist es ratsam, bei mehrmaligem Anschauen des Films ein Storyboard bzw. Sequenzprotokoll anzulegen, um folgende Gestaltungselemente festzuhalten:
- einzelne Einstellungen und deren Dauer
- visuell-formale Ebene (Kameraführung/-bewegung, Einstellungsgröße/-perspektive)
- Handlungsebene (Personen, Szenenfolge, Requisiten, Dramatik)
- auditive Ebene (sprachliche Information, Musik, Geräusche, Offstimmen)
- Einstellungswechsel: Montageformen

Beim **Vergleich einer literarischen Textvorlage** mit einer filmischen Umsetzung ist es hilfreich, zentrale Gestaltungsmerkmale beider Medien zu parallelisieren, auch wenn das der prinzipiellen Eigenständigkeit beider Medien nicht ganz gerecht wird:

Film	Text
Kamera	Erzähler bzw. Sprecher
Schnitt, Montage	Orts-, Zeit-, Handlungswechsel
Bildkomposition	sprachliche Gestaltung
Soundtrack	sprachliche Gestaltung
Spannungsaufbau	sprachliche Gestaltung

Auf Grundlage des Storyboards/Sequenzprotokolls können filmische Umsetzung und Textvorlage vertiefend miteinander verglichen werden, um die Wirkung zu erschließen, die durch den spezifischen Einsatz der filmischen Gestaltungsmittel erreicht wird.

Bei der **Analyse eines Films**, der nicht nur in Ausschnitten vorliegt, sind ebenfalls die zuvor beschriebenen Kompetenzen erforderlich. Allerdings steht die Auseinandersetzung mit dem filmischen Erzählen, also der narrativen Struktur des Films in seiner Gesamtheit stärker im Fokus, wenn das Verhältnis von Inhalt, Ausgestaltung und Wirkung auf den Zuschauer beurteilt werden soll.
Bezogen auf das Medium Film meint „Narration“ die **im Film erzählte Handlung** und deren filmische Umsetzung (= Inszenierung). Die narrative Struktur eines Films umfasst die Gesamtheit (Entwicklung, Anordnung und Darstellung) der Erzählung und schließt

dabei die Kameraführung, den Schnitt und die Ausstattung der Szenen ein. Von besonderer Bedeutung ist dabei die **Dramaturgie** des filmischen Erzählens. Durch eine interessante und effektvolle Bild- und Tongestaltung kann Aufmerksamkeit geweckt, Spannung erzeugt und Identifikationsangebote geschaffen werden. Unabhängig davon, ob die dramaturgische Anlage eher symbolisch distanziert, poetisch verspielt oder dokumentarisch nüchtern ist, beeinflussen vor allem die visuellen Gestaltungsmittel des Films die Gefühlslage der Zuschauer und prägen damit den Erzählstil eines Films. In Analogie zu literarischen Texten übernimmt die **Kamera** dabei quasi die **Funktion des Erzählers** (→ *Formen und Elemente von epischen Texten / Erzähltexten,* S. 169 ff.). Alles, was im Bild gezeigt und wie es gezeigt wird, ist für die Wirkung des Films und die Interpretation durch den Zuschauer von besonderer Bedeutung.
Im Kontext der Beurteilung der Wirkung von Filmen und ihrer Gestaltungsmittel auf den Zuschauer und mit Blick auf die Möglichkeiten der Einflussnahme des Rezipienten auf das Medium Film bieten sich Bezüge zu unterschiedlichen medientheoretischen Positionen an (→ *Kontroverse Positionen der Medientheorie,* S. 203)

Bühneninszenierung eines dramatischen Textes

Mit dem Begriff **„Inszenierung"** wird das In-Szene-Setzen eines dramatischen Textes unter der Leitung der Regieführenden auf einer Bühne bezeichnet, wobei durch den Einbezug theatraler Mittel die Intention des Dichters herausgearbeitet und die Wirkung des Werkes verstärkt werden soll. Früher sprach man von einer gelungenen Inszenierung dann, wenn die Aufführung des Stückes als möglichst werkgetreu aufgefasst wurde. Wenn heute von einer gelungenen Inszenierung die Rede ist, geht es meist nicht um das Kriterium der Werktreue, sondern im Allgemeinen um ein Lob für die Qualität der Aufführung, ohne dass die Kriterien der Bewertung dabei offenkundig werden. Bühneninszenierungen dramatischer Texte als geplante und in der Regel geprobte Aktivitäten entfalten ihre Wirkung erst vollständig in der Aufführung durch den unmittelbaren Kontakt mit dem Publikum.
Da man heute nicht mehr davon ausgeht, dass es nur die eine richtige Inszenierung gibt, wird jede Inszenierung eines dramatischen Textes als eine **Interpretation** derjenigen verstanden, die Regie führen. Daher unterscheiden sich Inszenierungen ein und desselben dramatischen Textes häufig sehr deutlich, indem z. B. ältere Stoffe durch Übertragung in die Gegenwart aktualisiert werden. Gesellschaftliche Veränderungen, Veränderungen der Seh- und Wahrnehmungsgewohnheit, das Bemühen um künstlerische Originalität und der Konkurrenzkampf der Bühnen untereinander bzw. im Spannungsfeld mit anderen Medien fördern die Eigenständigkeit von Interpretationen bei der Inszenierung eines dramatischen Textes. Die Ausweitung plurimedialer Strukturen der Bühneninszenierungen, z. B. durch den verstärkten Einbezug von Videos und anderen visuellen und akustischen Effekten, unterstützen diesen Prozess.
Nur wenn der Zuschauer die dramatische Textvorlage selbst gut kennt, wird er sich ein Urteil bilden können, ob die Interpretation einer Inszenierung sich mit der eigenen Interpretation des Stückes deckt.

Die Analyse der ästhetischen Gestaltung einer Bühneninszenierung setzt sich mit der Umsetzung zentraler Elemente dramatischer Texte auseinander:
- Handlung
- Raum- und Zeitgestaltung
- Figuren und Figurenkonstellation
- Sprache und Dialogführung

Das Kapitel *Dramatische Texte* (→ S. 175 ff.) enthält ausführliche Hinweise zu diesen Elementen und bietet Erschließungsfragen für die Analyse dramatischer Texte, die auch für die Auseinandersetzung mit der Gestaltung der Inszenierung des Stücks hilfreich sind. Dabei sollte sich die Beobachtung darauf konzentrieren, wie diese Elemente in der Inszenierung durch die Gestaltung der Bühne (Raumkonzeption, Dekoration, Requisiten, Beleuchtung, akustische, visuelle sowie andere bühnentechnische Effekte), die Besetzung der Figuren, ihre nonverbale und verbale Ausdrucksweise sowie Maske und Kleidung ausgestaltet werden. Auswahl und Zusammenwirken dieser theatralischen Mittel bestimmen wesentlich die Wirkung auf den Zuschauer. Da dramatische Texte meist nur sparsame Vorgaben (Regieanweisungen) zur konkreten Ausgestaltung enthalten oder die Regie sich bewusst von Vorgaben (z. B. Zeit der Handlung) löst, sind entsprechende Konkretisierungen Ergebnis und Ausdruck der Interpretation.

Folgende Erschließungsfragen sind geeignet, die Aufmerksamkeit auf plurimediale Strukturen und ästhetische Gestaltungselemente einer Inszenierung zu lenken und die **Inszenierung** bzgl. Inhalt, Ausgestaltung und Zuschauerwirkung zu **beurteilen**:
- Welcher Bezug besteht zwischen dramatischer Textvorlage und Bühneninszenierung? Sind Veränderungen der inhaltlichen Schwerpunktsetzung durch Streichungen, Ergänzungen bzw. die Verlagerung von Zeit und Ort nachvollziehbar?
- Kann das Publikum die dramatische Textvorlage, sei sie noch so gut oder bekannt, angemessen rezipieren? Wäre es für die Rezeption erforderlich, die dramatische Textvorlage anzupassen, den Inhalt zu aktualisieren und die Aufführung moderner zu gestalten?
- Wie unterstützt die gewählte Bühnenkonzeption Aussage und Rezeption? Welche Funktion nehmen dabei bühnentechnische Besonderheiten (Drehbühne, Einbezug des Zuschauerraums usw.) sowie akustische und visuelle Effekte ein?
- Können die Schauspieler(innen) die zu besetzenden Rollen glaubhaft verkörpern? In welcher Weise unterstützen Bewegung, verbaler und nonverbaler Ausdruck die Rezeption?

Kontroverse Positionen der Medientheorie

Die Geschwindigkeit der Veränderung und Ausbreitung der Massenmedien seit Anfang der 1930er-Jahre wird begleitet von teilweise kontroversen medientheoretischen Ansätzen. Während Bertolt **Brecht** in seiner „Radiotheorie" aus dem Jahre 1932 noch die Vision vom Rundfunk als einem **großartigen Kommunikationsapparat des öffentlichen Lebens** zum Ausdruck bringt, kritisieren gut sechzig Jahre später Soziologen und Gesellschaftstheoretiker die Eigendynamik, die Medien im politischen, gesellschaftlichen und privaten Bereich erlangt haben.
Mit Blick auf die rasante Entwicklung der elektronischen Medien in seiner Zeit (Aufkommen einer **„Bewusstseinsindustrie"**) geht noch Hans Magnus **Enzensberger** im „Baukasten zu einer Theorie der Medien" 1962 davon aus, dass anders als bei Brecht etwa dreißig Jahre zuvor beste Voraussetzungen gegeben seien, um die Distributionsapparate zu Kommunikationsapparaten werden zu lassen und die Bevölkerung als „Sender" aktiv in das Mediengeschehen einzubinden. Wie Brecht begründet auch Enzensberger seine Einschätzung mit den dazu bereits vorhandenen technischen Möglichkeiten der Medien. Diese könnten ohne großen Aufwand genutzt werden, um die Empfänger an der Produktion der Medieninhalte zu beteiligen, worin er ein geeignetes Instrument sieht, neue gesellschaftliche Strukturen zu etablieren.

Gut sechzig Jahre nach Brechts visionärer „Radiotheorie" und fast dreißig Jahre nach Enzensbergers Medientheorie äußert sich der Soziologe und Medienkritiker Niklas Luhmann (1927 – 1998) sehr skeptisch über die direkte Teilhabe der „Empfänger" an der Medienproduktion, da nicht die Realität an sich, sondern die durch Medien vermittelte Realität in diesen Beiträgen zum Ausdruck kommt. Dabei handelt es sich nach **Luhmann** um eine eher **unbewusste Manipulation durch die Medien**, die für ihn darauf angelegt scheint, für den Umsatz ihrer Ware eine individuelle psychische Verankerung zu schaffen. Ebenfalls neuere Thesen der Medienwirkungsforschung stellen kritisch den erheblichen Einfluss heraus, den heutige Massenmedien auf die Konsumenten haben.

Wirkung von Massenmedien	**Erläuterungen**
Agendasetting	These: Durch gezieltes Setzen bestimmter Themenschwerpunkte lässt sich beeinflussen, worüber Zuschauer sich Gedanken machen.
verfehlte Kultivierung	Hypothese: Bei „Vielsehern" weicht häufig die Weltsicht von der Realität ab, da sie sich stärker mit der Fernsehwelt auseinandersetzen, die die Darstellung der Realität verzerrt.
Schweigespirale	These: Massenmedien können erheblich Einfluss auf den Zuschauer nehmen, indem sie dem Einzelnen gegenüber bestimmte Meinungen als angebliche Mehrheitsmeinungen präsentierten, sodass dieser aus Furcht vor Isolation in der Öffentlichkeit schweigt, obwohl er eigentlich eine andere Meinung hat.

Wissenskluft	Hypothese: Der wachsende Informationsfluss der Massenmedien (mit meist trivialen Inhalten) führt zu einer Vergrößerung der Wissenskluft zwischen Menschen mit höherem und niedrigerem sozioökonomischem Status.
Medienpriming	These: Medienkonsumenten beurteilen politische Akteure verstärkt nach den Kategorien, die in der Medienberichterstattung bevorzugt thematisiert werden.
Third-Person-Effekt	Die Tendenz vieler Menschen, zu glauben, dass andere durch die Massenmedien mehr beeinflusst werden, als sie selbst, ist Ausdruck einer verzerrten Wahrnehmung.

Tendenzen der digitalen Medienentwicklung
Noch im ersten Jahrzehnt des 21. Jahrhunderts gab es neben medienkritischen Stimmen auch begeisterte Befürworter des potenziell „offenen" Kommunikationsraums Web 2.0. Der Begriff Web 2.0 umschreibt die zunehmende Öffnung der digitalen Medienangebote durch partizipative, interaktive, multimediale und multimodale Anwendungen.
Als positive Folge des so erweiterten Kommunikationsraums wurden Basisbewegungen wie der „Arabische Frühling" angeführt, als Beispiel für gesellschaftliche Veränderungsprozesse, die durch die potenziell offenen Kommunikationsdienste via Internet überhaupt erst möglich wurden. Zentral für deren Nutzung ist die weltweite Verbreitung des Smartphones. Inzwischen hat sich Ernüchterung eingestellt. Zum einen schränken autoritäre Staatsysteme den Zugriff auf das freie Internet willkürlich ein (prominentes Beispiel ist China). Zum anderen birgt die algorithmengestützte Auswertung von immensen Massen an Nutzerdaten auch Risiken: Die daraus gewonnenen Erkenntnisse werden nicht nur zum Wohle der Anwender bzw. Konsumenten, sondern teils auch zu manipulativen und destruktiven Zwecken eingesetzt, teilweise bis hin zur Wahlbeeinflussung. Auch für die individuelle Mediennutzung sind Risiken der Internetkommunikation gegeben. Neben dem Phänomen des Cybermobbing sind sog. „shitstorms" in Messengerdiensten oder auf Social-Media-Plattformen sowie die zielgerichtete Verbreitung von Falschnachrichten (vgl. „fake news" S. 23 ff.) z. B. durch Trolle oder Bots zu nennen. Umso wichtiger ist es, die eigene Nutzung elektronischer Medien verantwortungsbewusst und gut informiert einschätzen und steuern zu können – im privaten, aber auch im gesamtgesellschaftlichen Interesse.
Zunehmend bestimmen Themen der Künstlichen Intelligenz (KI) die weitere Entwicklung der Digitalisierung. Lernende Algorithmen erkennen Muster in großen Datenmengen, die sie neu gruppieren und teils auch kreativ nutzen können. Ein Beispiel ist der Chatbot ChatGPT (Generative Pre-training Transformer). Der Chatbot leistet die Übersetzung von Texten, verfasst Drehbücher oder Mails und beantwortet umfassend Fragen – bisher noch mit Fehlern, z. B. bei Quellenangaben.

Rhetorische Mittel

Folgende rhetorische Figuren und Fachbegriffe können Ihnen als Hilfsmittel für die Textanalyse sehr von Nutzen sein:

Fachbegriff / rhetorische Figur	Erklärung	Beispiel
Akkumulation	Reihung, Aufzählung, Worthäufung (syndetisch oder asyndetisch), Wirkung: Verstärkung der Aussage	Nun ruhen alle Wälder, Vieh, Menschen, Städt' und Felder. (Paul Gerhardt)
Allegorie	Sinnbild für einen abstrakten Begriff	*Justitia* als Frau mit verbundenen Augen; Waage und Schwert als Sinnbild für *Gerechtigkeit*
Alliteration	Wiederkehr des gleichen Anlauts bei mehreren aufeinanderfolgenden Wörtern	Milch macht müde Männer munter
Anakoluth	grammatisch fehlerhafte Satzkonstruktion; Satzbruch	Es ist zwar teurer und es ist klein.
Anapher	Wiederholung mindestens eines Wortes am Vers- oder Satzanfang	Es zu kämmen gegen den Strich/ Es zu paaren widernatürlich / Es nackt zu scheren (M. L. Kaschnitz, *Ein Gedicht*)
Antithese	Gegenüberstellung gegensätzlicher Aussagen	Tages Arbeit; abends Gäste;/ Saure Wochen, frohe Feste! (J. W. Goethe, *Der Schatzgräber*)
Aposiopese	bewusster Abbruch eines Satzes vor der entscheidenden Aussage	Mit diesen kleinen Händen hätt ich ihn –? (H. v. Kleist, *Penthesilea*)
Apostrophe	Form der Anrede: Abwendung vom Publikum, Hinwendung zu anderen Ansprechpartnern	Ihr Götter, steht mir bei!
Assonanz	Reim nur der Vokale, nicht der ganzen Silbe	Romanzen vom Rosenkranz (C. Brentano)
Asyndeton / asyndetische Reihung	Aneinanderreihung ohne beiordnende Konjunktion (Gegenteil → Polysyndeton)	Falschgeldprägen, Lichtausknipsen, Zähneputzen, Totschießen. (G. Grass, *Die Blechtrommel*)
Chiasmus	kreuzweise bzw. spiegelbildartige Stellung von Satzgliedern	Die Kunst ist lang! / Und kurz ist unser Leben. (J. W. Goethe, *Faust I*)

Chiffre	sprachliches Bild/Symbol, dessen Bedeutung nur aus dem Textzusammenhang hervorgeht, diesen aber erst verständlich macht/bestimmt	schwarze Milch der Frühe (P. Celan, *Todesfuge*)
Correctio	(Selbst-)Korrektur eines als zu schwach oder zu stark gewählten Ausdrucks Wirkung: Hervorhebung, Betonung	Es war ein schöner, nein, ein außergewöhnlicher Tag.
Ellipse	unvollständiger Satz, Auslassungssatz	Wohin gehst du? *Nach Hause.* *Ende gut, alles gut.*
Enjambement (Zeilensprung)	Der Satz- und Sinnzusammenhang reicht über das Vers- oder Strophenende hinaus. Das Enjambement hebt vor allem Begriffe am Versende hervor.	Über allen Gipfeln / Ist Ruh ... (J. W. Goethe, *Ein gleiches / Wandrers Nachtlied*)
Enumeratio	Aufzählung	Alles rennt, rettet, flüchtet. (F. Schiller, *Die Glocke*)
Epipher	Wiederholung des gleichen Worts/der gleichen Wörter am Schluss parallel gesetzter Wortgruppen oder Sätze	Doch alle Lust will *Ewigkeit, /* will tiefe, tiefe *Ewigkeit!* (Friedrich Nietzsche, *Also sprach Zarathustra*)
Euphemismus	Untertreibung, mildernder oder beschönigender Ausdruck	*ein kleines Problem* statt: *eine schwierige Situation*
Hyperbel	Übertreibung	blitzschnell; himmelhoch; Schneckentempo
Inversion (auch: Hyperbaton)	Umstellung von Wörtern im Gegensatz zur üblichen Syntax	Einen Krimi lese ich gern.
Ironie	es wird das Gegenteil von dem gesagt, was gemeint ist	Ich finde es prima, dass du heute wieder zu spät kommst.
Klimax	Höhepunkt; steigernde Reihung	Heute back' ich, morgen brau' ich, übermorgen hol' ich der Königin ihr Kind. (Rumpelstilzchen)
Litotes	Verneinung oder Abschwächung des Gegenteils	*nicht hässlich* statt: *schön*; *nicht übel* statt: *gut*

Metapher	Bedeutungsübertragung in der Beziehung der Ähnlichkeit; sprachliches Bild	Mauer des Schweigens; Licht der Wahrheit; Durchbohrt hat mich der Läst'rung giftiger Speer. (F. Schiller)
Metonymie	Ersetzung eines Wortes durch ein anderes, das mit ihm in einer logischen Verbindung steht	*Das Weiße Haus meldet ...* statt: *Der amerikanische Präsident ...*
Neologismus	Wortneuschöpfung	schwerschwarz (G. Grass, *Die Blechtrommel*)
Onomatopoesie	Lautmalerei, sprachliche Nachahmung von Geräuschen oder Lauten durch ähnlich klingende Worte	grrrrmpft!; knistern und knastern
Oxymoron	Verbindung zweier sich widersprechender Begriffe	bittersüß; Hassliebe; stummer Schrei; beredtes Schweigen
Paradoxon	(scheinbarer) Widerspruch	Die Tragödie des Alters ist nicht alt zu sein, sondern jung. (O. Wilde)
Parallelismus	Wiederholung derselben Wortstellung bei nebeneinandergereihten Satzgliedern oder Sätzen	Heiß ist die Liebe, kalt ist der Schnee. Wie ist das Wetter, wie ist die See?
Parenthese	Einschub, Schaltsatz	Ich möchte dir – ich fasse mich kurz – von den Ereignissen erzählen.
Personifikation	Vermenschlichung von Tieren, Gegenständen oder abstrakten Begriffen	Väterchen Frost; die Sonne lacht
Pleonasmus	überflüssige Verbindung von Wörtern mit gleicher Bedeutung zur Verstärkung	schwarzer Rappe; weißer Schimmel
Polysyndeton	Reihung von beiordnenden Konjunktionen (Gegenteil → Asyndeton)	*Und* es wallet *und* siedet *und* brauset *und* zischt. (F. Schiller, *Der Taucher*)
Prämisse	Grundannahme, auf der weitere Überlegungen aufbauen	Ich glaube an den Menschen und das heißt, ich glaube an seine Vernunft! (B. Brecht, *Leben des Galilei*)

Refutatio	Vorwegnahme eines möglichen Einwands, der sogleich widerlegt wird	Sie werden sagen, dass ..., aber ...
rhetorische Frage	Frage, auf die keine Antwort erwartet wird oder deren Antwort bereits feststeht	Möchten Sie gerne Ferien?
Suggestivfrage	Frage, die eine bestimmte Auslegung durch den Zuhörer nahelegt	Könnte es vielleicht sein, dass Ihnen Hausarbeiten lästig sind?
Syllogismus	logische Denkfigur, bei der aus zwei Prämissen ein Schluss gezogen wird	Stimmbänder sind notwendig, um sprechen zu können. Fische haben keine Stimmbänder. Also können Fische nicht sprechen.
Symbol	ein konkretes Zeichen für ein bestimmtes Handeln oder einen bestimmten Begriff	*Kreuz* als Symbol des christlichen Glaubens; *Taube* als Symbol für Frieden
Synästhesie	Vermischung verschiedener Sinneseindrücke	heiße Musik; schreiende Farben
Synekdoche	Bezeichnung, die einen Teil für das Ganze setzt (Pars pro Toto) oder das Ganze durch einen Teil wiedergibt (Totum pro Parte)	Wir flehen um ein *wirtlich Dach* (für: *gastfreundliches Haus*) (F. Schiller)
Tautologie	Doppelaussage, oft synonym zu → Pleonasmus gebraucht	nackt und bloß; einzig und allein; heiter und froh; alter Greis
Trikolon	dreigliedriger Ausdruck	Und wiegen und tanzen und singen dich ein. (J. W. Goethe, *Erlkönig*)
Vergleich	bildhafter Hinweis auf einen anderen Bereich	Er ist schlau wie ein Fuchs.
Wiederholung	mehrfaches Auftreten identischer Wörter, Satzteile oder ganzer Sätze	Singet leise, leise, leise.
Wortspiel	geistreiches Spiel mit Worten, um eine witzige Wirkung zu erzielen	Entrüstet Euch! (Wahlspruch der Friedensbewegung)